엔지니어가 알아야 할
회계시스템의
'지식'과 '기술'

히로카와 케이스케, 고시마 신지, 오다 야스히코, 오츠카 아키라, 카와카츠 켄지 지음

이종량 감역 │ 황명희 옮김

BM (주)도서출판 성안당

エンジニアが学ぶ会計システムの「知識」と「技術」
(Kaikei System no Chishiki to Gijutu : 6294-2)
© 2020 Keisuke Hirokawa,Shinji Goshima,Yasuhiko Oda,Akira Otsuka,Kenji Kawakatsu
Original Japanese edition published by SHOEISHA Co.,Ltd.
Korean translation rights arranged with SHOEISHA Co.,Ltd.
through Eric Yang Agency.

Korean translation copyright © 2021 by SUNG AN DANG, Inc.

들어가며

▌엔지니어가 알아야 할 기술

엔지니어가 알아야 할 기술은 무엇일까? 인터넷에서 검색해보면 프로그래밍이나 기술적인 것은 물론이고, 커뮤니케이션 능력, 발신 능력, 영어 실력, 매니지먼트 실력 등이 필요하다고 한다. 또한 고객의 비즈니스 모델이나 재무제표를 읽는 방법, 분개 등의 회계 지식, 판매업무, 구매업무, 물류업무 등에 대한 지식도 필요하다.

일본의 IPA(정보처리추진기구)는 엔지니어에게 필요한 스킬을 체계화해서 ITSS(IT 기술 표준), ETSS(임베디드 기술 표준), UISS(정보시스템 사용자 기술 표준)를 공개하고, 각 기술 표준이 서로 캐리어 및 기술을 참조할 수 있도록 '공통 캐리어 기술 프레임워크'를 정리해 발표했다. IPA가 주관하는 국가시험으로는 IT 패스포트 시험이 있다. 이 시험은 IT를 이용하는 사람이 갖춰야 할 기초 지식을 평가하며, 회계 재무도 포함되어 있다.

▌회계는 모든 엔지니어가 익혀야 할 기술

엔지니어에게 회계 지식이 왜 필요할까? 그 이유는 간단하다. 회계가 기업의 근간을 이루는 업무이며, 비즈니스의 기초 지식이기 때문이다. 기업의 목적은 사업을 하고 이익을 내는 데 있다. 그래서 이익을 계산하는 메커니즘, 즉 회계를 안다는 것은 회사의 목적을 아는 것과 같다. 비즈니스의 움직임은 돈이 들어오고 나가는 것이며 그런 의미에서도 회계는 비즈니스의 기본이라 할 수 있다.

회계에는 생소한 단어와 독특한 사고방식이 있다

여러분은 자본과 자산의 의미 및 차이점을 알고 있는가?

자본은 회사를 설립할 때 밑천이 되는 자금을, 자산은 말 그대로 회사의 재산을 뜻한다. 회계를 아는 사람이 이 설명을 들으면 당연한 내용이겠지만 회계를 모르는 사람은 더 어렵게 느껴질 수 있을 것이다.

그렇다면 차변과 대변이라는 단어의 의미를 알고 있는가? 외상매출금과 외상매입금, 전도금과 선수금은? 이런 용어들이 익숙하지 않겠지만 회계 시스템에 종사하는 엔지니어라면 반드시 알아두어야 한다. 그래서 이 책의 1장에서는 엔지니어가 알아야 할 회계의 기초 지식에 대해 설명하고 있다.

회계 시스템의 개요

이 책은 단순히 회계 지식만 소개하는 것이 아니라, 엔지니어를 위한 회계 시스템을 설명한다. 회계 시스템은 기업의 회계 처리에 관한 기록 및 관리를 IT로 활용하는 방법이다. 또한 회계 시스템은 다방면에 걸쳐 있으며 한 번에 쉽게 설명하기는 쉽지 않다. 그래서 2장부터 4장에서는 회계 시스템의 개요와 회계 시스템이 가진 기능에 대해 설명하도록 하겠다.

회계 시스템과 관련된 기간 시스템

기업은 판매관리 시스템이나 구매관리 시스템, 인사관리 시스템 등 업무 시스템으로 업무를 관리한다. 그리고 이 시스템들은 모두 회계 시스템과 밀접한 관계를 갖고 있다. 예를 들어 판매관리 시스템은 주문 접수부터 매출계상까지 관리하는 시스템이기 때문에 회계 시스템과 관련이 크다. 그 밖에 상품이나 재료 구입 등도 회계 시스템과 관련이 있다. 이러한 회계 시스템과 다른 업무 시스템의 관계는 5장에서 설명한다.

▌엔지니어와 회계 시스템의 접점

일반적으로 엔지니어는 회계 시스템에 입력하거나 보고서를 출력하는 등의 일을 하지 않는다. 이것들은 모두 경리 부서의 일이다.

엔지니어와 회계 시스템의 접점은 회계 시스템의 구축 및 운용·보수에 있다. 회계 시스템의 구축 순서나 유의점에 대해서는 6장에서, 회계 시스템의 운용·보수에 대해서는 7장에서 설명하고 있다.

▌IT기술과 회계 시스템

최근에는 회계 시스템에 RPA나 AI 와 같은 최신 기술이 도입되고 있다. 또한 기존에는 회계 시스템 앱을 설치하고 자사 PC에서 앱을 가동하는 방식이었지만, 최근에는 클라우드를 적용한 회계 시스템도 등장하고 있다. 이러한 최신 기술에 관한 것은 8장에서 설명한다.

▌회계 시스템 기술을 보유한 엔지니어에 대한 수요 증가

회계 시스템과 엔지니어라는 키워드를 인터넷에서 함께 검색했을 때 상위에 표시되는 것이 바로 회계 시스템 엔지니어 구인 정보이다. 이 책은 엔지니어의 이직이나 커리어에 관련된 책은 아니지만, 그만큼 회계 시스템 기술을 가진 엔지니어에 대해 수요가 높다는 점을 강조하고 있다. 그리고 이 책이 단순하게 지식을 습득하는 것에서 더 나아가 엔지니어 업무에 도움이 될 수 있기를 바란다.

기획, 편집의 노고를 맡아 주신 쇼에이샤의 하세가와 카즈토시 씨에게는 큰 감사의 말씀을 드린다.

2020년 3월 저자를 대표하여

히로카와 케이스케

제 3 장 │ 회계 시스템의 출력

제 4 장 │ 회계 시스템의 기능

제 5 장 | 주변 업무 시스템과 회계 시스템의 연계

제 6 장 │ 회계 시스템 구축 프로젝트 진행 방법

제 7 장 │ 회계 시스템 운용·보수

제 8 장 │ 회계 시스템 관련 기술 트렌드

제 1 장

엔지니어가 알아야 할
회계의 기초 지식

회계의 역할

기업 실적을 설명하기 위해 회계가 존재한다

▌'회계' 하면 떠오르는 것

회계라는 단어를 들으면 무엇이 떠오르는가? '계산해 주세요.' 이렇게 가게에서 계산하는 장면을 떠올리는 경우가 많다. 이때 '생각보다 비싸네'라는 생각이 들면 영수증을 확인하며 혹시라도 주문하지 않은 것이 포함되어 있지는 않은지 살펴보게 된다. 이때 중요한 것이 바로 주문 기록이다. 주문한 것이 기록되지 않은 채 청구됐다면 분쟁이 일어날 수도 있다.

회계란, 이처럼 **돈의 움직임을 기록**한 것으로 이해관계자(앞의 경우는 손님)에게 **수치를 이용해 설명하는 행위**라고 할 수 있다.

▌기업의 회계

이번에는 기업에서 회계가 어떤 의미인지 생각해 보자. 기업은 생산 또는 판매 활동을 통한 이익 창출을 목적으로 한다. 그 이익을 파악하기 위해서는 장부를 작성해야 한다.

개인이 연간 수지를 파악하기 위해 가계부를 쓰는 것도 이와 같은 맥락이다.

즉 기업에서의 회계란, **장부를 작성해 기업이 얼마나 이익을 취하고 있는지 파악하는 일**이라고 할 수 있다. 개인이 이익을 파악하기 위해서는 수입과 지출을 기입하는 가계부(**단식부기**)로도 충분하지만, 기업 회계에서는 **복식부기**를 이용한다. 여기서 부기란 회계를 하기 위한 도구이다.

▌단식부기의 단점

기본적으로 단식부기는 현금의 흐름을 파악하는 역할을 하지만, 자산이나 채무 등 재정의 모든 것을 알기에는 어렵다는 단점이 있다. 예를 들어 가계부를 쓴다고 해도 주식 등의 투자 금액이나 주택담보대출의 잔금 등은 알기 어렵다는 뜻이다.

또한 단식부기는 수입이나 지출 내용을 분석하려고 해도 그 원인을 바로 분석할 수 없다는 치명적인 단점이 있다.

수입과 **지출**, 이렇게 2가지 요소만 파악 가능한 단식부기의 단점을 극복한 것이 바로 복식부기이다. 복식부기는 **자산**, **부채**, **자본**, **수익**, **비용** 총 5가지 요소로 구성되어 재정을 쉽게 파악할 수 있다.

구체적으로는 매출처럼 추후 돌려줄 필요가 없는 수익과 차입처럼 장차 갚아야 하는 부채, 그리고 밑천인 자본으로 나눈다. 그 다음 지출을 장래에 다시 현금화 또는 비용화되는 자산과 되돌아오지 않는 비용으로 나눈다.

▌단식부기와 복식부기의 차이

단식부기는 가계부에 '월세 50만 원 지출'이라고 기록하는 것과 같다. 즉, **1회 거래를 한 가지 항목(단식)으로 장부에 기록하는 방법**이다. 반면 복식부기는 돈의 증감과 잔액뿐만 아니라 수지의 발생 원인도 파악할 수 있도록 **1회 거래에 대해 2가지 측면으로 사실을 파악한 뒤 장부를 기록**한다. 현금이 증감한 경우 해당 거래의 결과뿐만 아니라 증감의 원인을 파악할 수 있도록 기록하는 방법인 것이다.

매출이나 차입으로 인해 현금이 늘어났다면 단식부기에서는 현금 증가를 한 줄로 관리하기 때문에 원인을 파악할 수 없다. 반면 복식부기는 현금이 매출로 인해 늘어났는지 아니면 차입으로 인해 늘어났는지를 구분할 수 있다. 이 거래를 둘로 분해하는 것을 분개라고 한다. 분개는 발생한 거래를 차변과 대변으로 나누어 계정 과목에 따라 거래를 분류한다. 차변과 대변은 서양에서 각각 Debit과 Credit이라고 불리는데,

이를 직역하여 차변과 대변이라 부르게 됐다. 하지만 우리는 분개의 왼쪽을 차변, 오른쪽을 대변으로 기억하면 된다.

계정과목은 복식부기의 5요소인 자산, 부채, 자본. 수익, 비용 중 하나에 속하며, 분개는 차변과 대변의 조합으로 분류되기 때문에 거래 패턴은 10이 된다.

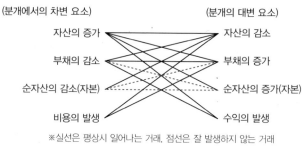

거래의 8요소 결합관계
거래는 다음 중 하나의 조합이 된다

※실선은 평상시 일어나는 거래. 점선은 잘 발생하지 않는 거래

◆ **복식부기 요소의 조합**

여기서 흔한 거래의 예시를 소개한다.

예

● **자산의 증가 & 자산의 감소**

공장에서 사용하는 1,000만 원짜리 기계를 현금으로 구입했다.

(차변) 기계 1,000만 원 / (대변) 현금 예금 1,000만 원

● **자산의 증가 & 부채의 증가**

금융기관으로부터 1억 원을 차입했다.

(차변) 현금 예금 1억 원 / (대변) 단기차입금 1억 원

● **자산의 증가 & 자본의 증가**

주식을 발행하고 주주로부터 3,000만 원이 납입되었다.

당사는 이것을 전액 자본금으로 처리했다.

(차변) 현금 예금 3,000만 원 / (대변) 자본금 3,000만 원

● **자산의 증가＆수익의 발생 (하단 : 자산의 감소＆비용의 발생)**

구입원가 800만 원의 상품을 1,000만 원으로 현금 판매했다.

(차변) 현금 예금 1,000만 원 / (대변) 매출액 1,000만 원

(차변) 매출원가 800만 원 / (대변) 상품 800만 원

하지만 회계에서는 사용하는 계정과목 명칭이 정해져 있기 때문에 어떤 계정과목
이 등장하는지 기억해두는 것이 좋다.

▌자본과 순자산

복식부기의 5요소는 자산, 부채, 자본, 수익, 비용이다. 자산에서 부채를 차감한 것이
자본인데 최근(2005년, 대차대조표의 순자산부 표시에 관한 회계기준이 공표된 이후)
에는 자본을 **순자산**이라고 부른다.

양자는 본질적으로 다르지만 자산-부채=순자산≒자본과 같이 순자산과 자본은
거의 같은 것이라고 이해해두자. 비슷한 단어여도 본래의 정의를 명확히 하여 어느
쪽이든 통일하는 것이 맞지만, 이 차이를 이해하지 못하는 사람도 많은 탓에 두 단
어 모두 지금까지 사용하고 있다. 그래서 순자본과 자본은 모두 같은 의미라고 이해
해두면 된다.

대차대조표와 손익계산서

먼저 중요한 재무제표를 인식한다

재무 3표란?

기업은 자사의 경영이나 재무 상황, 실적 등을 재무제표라는 서류를 통해 설명 및 보고한다. 재무제표는 대차대조표, 손익계산서, 현금흐름표, 자본변동표, 포괄손익계산서(연결결산을 하는 경우만), 부속명세표로 구성된다. 이 중에서 특히 기억해두어야 할 재무제표는 **대차대조표**, **손익계산서**, **현금흐름표** 총 3가지이다.

이 3가지 재무제표는 **재무 3표**라고 부르며 특히 회사의 상황을 파악하기 위해 중요하다. 우선 재무 3표 중 대차대조표와 손익계산서에 대해 설명한다.

대차대조표는 어떤 보고서인가

질문이 하나 있다.

> **Q** 고급 외제차를 타고 다니면서 호화 저택을 보유한 사람은 경제적으로 여유 있는 사람이라고 단정할 수 있을까?

대답은 '단정할 수 없다'이다. 왜냐하면 고급 외제차나 호화 저택은 저축한 돈이 없어 빚을 내 구입했을 수도 있기 때문이다.

거금을 대출받을 수 있다는 것 자체가 신용이 있는 것이라며 긍정적으로 생각할 수도 있겠다. 하지만 자신의 돈벌이에 맞지 않게 큰 돈을 빌려 고급 외제차와 같은 자산을 구입한 경우는 결코 경제적으로 여유가 있는 상태라고 할 수 없다.

◆ 개인의 재정상태

구입한 자산(어디에 사용했는가)		돈을 어떻게 조달했는가	
고급 외제차	3,000만 원	금융기관으로부터 차입	5억 2,000만 원
호화 저택	5억 원	자본금	1,000만 원

　개인의 주머니 사정을 파악할 때는 화려한 겉치레가 아닌 현재의 대출 상황 등을 확인해야 할 것이다. 이는 기업도 마찬가지다.

　기업의 재정 상태를 파악하려면 현재 어떤 자산을 보유하고 있고 그 자산을 구입하기 위해 자금을 어떻게 조달했는지 확인해야 한다.

　이를 파악하기 위해 일정 시점의 재정 상태를 표시한 재무제표인 **대차대조표**가 필요하다. 대차대조표는 **밸런스 시트**(Balance Sheet. 줄여서 B/S)라고 부르기도 하며 자산, 부채, 자본으로 구분 및 표시되는 보고서이다.

　자산은 말 그대로 기업이 소유한 재산이다. 구체적으로 현금, 예금, 토지, 건물 등이 자산에 해당한다. 자산은 기업이 조달한 자금을 무엇에 사용했는지, 아니면 사용하지 않고 현금 예금으로 계속 보존하고 있는지 등 자금의 운영 형태를 나타낸다.

　부채는 회사가 미래에 지불해야 할 의무를 지고 있는 자산으로, 금융기관으로부터의 차입금, 매입 대금 채무 등이 있다. 다른 사람에게 돌려줘야 한다는 의미에서 '타인 자본'이라고도 한다.

자본은 앞에서도 언급했듯이 현행 회계 제도에서는 순자산이라고 부른다. 주주의 출자금과 회사가 벌어들인 이익의 축적 잔액 등으로 구성된다.

순자산은 타인에게 돌려줄 필요가 없다 하여 **자기자본**이라고 부르기도 한다. 반대로 부채는 타인에게 돌려줄 의무가 있어 **타인자본**이라 부른다.

대차대조표에서 부채와 순자산 항목을 보면 기업이 경제활동을 하기 위해 자금을 어떻게 조달했는지 파악할 수 있다.

◆ **대차대조표 (B/S)**

자금의 운용 형태		자금의 조달원천		
자산	× × ×	부채(타인자본)	자금 조달은 자기 자본과 타인자본으로 나뉜다.	× × ×
		순자산(자기자본)		× × ×

┃손익계산서는 일정 기간의 기업 성적표

손익계산서(Profit and Loss Statement. 줄여서 P/L)는 일정한 기간 내의 경영 성적을 나타내는 재무제표이다. 일정한 기간이란 연도 또는 각 4분기까지의 누계 기간을 말한다. 예를 들어 일본에서는 다수의 기업이 4월부터 다음해 3월까지를 1년으로 설정한다. 손익계산서는 회계기간의 수익에서 비용을 공제한 후 발생한 이익 또는 손실을 나타낸다.

이때 이익 또는 손실 자체가 거래로 기록되지는 않는다. 이익은 어디까지나 수입과 비용의 차감 또는 기말과 기초의 재산 차액으로 계산된다.

1-3 소득을 스톡과 플로 양면에서 본다

대차대조표와 손익계산서의 관계

대차대조표와 손익계산서의 관계

수조를 예로 들어 대차대조표와 손익계산서의 관계를 설명한다.

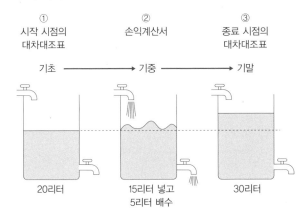

◆ 대차대조표와 손익계산서를 수조로 예를 들면

결산의 시작 시점(기초)

수조에 물이 20리터 들어 있다. 이를 결산 시작 시점(기초 시점)의 대차대조표라고 하면 순자산이 20리터인 상태가 된다. 여기서 기초 시점은 4월 1일로 한다.

물의 투입(기중)

수조의 물을 교체했다. 15리터를 넣고 5리터를 배수했다. 여기서 매출은 15리터, 비용은 5리터라고 생각하자.

이 10리터 차이는 곧 소득이자 이익이다. 이처럼 일정 기간의 흐름을 따라가는 관점이 바로 손익계산서이다.

결산의 종료시점(결산기말)

물의 입출 결과, 물 30리터가 수조에 담겼다. 이것을 종료 시점(3월 결산이라면 3월 31일)의 대차대조표라고 하면 순자산으로 물 30리터를 갖게 된다. 또한 시작 시점의 대차대조표와 비교해보면 물이 10리터 증가했다는 것을 알 수 있다. 이 10리터 차이 또한 이익이다.

이처럼 일정 시점의 스톡을 나타내는 것이 바로 대차대조표이다.

▮소득을 계산하는 2가지 방법

소득을 계산하는 방법이 2가지이기 때문에 복식부기에 복식이라는 말이 붙게 되었을 수도 있다.

2가지 계산 방법 중 하나는 기업이 가지고 있는 자산이나 부채를 나타내는 **스톡**(대차대조표)으로 계산하는 방법이고, 또 다른 하나는 매출이나 비용을 나타내는 **흐름**(손익계산서)으로 계산하는 방법이다. 이익은 스톡과 흐름 양면에서 계산할 수 있다.

◆ **대차대조표(스톡)와 손익계산서(흐름)**

대차대조표(스톡)

| 자산 | 40 | 부채 | 10 |
| | | 순자산
(그중, 당기의 소득
=기말30−기초20) | 30
(10) |

손익계산서(흐름)

매출액	15
비용	5
수익	10

> 기말 순자산에서 기초 순자산을 빼면 손익계산서의 이익과 일치한다.

10

1-4 재무제표 작성의 흐름

회계 기록으로부터 재무제표를 작성하는 흐름

▌거래 발생부터 재무제표 작성까지

대차대조표나 손익계산서에 기업의 활동을 매일 분개로 기록하고 그것을 집계하여
완성할 수 있다. 이는 회계의 구조를 이해하는 데 매우 중요하다.

기업의 재무제표를 작성하는 흐름은 다음과 같다.

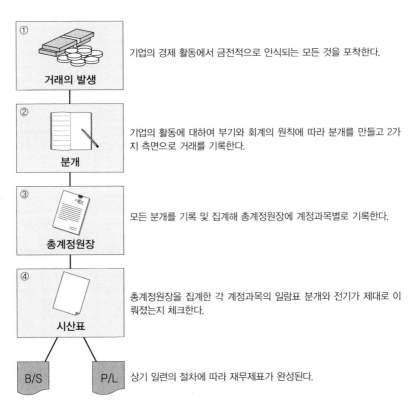

① **거래의 발생** 기업의 경제 활동에서 금전적으로 인식되는 모든 것을 포착한다.

② **분개** 기업의 활동에 대하여 부기와 회계의 원칙에 따라 분개를 만들고 2가지 측면으로 거래를 기록한다.

③ **총계정원장** 모든 분개를 기록 및 집계해 총계정원장에 계정과목별로 기록한다.

④ **시산표** 총계정원장을 집계한 각 계정과목의 일람표 분개와 전기가 제대로 이뤄졌는지 체크한다.

B/S   P/L   상기 일련의 절차에 따라 재무제표가 완성된다.

◆ **기업의 재무제표 작성 흐름**

11

▌분개의 기록

기업의 자산, 부채, 자본, 수익, 비용을 움직이는 거래가 있을 때 그 거래를 **분개**로 기록한다. 이 기록부를 **분개장**이라고 한다.

분개는 거래를 2가지 요소로 분해하여 각각을 마주해 왼쪽(차변)과 오른쪽(대변)에 기입하는 것을 기본으로 한다. 여기서 분개장은 거래를 분개하고 발생된 순서(날짜)대로 기록하는 장부이다. 차변과 대변으로 분석하면 거래 내용이나 계정과목이 무엇인지 알 수 있다.

▌총계정원장에 대한 기록

분개장은 거래가 발생된 순서대로 나열하기 때문에 거래의 종류별로 집계하기에는 적합하지 않다. 그래서 계정과목별로 거래 내용을 기재하려면 **총계정원장**을 작성한다. 총계정원장은 분개장상에서 거래 발생일자별 내용을 계정과목별로 정리한 것이다.

▌시산표에 대한 기록

총계정원장의 계정과목별 숫자를 바탕으로 시산표를 만든다. 시산표는 차변, 대변의 합계금액을 기재한 **합계시산표**와 차변, 대변의 금액을 뺀 **합계잔액시산표**로 나뉜다.

▌재무제표의 작성

시산표에서 자산, 부채, 자본과 관련된 계정과목을 추출하여 **대차대조표**(B/S)를 만든다. 또 시산표에서 수입, 비용과 관련 있는 계정과목을 추출하여 **손익계산서**(P/L)를 만든다.

이에 대해서는 3장에서 자세히 설명한다.

회계 시스템은 필수불가결한 것

기업 회계는 회사의 실적 등 상황을 기록, 보고, 설명하는 것이 목적이다. 그래서 기업의 거래를 분개로 표현 및 집계하여 재무제표를 작성한 뒤 보고하게 된다.

10년 전에는 거래 시작부터 결산서 작성까지 모두 수작업으로 이뤄졌지만, 오늘날에는 거래를 컴퓨터 시스템으로 기록 및 집계하여 재무제표를 작성한다. 무엇보다 거래량 증가와 결산 조기화라는 외부 환경의 변화에 따라 회사가 일정 규모 이상이 되면 회계 시스템 없이 매일 기록하고 결산하는 것이 힘들다.

회계 시스템에서는 분개장≒총계정원장

회계에서는 거래의 양면성을 계정과목의 분개로 표현하고 그것을 분개장에 기장한다. 그리고 분개장에 기장한 분개는 계정과목별로 쉽게 집계할 수 있도록 총계정원장에 전기한다.

전기는 회계 거래를 장부에 기재 및 파악하는, 즉 구시대에 행해지던 업무다. 현대에 와서는 수기 장부를 사용하는 일이 거의 없고 대부분 회계 시스템을 이용한다.

분개장과 총계정원장은 거래를 날짜순으로 출력하는지, 계정과목별로 집계하고 출력하는지에 차이가 있다. 회계가 시스템화된 현재에는 '분개장으로의 분개→총계정원장으로의 전기'와 같은 작업 없이, 회계 시스템에서 출력하는 총계정원장은 분개장의 데이터를 계정과목별로 나열하여 집계하고 출력한다.

회계의 종류

외부에 보고하는 재무회계의 종류 3가지

┃회계를 분류하고 이해한다

지금부터는 회계의 분류에 대해 알아보겠다. 회계는 크게 **재무회계**와 **관리회계**로 분류되며, 재무회계는 **금융상품거래법회계**, **회사법회계**, **세법회계** 등 3가지로 분류된다.

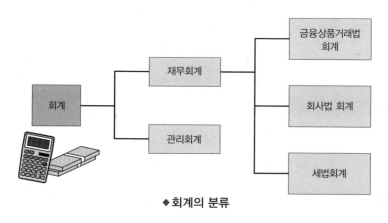

◆회계의 분류

┃재무회계와 관리회계의 차이점

재무회계는 법률로 규정된 외부 보고를 의무화한 회계이다. 대표적인 법률은 회사법, 금융상품거래법, 세법(주로 법인세법)이다. 이처럼 제도에서 공개하도록 규정하고 있기 때문에 제도회계라고도 부른다.

한편 관리회계는 경영자가 의사결정, 경영관리를 적절히 실시하기 위해 구축하는 내부회계이다. 외부에 공개할 필요가 없다는 점이 재무회계와의 가장 큰 차이점이다.

▎금융상품거래법회계란?

금융상품거래법(일본)은 투자자를 보호하는 데 목적이 있으며, 주로 상장 기업이 내각 총리대신에게 유가증권보고서 등을 제출하도록 되어 있다.

금융상품거래법회계는 해당 법률의 규정에 따라 제출해야 하는 대차대조표, 손익계산서 외에 재무계산에 관한 서류는 내각 총리대신이 일반적으로 공정, 타당하다고 인정되는 바에 따라 내각부령으로 정하는 용어, 양식 및 작성방법 193조의 규정에 의한다.

▎회사법회계란?

회사법(일본)은 주주와 채권자를 보호하는 데 목적을 둔다. 또한 모든 기업을 대상으로 영업상의 재산 및 손익을 정확하게 명시할 것을 요구하고 있으며 계산 서류 작성 또한 의무화하고 있다. 계산 서류는 대차대조표, 손익계산서, 주주자본 등 변동계산서, 개별 주기표로 구성된다. 회사법 431조에 따르면, 주식회사의 회계는 일반적으로 공정, 타당하다고 인정되는 기업회계의 관행에 따라야 한다고 규정하고 있고 이에 따르는 것이 회사법회계이다.

◆금융상품거래법회계와 회사법회계의 차이점

	금융상품거래법	회사법
결산서 명칭	계산서류 (등)	재무제표
대상	모든 회사	주로 상장기업
제출처	주주총회 등	내각총리대신
내용	• 대차대조표 • 손익계산서 • 주주자본 등 변동계산서 • 개별주기표 • (부속명세서)	• 대차대조표 • 손익계산서 • 주주자본 등 변동계산서 • 현금흐름표 • 부속명세서

공정한 기업회계 관행은 어디서 규정하고 있나?

대표적인 공정한 회계 관행은 **기업회계 원칙**이다.

기업회계 원칙은 1949년, 기업회계제도 대책조사회(기업회계심의회의 전신)가 규정한 기업 회계처리에 따라야 하는 지침을 뜻한다. 회계 실무를 처리하는 데 있어 관습으로 발달한 사고 속에서 일반적으로 공정, 타당하다고 정해진 것들을 요약한 기준이다.

기업회계 원칙은 총 3가지로 일반 원칙, 손익계산서 원칙, 대차대조표 원칙이 있다. 일반원칙은 기업회계 전반에 관한 포괄적인 지침, 손익계산서 원칙은 손익계산서의 본질과 비용 및 수익의 회계처리 및 표시에 관한 지침, 대차대조표 원칙은 대차대조표의 자산·부채 및 자본에 관한 회계처리나 표시에 관한 지침이다.

기업회계 원칙에 법적인 강제성은 없으나 회사법이나 금융상품거래법 등의 법령을 통해 법적 강제성이 부여되어 있다.

기존에는 경제·사회 변화에 대응하기 위해 기업회계심의회의 회계기준을 따랐지만, 2001년부터 회계기준 설정 주체가 변경되어 지금은 기업회계기준위원회가 설정한 회계기준 및 관행을 따르고 있다.

1-6 세법회계의 개요

세법회계는 과세 공평을 실현

세법회계의 목적

세법회계의 목적은 **기업의 과세소득 계산**이다. 기업은 경제활동의 주체인 법인으로서 납세의 의무를 갖고 있으며 과세 취득은 세금을 계산하는 기초가 된다. 세금 계산이 기업별로 또는 감독관청(세무서)의 담당자별로 다르면 당연히 공평하지 못할 것이다. 그래서 공평하게 과세하기 위해 법인세법에 세부 규정이 존재한다.

각 법률의 목적 차이

금융상품거래법회계와 세무회계를 비교해보면 금융상품거래법회계는 투자자들의 보호를 목적으로 한다(회사법은 채권자를 보호). 이로써 **적정한 이익계산**이 제 1명제가 된다. 한편 세법회계는 과세소득을 적절히 계산하여 **공정한 과세 부담을 실현**하는 것을 목적으로 한다.

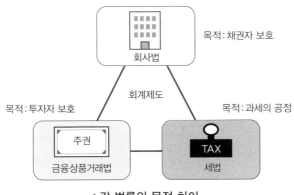

◆각 법률의 목적 차이

▌회계상의 이익과 과세소득의 차이

세법회계를 이해하려면 먼저 회계상의 이익과 과세소득의 차이를 파악해야 한다. 법인세는 기업의 이익(과세소득)을 대상으로 부과되지만 이는 회계상의 이익과는 다르다. 회계상의 이익은 다음 수식에 따라 구할 수 있다.

회계상의 이익＝수익－비용

또한 과세소득은 다음 수식에 따라 구할 수 있다.

과세소득＝이익금－손실금

이익금과 손실금은 세법상 독특한 용어이다. 수익이나 비용과 같은 개념이지만 이익금과 수익, 손실금과 비용은 다르다.

▌이익금과 수익의 차이와 손실금과 비용의 차이

이익금과 수익 그리고 손실금과 비용의 범위는 상당 부분 겹치지만 일부에서 차이가 있다. 예를 들어 팔다 남은 상품이 있다면 회계상에서는 팔릴 가치가 없는 상품을 취득가격으로 평가하는 것이 바람직하지 않다고 여겨 상품의 가격을 내리고 바로 평가손실을 계산한다.

단, 그 상품의 가치가 떨어져 있는 것을 절대적으로 평가하기는 어렵고(10명이 평가해서 전원이 같은 금액으로 평가하는 것), 손실 금액이 다른 것에 대해 공평성이 없기 때문에 세법상으로는 손실을 인정하지 않는다. 이것을 **손금불산입**(비용으로 손실금이 아니다)이라고 한다.

▌세법상의 4가지 조정 항목

회계상의 이익과 세법상의 과세소득이 다른 데에 따른 조정 항목은 다음 페이지에 나타낸 4가지가 있다.

◆세법상 4가지 조정 항목

항목	내용
손금불산입	회계에서는 비용이지만 세법으로는 손금이 되지 않는 것 (예) 재고 평가나 교제비의 세법상 한도액 초과
손금산입	회계에서는 비용이 아니지만 세법에서는 손금이 되는 것 (예) 결손금의 이월공제
익금불산입	회계에서는 수익이지만 세법에서는 익금이 되지 않는 것 (예) 수취배당금을 수익계상하였으나 세법상은 익금으로 하지 않는다
익금산입	회계에서는 수익으로 하지 않지만 세법에서는 익금으로 하는 것 (예) 회계에서 매출 계상을 하지 않지만 세법상에서 필요한 것

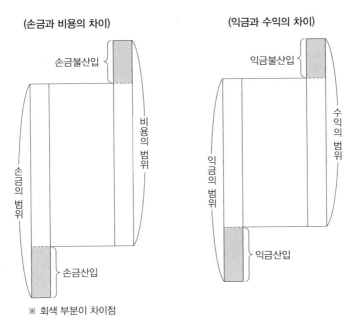

(손금과 비용의 차이)　　　　(익금과 수익의 차이)

손금불산입　　　　익금불산입

비용의 범위　　　수익의 범위

손금의 범위　　　익금의 범위

손금산입　　　　익금산입

※ 회색 부분이 차이점

◆회계상의 이익과 세법상 과세소득의 조정

▌세무조정에 의한 과세소득 산정

지금까지 설명한 바와 같이 재무회계와 세법회계의 차이 때문에 회계상의 비용과 세무상의 손금 그리고 회계상의 수익과 세무상의 익금에 차이가 있다. 하지만 차이는 크지 않다. 따라서 세법상의 과세소득 계산을 회계상 이익계산과 별도로 해서 처음부터 세법상의 계산을 하는 것은 비효율적이면서 비현실적이다.

이를 위해 세무 실무에서는 재무회계에서 산출된 회계상의 세전당기순이익에 필요한 조정(**세무조정**이라고 한다)을 진행함으로써 과세소득 산출 방법을 정한다.

세법상 과세소득 계산은 회계상의 이익부터 앞서 말한 4가지의 세무 조정 항목을 가산 또는 감산해 아래 표와 같이 나타낸다. 세액도 마찬가지로 아래 표와 같이 회계상의 당기순이익에 세무조정을 한 과세소득을 기초로 계산한다.

◆ **회계상의 이익과 세액계산의 관계**

	회계상의 당기순이익 산정		세무상의 세액계산
①	수익		
②	△비용		
③	(①−②) 세전당기순이익		세전당기순이익
		④	가산항목
		⑤	감산항목
		⑥	(③+④−⑤) 과세소득
		⑦	세금비용 (=⑥×세율)
⑧	세금비용 (법인세, 주민세 및 사업소득세)		
	(③−⑧) 당기순이익		

1-7 대차대조표의 표시 규칙

대차대조표의 구성과 표시 규칙

| 대차대조표와 자산의 분류

앞서 대차대조표가 크게 자산, 부채, 순자산 총 3가지로 구분된다고 설명했지만 실제로는 더 자세하게 구분되므로 어떻게 구분하는지 규칙을 설명하겠다.

자산은 **유동자산**, **고정자산**, **이연자산** 총 3가지로 분류된다.

유동자산에는 현금 및 예금과 기업의 정상적인 영업활동의 순환 속에서 발생하는 자산과목(받을어음, 외상매출금, 상품 등)이 계상된다.

◆유동자산의 공개 이미지

자산부		부채, 순자산부	
유동자산		부채	×××
현금 및 예금	×××	순자산	
받을어음	×××		
외상매출금	×××		
상품	×××		
유동자산 합계	×××		
고정자산	×××		×××
이연자산	×××		
자산 합계	×××	부채, 순자산 합계	×××

고정자산은 **유형고정자산**, **무형고정자산**, **투자 및 기타 자산**으로 분류된다.

건물, 구축물, 기계 및 장치(공장 기계 등), 차량운반구, 토지 등 실체가 있는 고정자산은 유형자산으로 분류된다. 구축물은 토지 위에 축조된 건물(건축물)을 제외한 공작물로 굴뚝, 담장, 터널, 아스팔트 등이 이에 해당한다.

무형고정자산은 모습 및 형태는 없으나 소프트웨어, 상표권, 특허권처럼 장기간에 걸쳐 기업 활동에 이바지하는 것을 뜻한다.

투자 외 자산은 유형고정자산과 무형고정자산에 속하지 않는 고정자산이다. 구체적으로는 투자유가증권 등의 투자나 장기자금 및 장기선급비용과 같은 장기자산이 계상된다. 참고로 회계에서 장기란 1년 초과를 의미하며 이것을 원이어 룰(one-year rule)이라고 한다.

◆**고정자산의 공개 이미지**

자산부		부채, 순자산부	
유동자산	×××	부채	×××
고정자산		순자산	
유형고정자산	×××		×××
건물	×××		
⋮	⋮		
유형고정자산 합계	×××		
무형고정자산			
소프트웨어	×××		
⋮	⋮		
무형고정자산 합계	×××		
투자 외 자산	×××		
투자유가증권	×××		
⋮	⋮		
투자 외 자산 합계	×××		
고정자산 합계	×××		
이연자산	×××		
자산 합계	×××	부채, 순자산 합계	×××

이연자산은 이미 대가 지불이 종료되었거나 지불의무가 확정된 비용 또는 이에 대응하는 역무를 제공받았으나 그 효과가 장래에 걸쳐서 발생할 것으로 전망되는 비용을 뜻한다.

▌부채부는 2가지로 분류된다

부채란 과거 거래의 결과에서 발생한 현재의 채무이며 향후 현금의 유출(캐시아웃) 없이 서비스 제공과 같은 의무를 이행해야 하는 것을 뜻한다. 부채는 장차 갚아야 하는 자본이라고도 평가할 수 있으며 **타인자본**이라고 부르기도 한다. 부채는 **유동부채** 와 **고정부채**로 분류된다.

유동부채는 기업의 정상적인 영업활동에서 발생하는 부채과목(지급어음, 외상매입금 등)이 계상된다. 그 외 부채에 대해서는 앞서 설명한 원이어 룰이 적용되어 1년 이내에 지급해야 하는 부채가 계상된다.

한편 고정부채에는 지급 등의 기간이 1년 이상 초과되고 있는 책무가 계상된다. 상환까지 남은 기간이 1년 이상인 금융기관 장기차입금이 이에 해당한다.

◆부채부의 공개 이미지

자산부		부채. 순자산부	
유동자산	×××	유동부채	
고정자산		지급어음	×××
이연자산		외상매입금	×××
		⋮	⋮
		유동부채 합계	×××
		고정부채	
		장기가입금	×××
		⋮	⋮
		고정부채 합계	×××
	×××	순자산	×××
	×××		
자산 합계	×××	부채, 순자산 합계	×××

▌순자산부는 상환 불필요한 자금의 조달원천

순자산부는 기업경영 자원 조달 중 주주로부터의 줄자금과 회사가 축적한 이익 등으로 구성된다. 순자산은 추후 상환할 필요가 없다는 의미로 **자기자본**이라고 부른다.

자기자본은 엄밀히 말하면 자기자본=순자산-신주인수권-비지배주주지분이다.

신주인수권이란 주식회사에 대한 권리행사로 해당 주식회사의 주식을 교부받을 수 있는 권리이다.

비지배주주 지분이란 연결결산에서 계상될 수 있는 잔액으로, 자회사의 자본 중 모회사 지분을 뺀 부분을 말한다.

▍순자산 중 가장 중요한 주주자본

순자산 중 특히 중요한 주주자본의 구성항목인 계정과목에 대해 설명한다.
주주자본 항목 구성은 다음과 같다.

자본금＋자본잉여금＋이익잉여금－자기주식

자본금은 주식 발행에 대해 주주가 회사에 불입한 금액이다.
또한 자본잉여금은 자본준비금과 기타자본잉여금으로 구성된다.

자본잉여금＝자본준비금＋기타자본잉여금

자본준비금은 주식을 발행할 때 주주의 주식 불입금 총액 중 자본금에 편입하지 못한 잔액이다. 일본의 경우 회사법 규정에 의해 불입가액의 반을 넘지 않는 금액은 자본금으로 간주하지 않고 자본준비금이라고 한다. 기타자본잉여금은 자본금의 감소(감자)에 따른 차익, 자본준비금의 제거나 자기주식을 처분했을 때의 차익 등에 따라 발생한다. 또한 자기주식이라는 것은 자사주식이며 기업이 자사주식을 보유하고 있는 경우, 순자산 부분에 마이너스 금액으로 계상된다.

한편 이익잉여금은 이익준비금과 기타이익잉여금으로 구성된다.
또한 기타이익잉여금은 임의적립금 및 이월이익잉여금으로 구성된다.

- 이익잉여금=이익준비금+기타이익잉여금
- 기타이익잉여금=임의적립금+이월이익잉여금

이익준비금은 회사법상 채권자보호 관점에서 적립하도록 규정하고 있다. 기업은 배당금을 지불할 때 배당액의 10분의 1을 이익준비금과 자본준비금을 합하여 4분의 1이 될 때까지 적립해야 한다.

임의적립금은 주주총회의 결의에 따라 임의로 적립된 이익의 유보액이다.

이월이익잉여금은 지금까지 회사가 축적해 온 내부유보이익으로 이익잉여금과 임의적립금 이외의 것을 말한다.

◆ 순자산부의 공개 이미지

자산부		부채, 순자산부	
유동자산	×××	부채	×××
고정자산		주주자본	
이연자산		자본금	×××
		자본잉여금	
		자본준비금	×××
		기타자본잉여금	×××
		자본잉여금 합계	×××
		이익잉여금	
		이익준비금	×××
		기타이익잉여금	
		별도적립금	×××
		이월이익잉여금	×××
		이익잉여금 합계	×××
		자기주식	△×××
	×××	주주자본합계	×××
	×××	순자산 합계	×××
자산합계	×××	부채, 순자산 합계	×××

---

* 임의적립금 중 용도를 특정하지 않고 이익을 유보하는 과목을 별도적립금이라고 한다.

손익계산서의 표시 규칙

손익계산서의 구성과 표시 규칙

▍손익계산서의 대분류는 수익과 비용, 손실

손익계산서는 크게 **수익**, **비용**, **손실**로 분류된다. 수익은 회사의 자산을 늘리는 요인이라고 할 수 있다. 구체적으로는 매출액, 영업외수익, 특별이익 등이 있다. 한편 비용이란 자산을 감소시키는 요인으로 매출원가, 판매비 및 일반관리비, 영업외비용, 세금이 이에 해당한다. 회계에 관련된 모든 이들이 손익계산서에서 표시되는 **이익** 금액에 관심을 보인다. 이익이란 손익계산서의 최종이익인 당기순이익을 의미한다. 하지만 손익계산서에서는 당기순이익의 계산과정에서 단계적으로 다른 이익도 계산해 표시하기 때문에 이로써 이익의 발생과정을 알 수 있다.

▍이익의 종류 5가지

손익계산서에 표시되는 이익은 총 5가지로, ① **매출총이익**, ② **영업이익**, ③ **경상이익**, ④ **세전당기순이익** ⑤ **당기순이익**이 있다.

① 매출총이익

매출총이익은 다음과 같이 계산한다.

매출액-매출원가=매출총이익

매출액은 회사 본래의 영업활동으로부터 만들어진 수익이고, 매출원가는 당기에 판매된 상품이나 구입원가, 제품의 제조원가이다. 매출총이익은 회사의 상품, 제품에서

나오는 이익이다. 실무에서는 마진이라고도 한다. 실무 용어는 회계팀 등 기타 부서와 원활하게 대화하기 위해 기억해두는 것이 좋다.

② 영업이익

영업이익은 다음 식으로 계산한다.

매출총이익−판매비 및 일반관리비=영업이익

판매비 및 일반관리비는 상품을 판매하기 위한 비용(판매비)과 전사적인 관리비용(일반관리비)으로 구성된다. 판매비의 예로는 광고비, 상품보관비 등을 들 수 있고, 일반관리비의 예로는 임대료, 수도세, 전기세 등을 들 수 있다.

실무에서 판매비와 일반관리비는 판매비라고 표시되거나 영어로 Sales, General and Administrative Expenses라고 표시된다. 대부분 줄여서 SGA라고 부른다.

영업이익은 매출총이익에서 영업활동에 필요한 비용을 뺀 것으로 영업활동에서 얻은 이익을 나타낸다. 바꿔 말하면 영업활동의 수익 능력을 나타낸다.

③ 경상이익

경상이익은 다음 식으로 계산한다.

영업이익+영업외수익−영업외비용=경상이익

영업외수익은 영업 이외의 사업 활동에서 발생한 경상적인 수익으로, 수입이자, 수입배당금 등이 이에 해당한다.

또한 영업외비용은 영업 이외의 사업 활동에서 발생한 경상적인 비용으로, 지급이자, 사채이자 등이 이에 해당한다.

경상이익은 자금조달 등 영업 외 활동도 포함한 회사의 경상적인 수익 능력을 나타내는 지표로 사용된다.

④ 세전당기순이익

세전당기순이익은 다음 식으로 계산한다.

경상이익+특별이익−특별손실=세전당기순이익

특별이익, 특별손실에는 각각 임시의 이익과 손실이 계상된다.*

기업회계원칙에 따르면 특별손익항목(특별이익과 특별손실을 합한 표현)에 속하는 항목이라도 금액이 적은 것 또는 매기 경상적으로 발생하는 것은 경상손익에 포함한다고 되어 있다. 특별이익의 대표적인 예로 고정자산 매각이익을, 특별손실의 대표적인 예로 고정자산 매각손실 또는 재해에 의한 손실을 들 수 있다. 고정자산 매각이익이나 고정자산 매각손실은 회사에 따라서 매기 계상되어 경상성이 있는 경우도 있지만 실무상 특별이익에 계상되는 경우도 많다.

경상이익에서 특별손익항목을 공제함으로써 세금을 공제하기 전 세전당기순이익이 산정된다.

⑤ 당기순이익

당기순이익은 다음 식으로 계산한다.

세전당기순이익−법인세, 주민세 및 사업세 =당기순이익**

당기순이익은 세금(법인세, 주민세)을 공제한 후의 이익으로, 손익계산서의 보고대상이 되는 기간에 기업이 최종적으로 번 돈이 얼마인지를 나타낸다. 단계이익의 최종이라는 점에서 최종이익이라고도 부른다.

손익계산서 양식 예시는 다음 페이지와 같다.

---

* 우리나라 기업회계 기준에서는 특별이익과 특별손실이 영업외수익과 영업외비용에 포함된다. 그러나 별도 표시하는 의미는 있다.
** 우리나라의 경우 사업세는 없고 감면에 대한 농어촌특별세는 있다.

◆손익계산서 공개 이미지

과목	금액	
Ⅰ매출액		×××
Ⅱ매출원가		×××
【매출총이익】		×××
Ⅲ판매비와 일반관리비		×××
【영업이익】		×××
Ⅳ영업외수익		
수취이자(이자수익)	×××	
⋮	⋮	×××
Ⅴ영업외비용		
지급이자(이자비용)	×××	
⋮	⋮	×××
【경상이익】		
Ⅵ특별이익		
고정자산매각이익	×××	
⋮	⋮	×××
Ⅶ특별손실		
고정자산매각손실	×××	
⋮	⋮	×××
【세전당기순이익】		×××
법인세, 주민세 및 농어촌특별세	×××	×××
【당기순이익】		×××

▌손익계산서의 포인트

손익계산서는 회사의 기간(1년, 4분기, 월차 등)별 경영실적(수지 상태)을 나타낸 자료다. 손익계산서를 바르게 이해함으로써 회사가 벌어들인 금액뿐만 아니라 돈을 벌기 위해 들어간 비용 및 영업활동으로 번 금액, 영업활동 이외로 번 금액 등을 파악할 수 있다.

단 손익계산서에서의 이익이나 손실은 회계 규칙이나 회계 처리 방법에 따라 수치가 변화하므로 다음 파트에서 서술하는 현금흐름표도 중요한 재무제표이다.

1-9 현금흐름표의 필요성

흑자라도 도산할 수 있다

┃수익과 수입 그리고 비용과 지출에 대하여

흑자도산이라는 말을 들어본 적이 있는가. 흑자도산이란 말 그대로 손익계산서상에서는 흑자(이익이 계상되어 있다)임에도 불구하고 기업이 도산하는 것이다. 이런 일이 대체 왜 일어나는 걸까?

기업이 사업을 할 때 꼭 현금만으로 장사를 하지는 않는다. 다음과 같은 경우를 살펴보면 이해가 쉽다. 계약상 상품을 구입했을 때 지급조건을 추후 지급으로 정하는 경우가 있다. 쉽게 말하면 구입처에서 외상으로 상품을 구입하는 것이다. 또한 상품을 판매할 때도 거래처로부터 추후 회수하기로 하고 외상으로 판매하기도 한다. 지급 및 회수 조건은 기업 간의 교섭을 통해 미리 계약으로 정해져 있는 것이 통상적이다.

외상으로 상품 등을 매입하거나 판매하는 것을 **외상거래**라고 한다. 예를 들어 외상으로 상품 1억 원을 판매한 경우에는 다음과 같이 분개된다.

(차변) 외상매출금 1억 원/ (대변) 매출액 1억 원

외상매출금은 외상으로 판매한 것을 의미하고 고객사로부터 장래에 현금을 지급받을 권리가 있다는 것을 나타낸다(또한 외상으로 구입했을 경우 추후 구입처에 대한 지급 의무는 외상매입금이라는 계정과목을 통해 나타낸다). 위의 분개를 보면 알 수 있듯 실제로 회사에 현금이 들어오지 않아도 회계에서는 매출액을 계상한다.

매출 계상의 시점과 돈이 들어오는 시점이 동일하지 않을 수도 있다는 점은 회계를

이해하는 데 매우 중요한 부분이다.

매출 계상과 돈이 들어오는 시점이 다른 것과 마찬가지로 비용 계상과 돈이 나가는 시점도 동일하다고 할 수 없다. 회계에서는 비용에 대하여 지급 시점과 상관없이 구입한 것을 다 사용한 시점(재화 소비)이나 서비스를 제공받은 시점으로 인식하는 규정이 있기 때문이다(이것을 **발생주의**라고 한다).

또한 수익의 인식기준 및 발생주의에 기반한 비용 계상을 기초로 하여 관계성이 있는 수익과 비용을 대응시켜 동일한 회계기간으로 계상하는 **수익비용대응의 원칙**이라는 개념이 있다.

회계는 규칙을 근거로 이루어지기 때문에 매출 계상과 수입 시점 그리고 비용 계상과 지출 시점이 다를 수 있다는 점을 이해해야 한다.

그래서 매출이 순조롭게 계상되고 있다 하더라도 고객사와 합의한 회수 조건이 장기간에 걸쳐 구입처에 대한 지급조건보다 지급이 선행된 상태로 비즈니스가 확대된다면 또는 고객사의 재무상황이 급변해 대금을 회수할 수 없어 적절한 시기에 자금을 조달할 수 없다면 자금 조달은 어려워진다. 최악의 경우 도산에 이를 수 있다. 이것이 흑자도산이 일어나는 이유이다.

| 현금흐름표

지금까지의 설명을 읽고 '손익계산서만 봐서는 실제로 괜찮은 상태인지 모르겠네.', '손익계산서의 수치가 좋아도 자금이 제대로 돌아가지 않는다면 갑자기 도산할 수도 있겠네.'라고 생각하는 사람이 있을 것이다. 바로 그렇다.

자금은 기업의 혈액이라고 할 수 있는데, 혈액(자금)이 문제없이 순환하고 있는지 잘 확인해야 한다. 이때 필요한 재무제표가 바로 **현금흐름표**이다.

현금흐름표(약어로 C/F)는 일정 기간 기업의 현금 흐름을 나타내는 재무제표이며, 이 표를 보면 어떤 활동에 의해 현금이 입출됐는지 파악할 수 있다.

▌현금흐름표에 기재되는 3가지 내용

현금흐름표는 자금 움직임의 성질에 따라 아래 표와 같이 3가지 활동으로 구분된다.

◆현금흐름표의 구성

구분	기재되는 항목
영업활동에 의한 현금흐름	• 영업활동으로 돈을 버는 기업 ▶상품이나 서비스 매출에 의한 수입 ▶상품이나 서비스 구입에 의한 지출 ▶급여 지출 • 견고한 회사라면 이 구분의 수치는 플러스가 된다
투자활동에 의한 현금흐름	• 설비투자나 고정자산의 매각 ▶고정자산, 유가증권의 매각에 의한 수입 ▶고정자산, 유가증권의 구입에 의한 지출 • 투자이므로 수입보다 지출이 많아 마이너스가 된다
재무활동에 의한 현금흐름	• 회사의 자금조달에 관한 제반활동 ▶주식 발행에 의한 수입 ▶배당에 의한 지출 ▶차입금에 의한 수입/지출 • 플러스도 마이너스도 될 수 있다

또한 현금흐름표 양식은 다음 페이지와 같다.

▌회계상의 이익과 현금흐름은 일치하지 않는다

이익은 수익에서 비용을 빼서 계산하지만 앞서 말한 바와 같이 수익, 비용의 계상과 캐시 인, 캐시 아웃에는 차이가 있다.

즉, 회계상의 수익과 현금 흐름은 일치하지 않는다.

이익은 나는데 현금흐름이 마이너스인 경우는 주의할 필요가 있다. 특히 매출채권이나 재고자산이 증가했을 때 현름흐름은 마이너스가 된다.

◆ 현금흐름표의 양식

Ⅰ 영업활동에 의한 현금흐름	
세전당기순이익	×××
감가상각비	×××
감손손실	×××
수입이자 및 수입배당금	△×××
이자비용	×××
매출채권의 증감액	△×××
재고자산의 증감액	△×××
⋮	⋮
소계	×××
이자 및 배당금 수취액	×××
이자지급액	△×××
법인세 등의 지급액	△×××
영업활동에 의한 현금흐름	×××
Ⅱ 투자활동에 의한 현금흐름	
유형고정자산의 취득에 의한 지출	△×××
⋮	⋮
기타	×××
투자활동에 의한 현금흐름	×××
Ⅲ 재무활동에 의한 현금흐름	
단기차입금의 순 증감액	×××
⋮	⋮
배당금 지급액	△×××
재무활동에 의한 현금흐름	×××
Ⅳ 현금 및 현금등가물의 감소액	△×××
Ⅴ 현금 및 현금등가물의 기초잔액	×××
Ⅵ 현금 및 현금 등가물의 기말잔액	×××

1-10 소비세의 개요

모든 회계 기록에 관한 소비세

▎소비세*의 개요

    소비세는 상품의 판매나 서비스 제공 등의 거래에 관해 공평하게 과세되는 세금을 뜻한다. 국내에서 사업자가 사업으로써 대가를 받고 행하는 자산 양도, 대부 또는 역무 제공에도 과세가 된다. 따라서 상품의 판매나 운송, 광고 등 대가를 받고 행하는 거래의 대부분이 과세의 대상이다. 소비세는 사업자가 부담하는 세금이 아니다. 사업자가 판매하는 상품이나 서비스의 가격에 대해 소비자가 부담하는 세금이다.

▎소비세에 관한 개념

    소비세는 소비자가 부담하지만 납세는 사업자의 몫이다. 이와 같이 세금의 부담자(소비자)와 납세자(사업자)가 다른 세금을 **간접세**라고 한다.

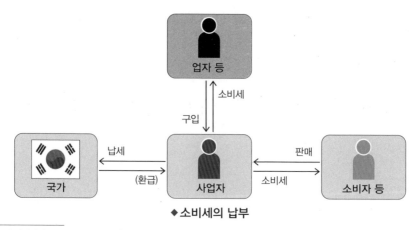

◆소비세의 납부

---

*우리나라의 부가가치세와 유사하다.

34

▌소비세 납부의 흐름

　사업자는 상품을 판매했을 때에 받은 소비세액에서 상품 등을 구입했을 때 지급한 소비세액을 공제한 차액을 국가에 납부한다.

　구매자에게 받은 소비세보다 구매처에 지불한 소비세가 더 많은 경우, 그 차액을 국가에 신고하면 환급받을 수 있다.

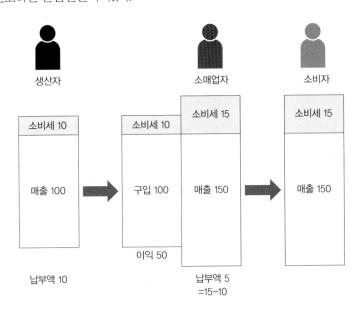

◆소비세율 10%로 한 경우의 소비세 납부 이미지

▎소비세 과세를 판단하는 관점

소비세는 다음 관점으로 과세관계를 판단한다

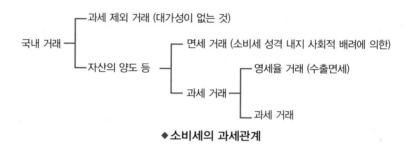

◆소비세의 과세관계

① 과세 제외 거래

사업자가 행하는 거래 중 대가성이 없는 것은 과세 대상이 아니다.

배당금, 기부금, 위로금, 보험금, 공제금, 손해 배상금 등이 이에 해당한다.

② 면세 거래

원래는 과세대상이지만 소비세의 성격으로 비과세가 된 것과 사회 정책상의 관점에서 면세된 경우가 있다.

소비세 성격을 띠어 면세된 경우로 토지 양도, 대부, 유가증권 지급 수단 양도, 이자 보험료, 상품권 선불카드 양도 등이 이에 해당한다.

한편 사회 정책상의 관점에서 면세된 경우는 사회보험의료, 사회복지사업, 학교의 입학금 등이다.

③ 영세율 거래(수출면세)

소비세는 국내에서 소비되는 상품이나 서비스에 대해 부담하는 세금이기 때문에 수출 거래 시에는 소비세가 영세율로 적용된다. 이를 영세율 거래라고 한다.

제 **2** 장

회계 시스템의 개요

기업 내 기간 시스템

기간 시스템을 구성하는 업무 시스템이 있다

기간 시스템이란?

지금부터 회계 시스템에 대해 설명하려고 한다. 그 전제로 기간 시스템에 대해 알아보아야 한다. 회계 시스템의 설계와 도입에 관한 일을 하게 되면 **기간 시스템**이라는 단어를 자주 듣게 된다. 사실 기간 시스템에 대한 명확한 정의는 없다. 굳이 정의하자면판매, 구매, 생산, 경리 등 기업 활동을 뒷받침하는 시스템이라 할 수 있다.

또한 판매, 구매, 생산, 경리 등에 관한 시스템을 **업무계 시스템**이라 부르기도 하기때문에 기간 시스템은 기업 활동에서 이용하는 업무계 시스템이라고 할 수 있다. 그리고 그중에서도 회계 시스템은 기간 시스템의 주역이라 할 수 있다.

기간 시스템을 구성하는 업무 시스템

업종이나 사업 규모에 따라 차이는 있지만 기간 시스템은 통상적으로 다음과 같은업무 시스템을 포함한다. 여기에서는 회계 시스템 이외의 각 업무 시스템 개요를 설명한다.

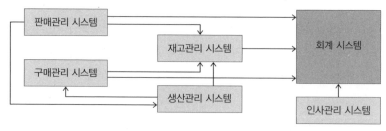

◆기간 시스템을 구성하는 업무 시스템

판매관리 시스템

수주를 등록하고 이에 근거하여 상품이나 제품을 출하 및 납품하고 매출 계상을 실시하는 프로세스를 관리하는 시스템이다. 이 시스템은 주로 영업부서나 지방의 판매 거점이 이용한다.

구매관리 시스템

발주를 등록하고 이에 근거하여 원자재나 상품을 검수해 매입을 계상하는 프로세스를 관리하는 시스템이다. 주로 자재부서나 구매부서와 같은 조달 관련 부서가 이 시스템을 이용한다.

재고관리 시스템

제품 생산에 사용되는 원자재, 공장에서 생산된 제품, 외부에서 구매하여 판매하는 상품 등에 관한 증감 및 잔액 관련 프로세스를 관리하는 시스템이다.

원자재는 외부 구입에 의해 증가하고 제품 생산에 의해 감소한다. 제품은 생산에 의해 증가하고 판매에 의해 감소한다. 상품은 외부 구입과 판매에 의해 증가하고 감소한다. 또한 재고 실사를 통해 실제로 계산한 재고 수량과 시스템상의 수량에 차이가 발생했을 경우, 실제 수량으로 수정한다. 이 작업을 **재고자산 감모손실조정**이라고 부른다. 주로 영업부서, 구매부서, 생산부서가 이용하는 시스템이다.

생산관리 시스템

제품의 생산계획이나 생산에 필요한 원자재의 구성 및 수량 계산, 작업 지시, 생산량 보고, 생산에 사용된 원재료의 사용량 및 작업 시간 보고 등 생산 활동 프로세스를 관리하는 시스템이다. 주로 생산관리부, 생산기술부, 제조부와 같은 생산 활동에 관련된 부서가 이용하는 시스템이다.

인사관리 시스템

사원의 개인정보나 소속 이력 등 인사정보 관리, 인사평가, 근태정보의 집계, 급여, 상여의 계산 등 직원에 대한 업무 프로세스를 관리하는 시스템이다. 주로 인사부서나 총무부서 등이 이용한다.

◆일반적인 업무 시스템 구성

업무 시스템	제조업	상사. 소매업	시스템 개발업	건설업
판매관리 시스템	○	○	○	○
구매관리 시스템	○	○	△	○
재고관리 시스템	○	○	×	○
생산관리 시스템	○	△	○	○
인사관리 시스템	○	○	○	○
회계 시스템	○	○	○	○

○:있음 △:규모에 따라 있음 ×:없음

이 표를 보면 알 수 있듯이 업종·업태에 따라 이용하는 기간 시스템의 종류는 각자 다르다. 하지만 모든 업종·업태에는 판매관리, 인사관리 그리고 회계가 꼭 필요하다.

기업이 수익을 가져오는 경제활동을 하고 있고 사원이 있다면 인사관리는 반드시 필요하다. 회계는 모든 기업의 경제 거래를 파악, 기록, 집계, 보고하는 구조이므로 업종·업태 구분 없이 모두 필요하다.

▌업종이나 사업규모에 따라 업무 시스템의 범위는 제각각

기간 시스템을 구성하는 업무 시스템의 범위는 업종·업태 또는 기업의 규모에 따라 다르다. 그래도 업종에 따라 어느 정도는 일반적으로 업무 시스템이 구성되어 있기 때문에 우선 그것을 기본으로 하면서, 사업규모에 따라서 시스템의 일부는 개별 시스템을 이용하지 않고 엑셀로 대응하는 등 기업마다 다르다.

예를 들어 제조업은 생산 활동을 하기 때문에 당연히 생산관리 시스템이 필요하다.

반면 상사나 소매업 같은 업종에서는 생산 시스템이 필요하지 않다. 물론 예외는 있다. 구매한 상품을 가공한 뒤 판매하고 있는 상사나 소매업에서는 업무 규정에 따라 간단한 생산관리 시스템을 도입하기도 한다.

또 다른 예로, 시스템 개발업과 건설업 같은 업종에서는 생산관리 시스템 대신 **프로젝트관리 시스템**을 이용한다. 프로젝트관리 시스템이란, 개별 안건(프로젝트)에 대한 작업내용이나 작업 스케줄 관리, 프로젝트 예산의 집행관리, 작업이나 스케줄 진척&지연 관리 등 프로젝트 전체를 관리하는 시스템이다.

하지만 재고관리 시스템이나 구매관리 시스템은 업종·업태별로 이용 상황에 차이가 있다.

시스템 개발업에서 쓰이는 비용은 주로 사내외 인건비이며 원재료비는 거의 없기 때문에 기본적으로 재고관리 시스템은 필요하지 않다. 반면 건설업에서는 건축자재를 취급하기 때문에 재고관리 시스템이 필요하다.

또한 시스템 개발업의 경우 조달 내용은 거의 업무 위탁 형태여서 계약→청구서 수령→지불과 같은 간단한 프로세스이기 때문에 업무량에 따라 구매관리 시스템을 두지 않기도 하지만, 건설업에서는 건축 자재의 발주나 수용을 위해 필요하다.

광의 및 협의의 회계 시스템

회계 시스템의 전체 모습과 자리매김

▌기간 시스템에 있어 회계 시스템의 자리매김

회계 시스템은 앞 파트에서 설명한 기간 시스템을 구성하는 다른 업무 시스템에서 발생한 각종 거래 결과를 기록하는 시스템이다.

판매관리 시스템에서는 매출 실적 데이터를, 구매관리 시스템에서는 원자재와 상품, 외주비 등 구매에 관한 실적 데이터를, 인사관리 시스템에서는 급여와 상여에 관한 실적 데이터를 받는다. 생산관리 시스템에서는 데이터를 직접 받지는 않으나 구매관리 시스템이나 재고관리 시스템을 연계해 실적 데이터를 집계한다.

이런 이유로 회계 시스템의 관점에서 본 다른 업무 시스템을 **상류 시스템**이라 부르기도 한다. 또한 상류 시스템에서 회계 시스템으로는 분개를 작성할 수 있는 데이터가 연계되는데, 이 내용에 대해서는 제 5장에서 자세히 설명하겠다.

▌회계 시스템이란?

회계 시스템은 재무 시스템이나 경리 시스템이라고 부르지만, 실제로 회계 시스템의 범위는 **광의의 회계 시스템**과 **협의의 회계 시스템**으로 나뉜다.

광의의 회계 시스템은 경리부서가 주로 이용하는 업무 시스템이다. 구체적으로는 채권관리 시스템, 채무관리 시스템, 고정자산관리 시스템, 경비관리 시스템, 자금관리 시스템, 원가관리 시스템, 총계정원장 시스템 등이 있다. 한편 협의의 회계 시스템은 이 중에서 총계정원장 시스템을 가리킨다.

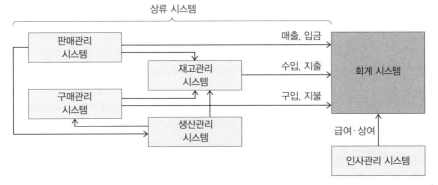

◆기간 시스템의 상류 시스템과 하류(회계) 시스템

▎광의의 회계 시스템을 구성하는 업무 시스템

광의의 회계 시스템은 업종과 규모에 따라 차이는 있지만 일반적으로 다음과 같은 개별 시스템을 포함한다.

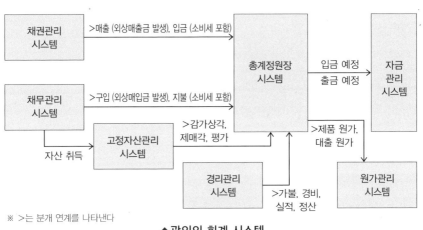

※ >는 분개 연계를 나타낸다

◆광의의 회계 시스템

채권관리 시스템

고객사 매출대금(외상매출금) 청구서 발행과 입금에 의한 소멸, 잔액 또는 체류 상황 등을 관리하는 시스템이다. 외상매출금뿐만 아니라 대납금이나 미수금 등 기타 채권을 포함하여 관리하기도 한다. 채권관리 시스템은 판매관리 시스템과 회계 시스템 사이에 위치하며 양자의 중개를 실시한다. 또한 채권관리 시스템은 독립으로 존재하지 않고 판매관리 시스템 기능에 포함되는 경우도 있다.

채무관리 시스템

구입처의 청구서 수령과 지불, 잔액상황 등을 관리하는 시스템이다. 외상매입금뿐만 아니라 선급금이나 미지급금 등 기타 채무도 포함하여 관리하는 경우도 있다. 구매관리 시스템과 회계 시스템 사이에 위치하고 있으며 양자를 중개하는 역할을 한다. 또한 채무관리 시스템은 독립시키지 않고 구매관리 시스템 기능에 포함하기도 한다.

고정자산관리 시스템

건물, 기계장치와 같은 유형고정자산과 소프트웨어와 같은 무형고정자산을 모두 일컫는 자산인 고정자산과 관련하여 대장관리, 감가상각비 계산 등을 하는 시스템이다. 또한 구입 외에도 리스 계약으로 취득한 유무형 고정자산 등을 관리하는 기능도 포함하고 있다.

경비관리 시스템

사원이 직접 경비신청이나 정산, 구매관리 시스템을 사용하지 않고 업자로부터 수령한 청구서를 통해 경비의 계상 및 지불을 실시하는 시스템이다.

자금관리 시스템

현금을 관리하는 시스템이다. 예정된 외상매출금의 입금 또는 외상매입금, 인건비, 차입금의 상환계획 등을 기록하고 자금이 부족하지 않도록 자금의 입출을 관리한다.

원가관리 시스템

제품의 제조원가를 계산하는 시스템이다. 생산지시, 제품별 원재료의 사용실적, 작업자의 작업시간 등을 집계하여 제품의 제조원가를 계산한다.

총계정원장 시스템

기업의 각종 거래 활동을 기록하고 결산서와 각종 회계장부를 작성하기 위한 시스템이다. 자세한 내용은 다음 글에서 설명한다.

▌협의의 회계 시스템으로서의 총계정원장 시스템

다음은 협의의 회계 시스템이다. 이것은 앞서 서술한 것처럼 **총계정원장 시스템**을 가리킨다. 총계정원장 시스템이란 상품의 구입이나 판매 등 기업의 각종 거래활동을 **분개**라는 형식으로 등록한 후 그것을 집계해 대차대조표나 손익계산서와 같은 재무제표나 총계정원장, 시산표 등 각종 회계장부를 작성하는 시스템이다.

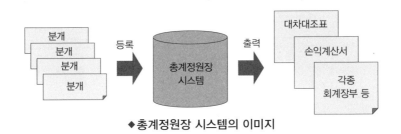

◆총계정원장 시스템의 이미지

▌광의의 회계 시스템과 협의의 회계 시스템의 관계

이와 같이 회계 시스템의 정의는 다양하다. 광의의 회계 시스템에는 다양한 개별 시스템이 포함되어 있지만 본서에서는 협의의 회계 시스템인 총계정원장 시스템으로 좁혀 자세하게 설명하고자 한다. 즉 회계 시스템이라는 표현은 총계정원장 시스템을 가리키는 것으로 이해하면 된다.

마스터의 종류와 관리

회계 시스템에서 사용하는 각종 마스터를 파악한다

분개에 필요한 항목

회계 시스템은 **분개**를 등록하고 집계하는 구조이지만, 여기에서는 구체적으로 어떠한 정보를 등록하는지에 대하여 설명한다.

(복식)부기의 텍스트나 인터넷의 분개 설명 등을 통해 분개를 자주 볼 수 있다.

◆ 분개의 기본요소

차변		대변	
외상매출금	110,000 /	매출액	110,000

외상매출금, 매출액은 **계정과목**이라고 부른다. 110,000은 금액이다. 이 분개는 110,000원으로 판매하고 대금은 외상(현금 교환이 아니라 후일 지불받는 것)이라는 것을 나타내고 있다. 이처럼 분개에 계정과목과 금액이 있고 차변과 대변의 금액이 동일하다면 최소한의 분개 정보가 성립된다. 하지만 실무상으로 회계 시스템에 등록하는 분개 정보는 다음과 같이 필요하다.

● 날짜

거래 발생일을 등록한다. 거래가 어느 회계연도에 속하는지 판정한다.

● 적요

거래 내용을 상세히 기록하기 위한 메모란이다. 어떤 내용을 기재하는지 정확히 규정되어 있지는 않지만 일부 세법에 따라 지정되기도 한다.

이러한 항목을 추가한 분개는 다음과 같다.

◆날짜와 적요를 추가한 분개 이미지

날짜 2020년 11월 30일
적요 ○○상사에 대한 매출

차변			대변	
외상매출금	110,000	/	매출액	110,000

정보가 이만큼 있다면 대차대조표나 손익계산서와 같은 재무제표와 총계정원장, 합계잔액시산표 등의 전표를 작성할 수 있다.

회계 시스템에 요구되는 역할은 커지고 있다

최근의 회계 시스템은 경영관리나 정보 공개를 위해 보다 많은 정보를 축적해야 한다. 또한 다음과 같은 항목의 정보도 관리해야 한다.

- **부문** : 부문 단위의 관리
- **사업 세그먼트** : 복수의 사업을 영위하는 경우 사업단위의 실적관리
- **프로젝트** : 고객별 거래액 및 채권채무 잔액 관리
- **증감사유** : 현금흐름표를 작성하기 위한 것

분개에 필요한 항목은 마스터 관리를 한다

분개에 필요한 항목은 날짜나 금액과 같은 정보를 제외하고는 통상적으로 마스터화되어 있다. 이하 분개에 최소한 필요한 계정과목, 적요와 상기 항목에 대해서 그 내용과 마스터의 특징을 설명한다.

계정과목

계정과목은 분개거래의 내용을 나타내는 항목이며 분개에 있어서 반드시 필요하다. 계정과목 마스터는 계정과목 코드와 명칭 이외에도 여러 가지 항목을 설정한다. 중

요한 설정으로는 다음과 같은 것이 있다.

- **대차대조표/손익계산서 과목 구분**
- **소비세 구분**(*우리나라의 부가가치세와 유사하다.)
- **입력 가능 항목**

대차대조표/손익계산서 과목구분이란, 해당 계정과목이 대차대조표에 관련된 과목인지 손익계산서에 관련된 과목인지를 구분하는 것이다. 이 구분은 단순히 어느 재무제표에 표시되는 계정과목인지의 차이뿐만 아니라 시스템적으로도 중요한 의미를 가지고 있다. 이에 대해서는 제3장에서 자세히 살펴볼 예정이니 여기서는 이러한 설정이 필요하다는 것만 알아두도록 하자.

소비세 세액 계산을 위해 분개 명세에 소비세 내용을 파악해 둘 필요가 있다. 예를 들어 매출액에 관한 명세에는 과세 매출 8%, 과세 매출 10%, 비과세 매출, 면세 매출의 소비세 구분을 등록하게 된다.

- **분개 등록을 실수하지 않기 위해**

계정과목과 소비세 관계를 지정하여 분개에 잘못된 소비세 코드가 등록되지 않도록 제어한다. 여러 가지 설정 방법 중 다음의 예를 살펴보자.

- 계정과목 마스터에 소비세 코드는 불필요하다는 내용을 설정한다. 이로써 분개계상 시에 소비세 코드를 입력할 수 없게 된다.
- 계정과목 마스터에 특정 소비세 코드를 지정한다. 이로써 분개 계상 시에 그 계정과목은 계정과목 마스터로 지정한 소비세 코드만 사용할 수 있다.
- 계정과목 마스터에 특정 소비세 코드의 초깃값을 지정한다. 이로써 분개 계상 시에 그 계정과목은 계정과목 마스터에서 지정한 소비세 코드가 초깃값으로 표시

되며 필요에 따라 소비세 코드를 변경할 수 있다.

● **입력 가능 항목에 따라 계정과목에 필요한 항목을 제어한다**

입력 가능 항목이란, 분개를 계상할 때 계정과목마다 다른 항목을 입력할 필요가 있는지 그 여부를 설정하는 것이다. 이 설정에 의해 분개 계상 시 각각의 계정과목에 필요한 항목이 제어된다. 예를 들어 아래 표에서 매출액은 증감 이유 외 모든 항목이 필수로 입력되어야 하며 차입금은 거래처, 증감 이유가 필수 입력 사항이고 부문, 사업 세그먼트, 프로젝트는 입력할 수 없다. 급여는 부문, 증감 이유를 필수로 입력해야하며 사업 세그먼트, 프로젝트, 거래처는 입력 불가능하다.

◆**입력 가능 항목의 설정 이미지**

계정과목	항목				
	부문	사업 세그먼트	프로젝트	거래처	증감이유
매출액	필수	필수	필수	필수	불가
차입금	불가	불가	불가	필수	필수
급여	필수	불가	불가	불가	필수

부문

부문이란 분개를 조직별로 관리하기 위한 항목이다. 부분별 손익관리 등에 사용한다. 매출이나 경비에 관한 분개를 계상할 때에 부문을 지정함으로써 부문별 손익을 관리할 수 있다.

◆**부문을 등록한 분개 이미지**

날짜 2020년 11월 30일
적요 ○○상사에 대한 매출

차변		대변	
외상매출금	110,000 /	매출액	110,000
		(과세 매출 10%)	
제1영업부문		**제1영업부문**	

또한 부문은 부문별 경비의 예산 실적을 관리할 때도 사용한다. 미리 회계 시스템에 계정과목별, 부분별, 월별로 예산정보를 등록한다. 이 예산 정보와 분개로 등록된 실적 정보를 대비시킴으로써 부문별 경비 예산을 관리한다.

부문마스터도 부문코드와 명칭 외에 여러 가지 항목을 설정하긴 하지만 중요한 기능으로는 <u>유효기간</u>이나 **계상 불가 플래그**를 설정할 수 있다. 이를 통해 사용하지 않는 부문에 대한 실적 계상 블록이나 조직 변경 후 부문을 사전에 기록할 수 있다.

사업 세그먼트

<u>**사업 세그먼트**</u>는 사업이 여러 개인 경우, 어느 사업에 관련된 거래인지 기록하기 위한 정보이다. 예를 들어 상장기업의 경우, 사업 세그먼트에 관한 정보 공개가 의무화되어 있다.

◆**사업 세그먼트를 등록한 분개 이미지**

날짜 2020년 11월 30일
적요 ○○상사에 대한 매출

차변		대변	
외상매출금	110,000	매출액	110,000
		(과세 매출 10%)	
제1영업부문		제1영업부문	
시스템 개발사업 세그먼트		**시스템 개발사업 세그먼트**	

사업 세그먼트 마스터는 통상적으로 각 기업의 경영관리상 필요한 단위로 설정한다. 한편 정보공개가 요구되는 사업 세그먼트의 단위는, 관리상 그것보다 개략적이기 때문에 정보 공개 시에 그것을 그룹핑하여 공개하게 된다.

◆**사업 세그먼트 마스터 이미지**

프로젝트

프로젝트란 기업 활동을 목적별로 기록하기 위한 정보이다. 예를 들어 기업이 어떤 이벤트를 실시했을 때, 그 이벤트에 들어간 비용이나 수익을 집계할 때 사용한다. 또한 컨설팅 회사나 시스템 벤더가 안건별로 손익을 집계할 때에도 활용되고 있다.

◆**프로젝트를 등록한 분개 이미지**

날짜　2020년 11월 30일
적요　○○상사에 매출

차변		대변	
외상매출금	110,000	매출액 (과세 매출 10%)	110,000
제1영업부문 시스템 개발사업 세그먼트 **기간 시스템 쇄신 프로젝트**		제1영업부문 시스템 개발사업 세그먼트 **기간 시스템 쇄신 프로젝트**	

프로젝트 마스터의 설정항목은 프로젝트 코드나 명칭 외에 부문 코드처럼 유효기간과 계상 불가 플래그가 설정되며 추후 시작할 프로젝트를 사전에 설정하거나 종료된 프로젝트에 대한 실적 계상의 블록을 할 수 있다.

거래처(고객처·구입처)

거래처는 거래의 대상을 기록하기 위한 정보이다. 거래처별 매출액 집계와 구입처별 거래 실적 집계 등 경영관리를 위해 사용한다. 또한 연결 재무제표를 작성할 때, 그룹 간 거래를 파악하기 위한 항목으로 활용되기도 한다.

◆ **거래처를 등록한 분개 이미지**

날짜 2020년 11월 30일
적요 ○○상사에 대한 매출

차변			대변	
외상매출금	110,000	/	매출액 (과세 매출 10%)	110,000
제1영업부문			제1영업부문	
시스템 개발사업 세그먼트			시스템 개발사업 세그먼트	
기간 시스템 쇄신 프로젝트			기간 시스템 쇄신 프로젝트	
○○상사			**○○상사**	

증감이유

증감이유는 재무제표의 하나인 현금흐름표를 작성하기 위한 필요한 정보를 수집할 때 사용된다. 증감이유 코드를 사용하여 현금흐름표를 작성하기 위해 현금이나 예금의 증감 이유를 분개 후 등록하는 것이다. 현금흐름표는 제 3장에서 자세히 설명하겠다.

◆ **증감이유를 등록한 분개 이미지**

날짜 2020년 11월 30일
적요 ○○상사에 대한 매출

차변			대변	
외상매출금	110,000	/	매출액 (과세 매출 10%)	110,000
제1영업부문			제1영업부문	
시스템 개발사업 세그먼트			시스템 개발사업 세그먼트	
기간 시스템 쇄신 프로젝트			기간 시스템 쇄신 프로젝트	
○○상사			**○○상사**	
영업수입에 따른 증가			**영업수입에 따른 증가**	

▎계정과목에 따라 필요한 항목은 다르다

지금까지의 설명에서는 편의상 각 분개의 차변과 대변에 들어가는 항목이 같다는 것을 전제로 했다. 하지만 실무에서는 차변과 대변에 같은 항목이 들어가지 않으며 **계정과목별로 관리해야 하는 항목이 달라진다**.

계정과목별로 어떤 항목을 등록할지는 각 기업이 회계 시스템에 정보를 어디까지 요청하느냐에 따라 달라지기 때문에 그때그때 조건을 확인해야 한다.

▎기타 항목

회계 시스템에 설정하는 항목에는 특별한 제한이 없으므로 각 기업의 필요에 따라 앞서 설명한 항목 외에 여러 가지 항목을 설정할 수 있다. 예들 들어 제품별 손익을 집계하기 위해 제품번호를 설명하거나 외상매출금의 입금 예정을 파악하기 위해 입금 예정일을 설정하고, 외상매입금의 지불예정을 파악하기 위해 지불 예정일을 설정할 수도 있다.

◆기타 항목의 예

항목	관련된 계정과목	용도
제품번호	매출, 매출원가, 판매비 등	제품별 손익의 파악
입금 예정일	외상매출금 등의 채권	장래의 입금 예측
지불 예정일	외상매입금 등의 채무	장래의 지불 예측

2-4 주요 마스터 계정과목과 조직

계정과목과 조직의 그룹핑과 체계

▍계정과목의 정렬 순서는 정해져 있다

계정과목을 코드화하는 방식은 기업에 따라 크게 다르지 않다. 정렬 순서는 대차대조표 관련 계정과목부터 시작한다. 대차대조표 관련 계정과목은 자산, 부채, 순자산 순으로 나열된다.

◆대차대조표 과목의 코드 체계 이미지

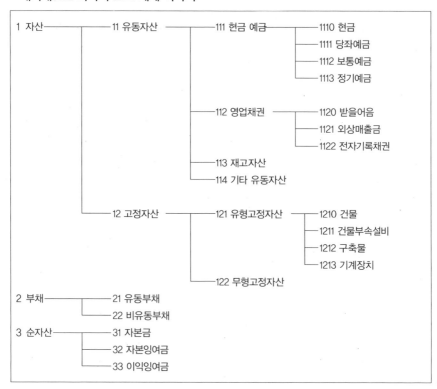

다음으로 손익계산서 관련 계정과목이 뒤를 잇고 손익계산서 관련 계정과목은 매출액, 매출원가, 제조원가, 판매비 및 일반관리비, 영업외손익 특별손익, 단기순이익 순으로 나열된다.

◆ **손익계산서 과목의 코드 체계 이미지**

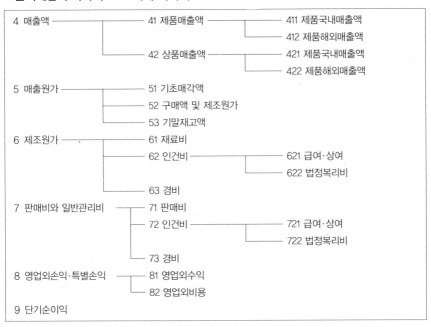

여기서 보통예금을 예시로 번호 부여 방법을 설명하자면 머리 1항에 자산, 2항에 유동자산, 3항에 현금예금, 4항에 보통예금이 되고 1112라고 한다. 이처럼 계정과목 코드의 각 머리 항을 사용하여 해당 과목이 재무제표상 어디에 소속된 계정과목인지 한눈에 알 수 있도록 번호를 부여하는 경우가 많다.

▍계정과목의 그룹핑 기능(표시과목)이 필요

분개는 계정과목 코드를 사용하여 등록하는데, 사내관리나 정보개시의 관점에서는 더 세밀하기 때문에 재무제표를 작성할 때는 계정과목을 집약할 필요가 있다. 이것을 일반적으로 **표시과목**이라 부른다.

이 표시과목에 따른 집계를 실장하기 위해 회계 시스템에서는 통상 과목을 그룹화하는 기능이 있다.

계정과목과 별도로 **계정과목 그룹**이라는 마스터가 있는데 계정과목 그룹을 계층적으로 정의한 다음 계정과목을 트리 구조로 배열한다. 이 방법이라면 계정 그룹을 여러 패턴으로 분류할 수 있고 경영관리 목적이나 개시목적 등 목적에 따라 표시할수 있다. 또한 표시과목을 설정하는 방법으로 계정과목 마스터 중 해당 계정과목이소속된 표시과목 코드를 할당하는 방법도 있지만, 이 방법으로는 한 가지 패턴만 표시할 수 있다.

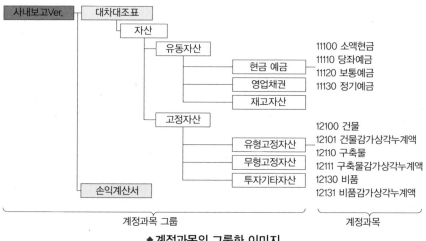

◆**계정과목의 그룹화 이미지**

▍계정과목을 세분화하는 관리과목

사내 업무 관리상 계정과목 단계에서 안건별, 상대별 등 내역 관리가 불가한 경우에는 **관리과목**을 사용한다. 예를 들어 보통예금 계정에 계좌별 관리과목을 설정해 은행별 잔액를 관리할 수 있다. 그 외 차입금의 계약별 관리나 유가증권의 종목별 관리를 할 때도 관리과목을 사용한다.

◆**관리과목을 사용한 분개의 이미지**

> **날짜** 2020년 11월 30일
> **적요** ○○상사로부터의 입금

차변		대변	
현금	108,000 /	외상매출금	108,000
A은행 ○○지점			

▌조직체계는 목적에 따라 복수 설정한다

부문 코드와 동일한 조직체계에도 계정과목과 같은 목적에 따라 복수의 조직체계를 설정할 수 있도록 한다. 부문 코드와 별도로 부문 그룹이라는 마스터가 있으며 **부문 그룹**을 계층적으로 정의한 다음 부문 코드를 매긴다.

아래 그림은 직능별 조직체계에서 영업, 제조 등 직능별 그룹핑에 의해 각 직능에 속하는 부문 코드를 할당한 예이다.

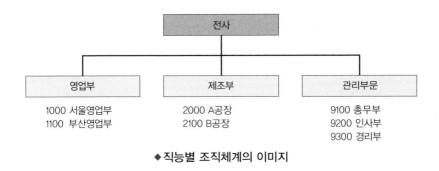

◆**직능별 조직체계의 이미지**

이 외에 지역별로 조직체계를 파악하기도 하므로 지역을 기준으로 부문코드를 할당하고 있는 예를 소개한다.

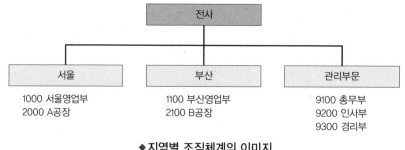

◆지역별 조직체계의 이미지

▌부문과 다른 항목의 관계

부문 코드는 부문 코드와 다른 항목의 정합성을 제어하는 경우가 있다.

계정과목 코드와의 관계를 보면, 예들 들어 영업부서나 경리부서는 통상적으로 제조원가 관련 계정과목을 사용하지 않는다. 반대로 제조부문이 판매비와 일반관리비와 관련된 계정과목을 통상적으로 사용하지 않는다는 점도 마찬가지다. 따라서 통상적으로 예상하지 않는 과목 및 부문의 편성 분개가 계상되지 않도록 **등록 가능한 편성을 정의해놓은 마스터를 설정해 두고 분개를 등록할 때 체크**하는 기능을 작성하는 경우가 있다.

또한 사업 세그먼트와의 관계를 보면, 어떤 부문에 대해 사업 세그먼트가 고정적으로 결정을 하는 경우에는 부문 마스터 중에서 사업 세그먼트를 지정해 둠으로써 **분개 계상 시 부문 코드를 선택한 시점에서 사업 세그먼트가 자동으로 대입**되는 기능도 있다.

2-5

전표 입력과 결산처리

회계 시스템의 주기와 결산보고

회계 시스템의 주기

회계 시스템은 기본적으로 **회계연도**를 하나의 주기로 삼는다. 회사는 결산일을 임의로 정하는데 일본에서는 3월 말일을 결산일로 하는 회사가 많다. 이 경우 회계연도는 4월부터 3월까지 총 1년간이다. 기초(회계연도의 첫날, 3월 결산이라면 4월)부터 시작하여 기중(회계연도 기간 중)에 분개를 등록하고 기말(회계연도의 최종일)에 결산을 마감한 뒤 재무제표를 작성하여 주주에 대한 보고나 세금 납부 등을 진행한다. 그 후 다시 다음 회계연도가 시작한다.

월차 결산의 주기

회계연도는 1년 주기 외에도 1개월 주기로 한 **월차결산**으로 경과를 관리하는 것이 일반적이다. 기중(월중)은 영업, 구매, 생산, 인사 등 각 부문에서 그때마다 거래를 계상하고, 그 데이터가 회계 시스템에 등록된다. 월말을 지나 다음 달이 되면 통상적으로 익월 3영업일 이내에 각 부문의 분개 계상을 마감한다. 그리고 경리부문이 월차결산에 필요한 분개를 등록하고 통산은 5~10 영업일에 월차결산을 완료한다.

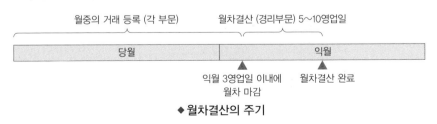

◆ 월차결산의 주기

┃연도말결산 주기

월차결산을 반복하여 회계연도를 맞이하면 경리부문은 **연도말결산**을 실시한다. 연도말결산은 월차결산과는 달리 외부에 기업의 실적을 보고하는 역할을 하므로 손익계산서가 정밀해야 하며, 보통 기말일 기준 다음 달 중순부터 하순경까지 소요된다. 연도말결산의 결과는 주주총회에 보고되고 주주들에게 승인을 받은 후 일반인들에게 공개되며 동시에 세무신고가 진행된다.

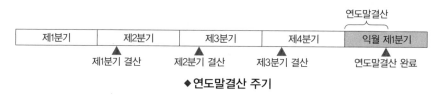

◆연도말결산 주기

┃4분기 결산 주기

또한 상장기업은 연도말결산 외에도 3개월마다 결산을 하는 **분기결산**을 통해 정보를 공개해야 한다. 분기결산은 통상 분기말 기준으로 다음 달 하순경까지 완료되어야 한다.

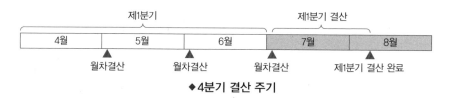

◆4분기 결산 주기

┃각 결산은 결산 분개 내용이 다르다

월차결산, 분기결산, 연도말결산에 경리부문이 계상하는 결산 분개에는 차이가 있다.

월차결산은 사내 관리를 목적으로 한 결산이며 외부에 공개하는 정보가 아니기 때문에 여기에 계상하는 결산 분개는 각 기업이 결정한다.

분기결산은 상장기업의 의무결산이며 외부에 공시하는 정보이기 때문에 일정한 규칙이 정해져 있다. 하지만 분기결산은 연말결산에 대한 경과보고의 성격이기 때문에 요구되는 결산 분개 중에는 연말결산 정도의 정확도가 필요치 않은 처리가 있다.

연도말결산은 기말결산이라고도 한다. 말 그대로 한 해를 마감하는 결산이며, 1년간의 손익을 확정하고 법인세를 포함한 납세를 이행하기 위해 그에 상응하는 정밀한 결산 분개의 계상이 요구된다.

▎통상 분개와 결산 분개를 구별한다

회계 시스템에 따라 결산 분개가 월차결산이나 4분기 결산의 영향을 받지 않도록 배려된 경우도 있다. 각 부문이 기중에 계상한 일상 거래의 분개(일반적으로 **통상 분개**라고 한다)와 경리부문이 등록하는 결산 분개를 구별함으로써 보다 쉽게 결산 분석을 할 수 있도록 한다. 만약 이 구분을 하지 않으면 결산 분개는 최종 월의 통상 분개와 혼동되기 때문에 각 월의 비교성이 손상된다.

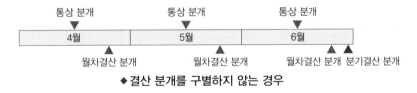

◆ **결산 분개를 구별하지 않는 경우**

위 그림에서는 6월에 등록한 제1분기의 결산 분개가 6월의 월차결산에 섞여서 4월, 5월과 6월로 단순하게 비교할 수 없게 된다. 따라서 결산 분개와 통상 분개를 구별함으로써 6월의 월차결산에 결산 분개가 영향을 미치지 않도록 한다.

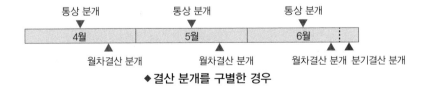

◆ **결산 분개를 구별한 경우**

▌결산보고(일본)

결산이 종료되면 월차결산을 제외하고(사내보고로 충분하기 때문에) 기업의 이해
관계자에게 **결산보고**를 한다. 결산보고는 회사법회계, 금융상품거래법회계, 세무회계
로 요구된다.

회사법회계에서 계산서류로 대차대조표, 손익계산서, 주주자본 등 변동계산서, 개
별주기표의 4가지와 사업보고, 부속명세서의 2가지를 이사회와 감사회, 회사감사회,
주주에게 제출해야 한다.

상장기업이 따라야 하는 금융상품거래법회계에서는 유가증권보고서를 금융감독
원에 제출해야 한다. 그 후 유가증권보고서는 금융감독원이 운영하는 사이트인 금융
감독원 전자공시시스템에 공개된다.

또한 유가증권보고서를 제출해야 하는 회사 중 사업연도가 3개월을 넘는 경우(결
산기 변경 등이 없으면 거의 모두 이에 해당)에는 사업연도 기간을 3개월마다 구분한
분기별 보고서를 제출해야 한다.

세무회계에서는 결산 시 법인세신고서와 소비세신고서*를 작성하여 세무서에 제출
하고 법인사업세 및 법인주민세를 위한 신고서류를 관할 세무서에 제출한다.

---

* 우리나라는 분기마다 부가가치세 신고를 별도로 한다.

2-6 사용자 관리와 권한

사용자별로 설정하는 액세스 권한이 다르다

권한 설정의 필요성

회계 시스템의 정보는 기업의 재정상태나 경영성적 등의 기밀정보를 포함하고 있기 때문에 누구나 참조할 수 있으면 곤란하다. 또한 허위 거래를 계상할 수 없도록 부정 액세스를 방지할 필요가 있다. 그래서 회계 시스템에는 **액세스 제한 기능**을 설정해야 한다. 액세스 제한 기능은 **권한관리**라고도 한다. 여기서는 회계 시스템에 어떤 권한관리 기능이 시행되는지 소개한다.

조직별 그룹핑

우선 회계 시스템에 관계된 각 부문을 관련 방식에 따라 이용부문, 경리부문, 경영층, 정보시스템부문(관리자)으로 그룹핑한다.

이용부문은 영업, 구매, 경영기획, 제조, 생산관리와 같은 경리 외 부문이다. 경리부문은 현장부문 또는 이용부문이라고 부르기도 한다.

경리부문은 결산 분개를 계상하고 재무제표를 작성한다.

경영층은 대표이사, 이사, 감사, 감사실 등의 임원을 상정한다.

정보시스템부문은 회계 시스템을 운용, 보수, 관리하는 부문이다. 정보시스템부문도 이용부문의 하나이지만, 양자는 다른 것을 취급한다.

직무권한별 그룹핑

다음으로 기표자, 승인자, 열람자 등 직무권한별로 계층을 정의한다.

기표자는 분개를 미승인 상태까지 등록할 수 있다.

승인자는 분개를 승인하는 역할을 한다. 기표자가 등록한 미승인 분개를 승인자가 승인함으로써 분개가 회계 시스템으로 등록된다.

열람자는 분개 등록이나 변경은 할 수 없고 오직 열람만 할 수 있다.

▌조직과 직무권한인 매트릭스

권한관리는 직업과 직무권한을 다 고려해야 하므로 이것을 **권한 그룹**이라 부른다.

이때 모든 셀에 대해 권한 그룹을 설정하지 않아도 된다. 예를 들어 경영층은 분개를 등록할 일이 없기 때문에 열람자 권한만 있으면 되고, 기표자와 승인자의 권한을 보존할 필요는 없다. 또한 관리자도 분개를 등록할 필요는 없고, 기표자 권한을 유지할 필요는 없다. 반대로 경리부문은 열람만 가능한 사용자는 통상 상정되지 않으므로 열람자는 불필요하다.

또한 이용부문에서 분개승인을 과장이 한다면 부장은 열람자 권한을 할당하면 되지만, 과장이나 부장도 분개승인을 한다면 이용부문에는 열람자 권한을 부여하지 않아도 된다.

◆조직×업무권한 매트릭스

권한	경영층	경리	일반부문					관리자
			영업	총무	생산관리	정보시스템	...	
기표만	×	경리1	영업1	총무1	생산관리1	정보시스템1		×
승인 가능	×	경리2	영업2	총무2	생산관리2	정보시스템2		×
열람만	경영	×	영업3	총무3	생산관리3	정보시스템3		관리자

권한 그룹별 권한 설정

다음과 같이 권한 그룹별로 **실행 가능 메뉴**와 **취급 가능 부문**을 정의한다. 메뉴란, 회계 시스템에 준비되어 있는 각 처리를 말하며 다음의 이미지와 같다.

◆ 메뉴 이미지

```
처리 메뉴
        분개관련
                   분개등록
        장표관련
                   분개일람표 출력
                   합계잔액시산표 출력
                   총계정원장 출력
                   보조원장 출력
                   결산서 출력
        마스터 유지보수
                   계정과목 마스터 갱신
                   부문마스터 갱신
                   사업 세그먼트 갱신
        시스템 설정
                   회사 코드 설정
                   회계연도 설정
                   연도 말 이월처리
```

실행 가능 메뉴란 각 권한 그룹이 실행할 수 있는 메뉴이다.

권한 그룹별로 실행할 수 있는 메뉴를 취사선택한다.

취급 가능 부문이란 각 권한 그룹이 분개등록과 장표를 열람할 수 있는 부문으로 권한 그룹별 취급 가능한 부문을 설정한다.

다음 페이지에서 예시로 나온 표에서는 분개 관련 메뉴에 대해 모든 사용자가 분개 등록 메뉴를 실행할 수 있다. 단 조직과 직무권한 매트릭스에서 정의한 바와 같이 영업1, 총무1 등 권한 그룹 이름에 1이 달린 권한 그룹은 기표만, 2가 달린 권한그룹은 기표에 승인까지, 3이 달린 권한 그룹은 열람만 가능하다.

또한 장표관련 메뉴는 경리과 정보시스템부문(관리자)의 모든 장표를 참조할 수 있으나, 다른 부문은 직책에 따라 참조 가능한 장표가 한정되어 있다.

마스터 유지 보수 메뉴는 경리와 계정과목의 마스터 갱신은 가능하지만 그 외의 마스터는 관리자만 취급할 수 있는 형태로 되어 있다. 마찬가지로 시스템 설정 메뉴의 경우, 경리는 연도말 이월처리는 가능하지만 그 이외의 시스템 설정은 관리자만 취급할 수 있는 형태로 되어 있다.

다음으로 취급 가능 부문은 경리와 관리자가 모든 부문을 취급할 수 있지만 다른 부문은 자체 부문만 취급할 수 있도록 되어 있으며, 자체 부문에 관한 분개의 등록이나 장표 출력만 할 수 있다.

◆실행 가능 메뉴와 취급 가능 부문의 정의 이미지

권한 그룹	실행 가능 메뉴				취급 가능 부문
	분개관련	장표관련	마스터 유지 보수	시스템 설정	
경리1	분개등록	모두	×	×	전 부문
경리2	분개등록	모두	계정과목 마스터 갱신	연도말 이월처리	전 부문
영업1	분개등록	분개일람표 출력	×	×	자체 부문만
영업2	분개등록	분개일람표 출력 잔액시산표 출력	×	×	자체 부문만
영업3	분개등록	분개일람표 출력 잔액시산표 출력 보조원장 출	×	×	자체 부문만
총무1	분개등록	분개일람표 출력	×	×	자체 부문만
총무2	분개등록	분개일람표 출력 잔액시산표 출력	×	×	자체 부문만
총무3	분개등록	분개일람표 출력 잔액시산표 출력 보조원장 출력	×	×	자체 부문만
관리자	분개등록	모두	모두	모두	전 부문
…	…	…	…	…	…

만일 더 상세하게 권한관리를 한다면 취급 가능 계정과목, 취급가능 세그먼트, 취급 가능 프로젝트 등 취급 가능 항목의 제어를 늘려가게 된다.

█ 권한은 적정 범위로 설정하는 것이 중요

이와 같은 방법으로 사용자별 권한 설정을 수행하는 데 보다 정밀하게 권한을 설정하길 원한다면, 극단적이긴 하지만 사용자별로 권한 그룹을 정의하는 것이 아닌 사용자별로 권한을 설정하는 방법도 있다.

하지만 권한 설정을 너무 상세하게 해버리면 조직 내에 변경 사항이 있거나 사용자가 이동했을 때 권한 설정을 변경하는 일이 업무적으로 부담이 될 수 있으니 이 점을 고려해 권한설정을 검토해야 한다.

█ 기타 회계 시스템 사용자 관리

그 외 회계 시스템에는 다음과 같은 사용자 관리 기능이 필요하다. 이는 회계 시스템에 한정된 이야기가 아니긴 하지만 혹시 몰라 소개하도록 하겠다.

● 변경 이력 관리

분개의 등록일자, 등록자, 승인일자, 승인자, 변경일자, 변경자, 변경내용 등 이력을 유지하는 기능

● 액세스 로그 관리

각 사용자의 회계 시스템 로그인·아웃 시점, 각 메뉴의 실행과 같은 로그를 유지하는 기능

전자장부 저장

증빙과 장표 저장 방법이 달라지고 있다

▮회계 시스템에서 종이의 자리매김

회계 시스템에 관련된 '종이'라고 하면 크게 2가지 의미로 나뉜다. 하나는 회계 시스템에 분개를 계상할 때 증거가 되는 청구서나 영수증과 같은 **증빙** 서류이다. 또 하나는 회계 장부로서 보관해야 하는 분개장이나 총계정원장과 같은 **장표** 서류이다.

▮증빙의 역할

증빙의 역할과 종이의 자리매김에 대하여 설명하기 위해서는 먼저 종이를 매개로 하는 분개 계상 프로세스를 나타낸다.

STEP 1 : 분개 등록

입력 담당자는 청구서와 영수증 등 증거를 바탕으로 회계 시스템에 분개를 등록한다.

STEP 2 : 회람

등록한 분개를 인쇄한 것과 증빙을 묶어서 승인자에게 회람한다.

STEP 3 : 승인 처리

승인자는 입력 담당자로부터 받은 증빙 다발을 바탕으로 회계 시스템에 등록된 분개를 불러내 승인 처리한다.

STEP 4 : 보관

승인된 증빙 다발은 최종적으로 파일링하여 보관된다.

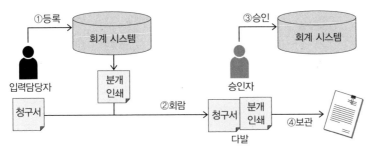

◆종이를 매개로 하는 분개 계상 프로세스

▌증빙을 PC에서도 보존할 수 있도록

분개 계상 프로세스는 종이가 회람되는 것이 기본이고 실제로 지금도 많은 기업이 종이를 매개로 한 구조를 가지고 있다. 세법에 따르면 분개를 바탕으로 한 증빙류는 일정 기간 의무적으로 보관해야 한다. 그렇기 때문에 적극적으로 페이퍼리스를 지향하는 기업이 그리 많지 않다.

일본에서는 2015년과 2016년에 전자장부보존법이 개정되면서 사전에 세무서에 신청해 세무서장의 승인을 얻으면 청구서나 영수증 등의 증빙을 **전자매체**로도 보관할 수 있게 됐다. 다음에서 전자 증빙을 이용한 분개 계상 프로세스의 예시를 보여준다.

STEP1 : 스캔

입력담당자는 입수한 청구서나 영수증 등 증빙을 스캔하여 전자증빙을 작성한다.

STEP2 : 등록, 전자증빙의 첨부

증빙을 바탕으로 회계 시스템에 분개를 등록하고, 그와 동시에 회계 시스템에 전자증빙을 첨부한다.

STEP3 : 승인의뢰의 통지

분개가 등록되면 회계 시스템에서 승인자에 대해 승인 대기 분개가 있다는 사실을 통지한다.

STEP4 : 승인처리

승인자는 회계 시스템을 가동하여 등록된 분개를 호출하고 승인 처리를 수행한다.

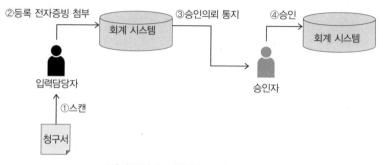

◆ 전자증빙에 의한 분개 계상 프로세스

증빙을 폐기하는 타이밍

이 프로세스에 따르면 청구서는 보관하지 않아도 된다. 하지만 입력담당자는 청구서를 바로 폐기할 수 없다. 왜냐하면 전자장부보존법에서 부정이나 처리오류 방지를 위해 경리부문에 대한 정기 검사를 실시하고 있어 **검사가 끝날 때까지 보관해야 하기 때문**이다. 따라서 청구서는 검사 후에 폐기할 수 있다.

전자장부보존법은 검사자, 실시빈도, 실시방법 등을 상세하게 규정하고 있으므로 전자증표를 도입할 때는 전자장부보존법의 조건에 적합하도록 운용을 구축해야 한다.

장표의 보관과 페이퍼리스화

기업은 회사법에 따라 10년, 세법에 따라 7년간 회계장부를 보관할 의무가 있다. 회계장부는 종이매체 이외에는 보관을 허용하지 않는다. 하지만 1998년, **전자장부보존법**이 시행되면서 회계 시스템이 일정 조건을 충족하고 있고, 사전에 세무서장의 승인을 받으면 종이 외의 형태로 보관하는 방법도 인정받게 되었다.

회계 장부 보관 방법은 증빙과 다소 다르다. 증빙은 스캔 후 전자화하는 것이 인정되긴 하지만 장표로는 인정되지 않는다. 장표는 그 자체를 전자매체로 하는 것이 아니라 최초의 기록단계부터 일관되게 컴퓨터로 작성한 뒤 전자적 기록을 비치 및 보존할 수 있게 되었다. 즉, 회계 시스템에 계상한 분개를 서버나 백업 기기에 보존한 후 장표류를 바로 출력할 수 있는 상태라면 굳이 인쇄해 보관하지 않아도 된다.

▌보관이 필요한 데이터 범위

'분개 데이터, 즉 회계 시스템 데이터만 저장해두면 문제가 없을까?'라는 생각이 든다면, 상황에 따라 다른 개별 시스템 데이터까지 전자보관을 해야 할 수도 있다.

전자장부보존법에서는 **거래의 최초 단계까지 거슬러 올라갈 것**을 요구하고 있다. 예를 들어 매출에 관한 정보라면 그 기초가 된 개별거래까지 거슬러 올라가야 한다. 지금부터 3가지 사례를 소개한다.

① 회계 시스템에 개별거래를 등록한 경우

개별거래 단위로 분개를 계상하고 있다. 이는 회계 시스템에 개별거래가 등록된 경우이므로 회계 시스템의 데이터를 보관하면 문제는 없다.

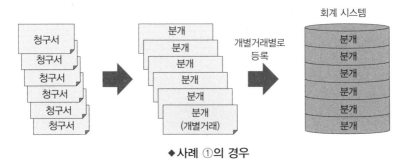

◆사례 ①의 경우

71

② 수기된 개별거래를 회계 시스템에 합계 전기한 경우

개별거래를 거래처별로 집계해 회계 시스템에 계상하고 있는 경우이다. 이 경우 회계 시스템에 개별거래는 등록되어 있지 않으며 판매 시스템과 같은 개별거래를 전자 데이터로 보관하는 시스템도 없으므로 전자장부 보존은 인정되지 않는다.

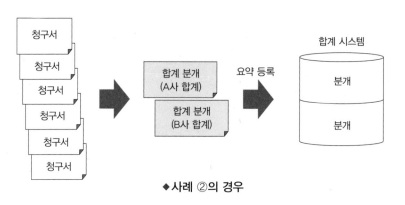

◆사례 ②의 경우

③ 판매 시스템 데이터를 합계 시스템에 집약하여 계상하고 있는 경우

판매 시스템에 등록된 개인거래를 고객별로 집계하여 회계 시스템에 계상하는 경우이다. 이 경우 회계 시스템에 개별거래는 등록되어 있지 않으므로 회계 시스템 데이터만 보관하면 부족하지만 판매 시스템에 개별거래 데이터가 보관되어 있으므로 회계 시스템과 판매 시스템 모두 데이터가 보관되어 있으면 문제없다.

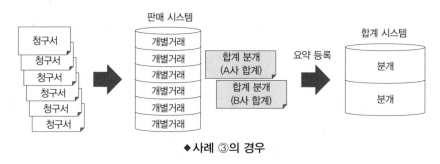

◆사례 ③의 경우

제 **3** 장

회계 시스템의 출력

회계 정보의 출력

용도나 상황에 따른 아웃풋

▌인풋은 분개

회계 시스템의 인풋은 **분개**이다. 분개 정보는 용도나 상황에 따라 다양한 형식으로 집계되어 아웃풋된다. 본 장에서는 우선 회계 시스템에서 출력되는 아웃풋의 종류와 그 내용에 대해 설명한다.

▌아웃풋은 장표

회계 시스템의 아웃풋은 장표이다. **장표**는 다음과 같이 4가지로 분류할 수 있다.

재무제표

대차대조표, 손익계산서, 현금흐름표 등이 재무제표에 해당한다. 대차대조표는 일정 기간의 재정상태, 손익계산서는 일정 기간의 경영실적, 현금흐름표는 일정 기간의 현금흐름을 외부에 보고하기 위한 서류이다.

회계장부

재무제표 작성의 기초가 된 정보를 표시한 장표이다. 구체적으로는 분개장, 총계정원장, 예금출납장, 거래처원장, 구입처원장 등이 있다. 2장에서 설명한 바와 같이 이 회계장부는 일정 기간 종이매체나 전자매체로 보관할 의무가 있다.

관리장표

회계장부 이외의 각종 장표이다. 재무제표 작성 시 입력 내용을 확인하거나 경과를 확인하는 데 사용하는 장표와 관리 회계로서 사내의 업적이나 경비를 관리하기 위한 장표가 있다. 전자에는 합계잔액시산표, 월별추세표 등이 있고 후자에는 부문별일람표, 프로젝트 원장, 거래처별 일람표, 세그먼트별 원장 등이 있다.

세무용 장표

법인세나 소득세의 세무신고에 필요한 정보를 집계한 장표이다. 회계 시스템에는 부가가치세 신고와 관련된 장표를 출력하는 기능이 있다.

▌화면 조회와 인쇄 출력

각 장표의 해설에 들어가기 전에 장표의 출력방법에 대해 살펴보자.

장표의 출력방법은 크게 **화면 조회**와 **인쇄 출력**이 있다.

이 두 가지는 각 장표의 용도에 따라 구분하여 사용할 수 있다. 예를 들어 관리 장표나 세무용 장표는 결산이나 세무신고 작업에 있어서 화면 조회로 내용을 확인하고, 최종 수치가 결정된 시점에서 인쇄 출력한다. 한편 재무제표나 회계장부는 최종보고나 장표보관을 위해 또는 회계연도의 모든 정보를 출력하려 한다면, 화면 조회를 통해 사전 내용을 확인하는 작업은 하지 않고 직접 인쇄 출력한다.

일반적으로 회계 시스템에서 화면 조회, 인쇄 출력 조작은 다음 3가지 단계에 의해 진행된다.

STEP 1 참조하는 장표를 선택하여 출력조건을 지정한다
STEP 2 지정한 조건에 따라 화면표시된 내용을 확인한다
STEP 3 인쇄 출력을 한다

사전 내용을 확인해야 한다면 STEP 2는 생략하고 STEP 1에서 STEP 3으로 이동한다.

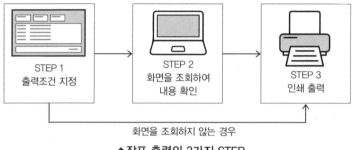

◆장표 출력의 3가지 STEP

│ 장표 출력에 요구되는 기능

다음으로 각 STEP의 작업 효율성이나 정확성을 확보하기 위해 유효한 각종 기능을 소개한다.

STEP 1: 출력조건 지정 관련 기능

STEP 1에는 다음과 같은 기능이 있다.

• 복수 선택 기능

연속으로 나열되지 않은 항목을 복수로 설정할 수 있는 기능이다. 어떤 항목을 출력 조건으로 지정하는 경우를 예로 들면 100, 200, 300, 400, 500 중에서 연속하지 않고 100, 400, 500을 지정할 수 있다.

또한 엑셀이나 텍스트 파일로 작성한 출력 대상 항목의 목록을 파일 내보내기(file import)나 복사·붙여넣기(copy&paste)로 지정할 수 있는 기능이 있다면 추출조건을 효율적으로 지정할 수 있다.

• 그룹 선택 기능

계정과목이나 부문 그룹을 사전에 정의함으로써 각각의 값을 지정하는 것이 아니라 그룹 단위로 지정할 수 있는 기능이다.

• 추출조건의 보존 기능 (선택 장벽)

매회 동일한 조건으로 출력하는 장표에 대해 출력조건을 사전에 마스터화하면 출력조건을 매번 입력하지 않아도 돼 효율적이다. 이 기능으로 뒤에서 서술할 백그라운드 작업도 할 수 있다.

STEP 2 : 화면 조회 관련 기능

STEP 2에는 다음과 같은 기능이 있다.

• 드릴다운 기능

어떤 화면에서 항목이나 금액 등을 클릭하여 해당 항목 또는 금액의 상세 정보로 점프할 수 있는 기능이다. 점프 기능이라 부르기도 한다.

• 표시항목의 보존 기능 (표시 배리어트)

조회화면이나 출력장표에 대한 표시항목, 정렬순서나 분류 순서 등을 사전에 마스터로 보존함으로써 자체 보고서 레이아웃을 작성할 수 있는 기능이다. 이 기능은 뒤에서 서술할 백그라운드 작업 기능도 수행한다.

STEP 3 : 인쇄 출력 관련 기능

STEP 3에는 다음과 같은 기능이 있다.

• 백그라운드 작업 기능

백그라운드 작업이란 조작 중인 PC의 서버에서 처리를 실행하도록 의뢰하는 것이다. 주로 장시간 처리나 야간 처리를 실행하는 경우에 사용한다. 사전에 백그라운드 작업을 스케줄링할 때는 앞서 서술한 선택 밸리언트나 표시 밸리언트를 지정함으로써 지정한 조건 및 레이아웃 장표만 출력할 수 있다.

• PDF 출력 기능

장표를 출력할 때 프린터로 인쇄하기 전, PDF 또는 이미지 파일 형식으로 미리 확인하는 기능이다. 종이로 인쇄할 필요가 없는 경우 이 PDF 파일을 PC에 저장한다.

이 기능은 뒤에서 서술하는 모든 장표에 꼭 필요한 것은 아니며 장표의 용도나 출력방법에 따라 다르다.

다음 파트에서 이 점도 포함하여 회계 시스템에서 출력된 각종 장표에 대해 설명한다. 회계 시스템이 갖추어야 할 장표의 종류나 양식에 특별히 일률적인 규정이 있지는 않다. 또한 각 기업이 독자적으로 장표를 작성하는 경우도 있기 때문에 이번에는 통상적이면서 회계 시스템과 관련이 깊은 주요 장표를 아래 표에서 설명한다.

◆ 회계 시스템에서 출력되는 주요 장표

분류	주요 장표
재무제표	대차대조표, 손익계산서, 현금흐름표
회계장표	분개장, 총계정원장, 합계잔액시산표, 월별추세표
관리비장표	부문비일람, 프로젝트 원장, 세그먼트별 일람표, 거래처별 일람표
세무용장표	법인세신고서 관련 장표, 부가가치세 신고서 관련 장표

3-2 재무제표 (1) 대차대조표와 손익계산서

대차대조표와 손익계산서 작성법

▌모든 분개는 대차대조표와 손익계산서로 이어진다

1장에서 대차대조표와 손익계산서에 대해 설명했으므로 여기에서는 장표(보고서)의 작성방법을 중심으로 설명한다.

대차대조표와 손익계산서는 계정과목을 집약해 표시과목 베이스로 작성한다. 또한 자본시장법이나 상법 등 법령에 따라 표시 과목 순으로 정해져 있다. 그렇기 때문에 회계 시스템은 양식에 따라 마스터 레이아웃을 몇 가지 준비해둘 필요가 있다.

◆ 대차대조표 이미지

대차대조표 (2021년 3월 31일 현재)

자산부		부채부	
유동자산		유동부채	
현금 및 예금	12,000,000	외상매입금	4,000,000
외상매출금	5,000,000	미지급금	1,320,000
상품	3,500,000	미지급법인세	300,000
미수금	450,000	미지급부가세	180,000
가불금	150,000	예치금	800,000
고정자산		고정부채	
유형고정자산		장기차입금	6,900,000
건물	25,000,000		
차량운반구	2,500,000	순자산부	
공구기구비품	1,500,000	주주자본	
유형고정자산		자본금	40,000,000
소프트웨어	3,000,000	이익잉여금	7,000,000
투자기타자산			
투자유가증권	5,000,000		
장기선지급비용	2,400,000		
자산부 합계	60,500,000	부채 및 순자산 합계	60,500,000

◆손익계산서 이미지

손익계산서

2020년 4월 1일부터 2021년 3월 31일까지

매출액		70,000,000
매출원가		36,000,000
매출총이익		**34,000,000**
판매비와 일반관리비		32,250,000
영업이익		**1,750,000**
영업외수익		
수입이자	50,000	
기타영업외수익	40,000	90,000
영업외비용		
지급이자	480,000	
기타영업외비용	170,000	650,000
경상이익		**1,190,000**
특별이익		
고정자산매각이익	300,000	300,000
특별손실		
투자유가증권매각손실	400,000	400,000
세전당기순이익		1,090,000
법인세 등		327,000
당기순이익		763,000

▎대차대조표나 손익계산서 출력에 필요한 데이터 테이블

대차대조표나 손익계산서 출력에 필요한 데이터 테이블은 **분개정보가 저장된 분개 테이블**과 각 **계정과목의 기초잔액을 유지한 기초잔액 테이블** 총 2가지이다. 또 양식에 따른 마스터 레이아웃을 몇 가지 준비하기 위해 계정과목 그룹핑 마스터를 이용하는 시스템도 있지만, 대차대조표나 손익계산서에 대해서는 반드시 모든 계정과목을 표시과목으로 집계해야 하기 때문에 계정과목 마스터와는 별도로 **재무제표 버전**이라고 불리는 마스터를 준비하는 경우가 많다.

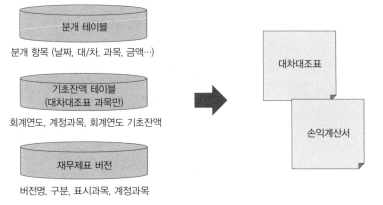

◆대차대조표, 손익계산서에 필요한 데이터 테이블

　분개 테이블은 분개장을 데이터화한 것이다. 이 테이블 항목은 분개와 같으며 날짜, 차변과 대변 구분, 과목, 금액이 있다.

　분개 테이블의 데이터를 집계하고 재무제표를 출력할 수 있냐고 물으면 그 대답은 '아니오'이다. 대차대조표 항목은 전기부터의 이월잔액을 가산할 필요가 있기 때문에 기중 거래인 분개 테이블에서는 충분하지 않다.

　재무제표에서의 표시는 분개로 이용된 계정 과목을 집계한다. 그 집계 로직을 마스터화한 것을 재무제표 버전이라고 한다. 재무제표 버전은 상법회계, 자본시장법회계, 세무회계 등 재무제표의 목적에 따른 계정과목의 집계 로직을 미리 마스터로 등록하고 해당 마스터의 설정 내용에 따라 재무제표가 출력된다.

재무제표 (2) 현금흐름표

후발 재무제표

후발 재무제표인 현금흐름표

<u>현금흐름표</u>는 대차대조표, 손익계산서와 함께 재무 3표라고 불리는 중요한 재무제표이다. 다만 현금흐름표는 2000년 3월, 보다 늦게 재무제표로 지정되었다. 그래서 현금흐름표는 후발 재무제표라 부르기도 한다.

복식부기라는 구조는 대차대조표와 손익계산서를 작성하기 위한 것으로 현금흐름표 작성과는 관계가 멀다.

현금흐름표는 회계장부(회계 시스템)와 별도로 작성할 수 없다. 그래서 회계 시스템에 기능을 추가해 회계 시스템에서 현금흐름표를 작성할 수 있도록 한다.

단 현금흐름표는 복식부기에서 상정하지 않았던 재무제표이므로 어느 정도 제약이 있다는 점과 분개 계산 시에 새로운 방법이 필요하다는 점을 알아둬야 한다.

직접법에 의한 현금흐름표

현금흐름표는 표현방법에 따라 **직접법**과 **간접법** 2가지로 나뉜다.

다음 페이지의 표가 직접법에 따라 작성된 현금흐름표이다. 1장에서 언급한 바와 같이 현금흐름표는 영업활동, 투자활동, 재무제표에 의한 현금흐름으로 구성되어 있으며, 표의 끝에 현금 또는 즉시 해지할 수 있는 정기예금(현금등가물)의 증감을 나타낸다. 또 표의 오른쪽에 있는 +나 - 기호는 본래의 현금흐름표에는 없고, 플러스(+)= 캐시 인(증가), 마이너스(-)=캐시 아웃(감소)을 나타내 설명을 보충하고 있다.

　〇〇에 의한 수입, 〇〇에 의한 지출 등 각 항목은 확실히 현금의 출입을 나타내고 있어 가계부나 용돈기입장에 가깝다고 할 수 있다. 그래서 대차대조표나 손익계산서보다 더 친숙하게 느껴질 것이다.

◆ 직접법의 현금흐름표 이미지

현금흐름표
2020년 4월 1일부터 2021년 3월 31일까지

영업활동에 의한 현금흐름		
상품 판매에 의한 수입	68,000,000	+
상품 구입에 의한 지출	37,800,000	−
급여 지불에 의한 지출	15,000,000	−
경비 지불에 의한 지출	11,537,000	−
영업활동에 의한 현금흐름	3,663,000	
투자활동에 의한 현금흐름		
유가증권의 취득에 의한 지출	3,000,000	−
유가증권의 매각에 의한 수입	2,500,000	+
유형고정자산의 취득에 의한 지출	12,500,000	−
유형고정자산의 매각에 의한 수입	1,600,000	+
투자활동에 의한 현금흐름	−11,400,000	
재무활동에 의한 현금흐름		
장기차입금의 차입에 의한 수입	9,000,000	+
장기차입금의 상환에 따른 지출	3,100,000	−
재무활동에 의한 현금흐름	5,900,000	
현금·현금등가물 등의 증감액	−1,837,000	
현금·현금등가물 등의 기초잔액	12,000,000	
현금·현금등가물 등의 기말잔액	10,163,000	

▎회계장부에서 현금흐름표를 작성하는 방법

　다음으로 회계장부의 정보에서 각 현금흐름 항목을 도출하는 방법을 설명한다. 위의 표에서 '영업활동에 의한 현금흐름' 항목의 첫 번째 상품 판매에 의한 수입(6,800만 원)을 예로 들었다. 이것은 수입, 즉 캐시 인 항목이다.

예를 들어 어떤 회계연도의 손익계산서상 매출액이 7,000만 원이라고 하자. 단 이 금액은 입금이 아닌 매출 금액이다. 한편 전기 판매에서 이번 기간에 회수한 외상매출금(기초 외상매출금 잔액)이 300만 원이고, 이번 기간에 판매하고 다음 기에 회수 예정인 외상매출금(기말 외상매출금 잔액)이 500만 원이었다고 하자.

그 결과, 이번 기간(상품의 판매에 의한 수입)은 다음의 식에 의해 계상한다.

기초외상매출금 (3,000,000원), 당기매출액 (70,000,000원)−기말외상매출금 잔액 (5,000,000원)=68,000,000원

두 번째 행에 나와 있는 '상품 구입에 의한 지출'도 캐시 아웃 항목인 점 외에는 상품의 판매에 의한 수입과 기본적인 개념은 같으며 다음 식으로 계산한 금액이 된다.

기초외상매출금+당기구입액−기말외상매출금 잔액

현금흐름표의 각 항목은 이와 같은 손익계산서 과목과 관련된 대차대조표를 사용한 차감에 의해 계산한다. 그리고 분개 계상 시 **증감이유 코드**를 등록해 나간다.

◆ **증감이유를 계상한 분개 이미지**

상품의 매출

차변		대변	
외상매출금	5,000,000	매출액	5,000,000
영업수입(−)		**영업수입(+)**	

외상매출금의 입금

차변		대변	
보통예금	3,000,000	외상매출금	3,000,000
		영업수입 (+)	

증감이유 코드 외 방법으로는 아래 표와 같이 각 계정과목의 차변 계상 시 대변 계상별로 현금흐름표와의 연관을 정의한 마스터를 준비해야 한다.

◆ **계정과목별 현금흐름의 항목 정의**

계정과목	차변 발생 시		대변 발생 시	
	현금흐름 항목	+ −	현금흐름 항목	+ −
매출액	상품판매수입	캐시 아웃	상품판매수입	캐시 인
외상매출금	상품판매수입	캐시 아웃	상품판매수입	캐시 인
매입액	상품구입지출	캐시 아웃	상품구입지출	캐시 인
외상매입금	상품구입지출	캐시 아웃	상품구입지출	캐시 인
급여	급여지급지출	캐시 아웃	급여지급지출	캐시 인
미지급급여	급여지급지출	캐시 아웃	급여지급지출	캐시 인

▎간접법에 의한 현금흐름표

다음으로 간접법에 의한 현금흐름표에 대해 설명한다. 다음 페이지에 있는 표가 간접법에 의해 작성된 현금흐름표이다. 직접법과 간접법 모두 '영업활동으로 인한 현금흐름'은 3,663,000으로 동일하나 개시내용은 전혀 다르다.

직접법에 의한 현금흐름표는 이른바 현금주의에 의한 손익계산서이다. 반면 간접법에 의한 현금흐름표는 발생주의에 의한 손익계산서를 현금주의로 고치는 서식이다.

따라서 간접법에서 영업활동에 의한 현금흐름은 세전당기순이익에서 시작되어 외상매출금이나 외상매입금 증감액을 가산 및 감산하는 양식으로 되어 있다. 이것을 직접법에 의한 현금흐름표 계산식과 비교하면 다음과 같다.

● **직접법 계산식**

상품판매수입=기초외상매출금잔액+당기매출액−기말외상매출금잔액

상품매입지출=기초외상매입금잔액+당기매입액−기말외상매입금잔액

◆ 간접법에 의해 작성한 현금흐름표

현금흐름표
2020년 4월 1일부터 2021년 3월 31일

영업활동에 의한 현금흐름

세전당기순이익	763,000	+
감가상각비	1,700,000	+
매출채권의 증가	2,000,000	−
매입채무의 증가	1,800,000	+
재고자산의 감소	1,400,000	+
영업활동에 의한 현금흐름	3,663,000	

투자활동에 의한 현금흐름

유가증권의 취득에 의한 지출	3,000,000	−
...		
유가증권의 매각에 의한 수입	2,500,000	+
유형고정자산의 취득에 의한 지출	12,500,000	−
유형고정자산의 매각에 의한 수입	1,600,000	+
...		
투자활동에 의한 현금흐름	−11,400,000	

재무활동에 의한 현금흐름

장기차입금의 차입에 의한 수입	9,000,000	+
장기차입금의 상환에 의한 지출	3,100,000	−
...		
재무활동에 의한 현금흐름	5,900,000	
현금 · 예금등가물 등의 증감액	−1,837,000	
현금 · 예금등가물 등의 기초잔액	12,000,000	
현금 · 예금등가물 등의 기말잔액	10,163,000	

● 간접법 계산식

당기순이익=당기매출액−당기매입액

외상매출금 증감액=기초외상매출금 잔액−기말외상매출금 잔액

외상매입금 증감액=기초외상매입금 잔액−기말외상매입금 잔액

간접법의 경우 손익계산서 과목을 당기순이익에 집계하고 외상매출금과 외상매입금은 각각의 순증감액으로 표시한다. 표시 방법은 다르지만 현금 증감액은 원래 수치이므로 어느 방법을 따르던 영업활동에 의한 현금흐름 수치는 같다.

간접법의 경우 현금지출을 수반하지 않는 비용의 감가상각비를 가산하는 방법처럼 자세한 방법이 몇 가지 있지만 간접법에 의한 작성법의 기본적인 개념은 이렇게 되어 있다.

덧붙여 현대의 회계는 발생주의이다. 직접법의 현금흐름표를 출력하기 위해서는 현금주의에 의한 회계장부가 필요하므로 실무가 아닌 현실에서는 발생주의에 의해 기장된 회계장부를 바탕으로 간접법의 현금흐름표를 출력하는 것이 주류가 되었다.

현금흐름표 출력에 필요한 데이터 테이블

현금흐름표 출력에 필요한 데이터 테이블도 **분개정보가 저장된 분개 테이블**과 **각 계정과목의 기초잔액을 유지한 기초잔액 테이블**로 나눠볼 수 있다. 분개에는 증감 이유가 계상되지 않고 계정과목별 현금흐름 항목정의 마스터에서 제어하는 경우에는 장표 작성 시에 마스터를 참조한다.

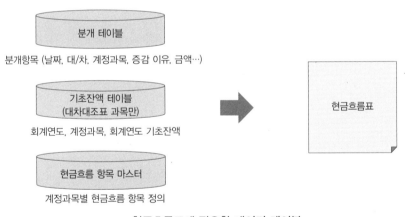

◆현금흐름표에 필요한 데이터 테이블

관리장표 (1)
재무회계용 장표

세무회계용으로 출력하는 장표

▌거래를 발생순(날짜순)으로 출력하기 위한 분개장

분개장은 회계 시스템의 입력 데이터인 분개의 일람표이고 주요 회계장부에 자리한다. 장부장에 필요한 정보는 기본적으로 분개 등록 시 입력한 각 항목이지만 그 외에도 분개 등록일, 등록사용자 등 회계 시스템이 분개정보 관리를 위해 보존하고 있는 각 항목도 표시할 수 있다. 또한 전자장부 보존대응을 위해 변경일, 변경 사용자, 변경 항목, 변경내용 등의 정보도 보존할 필요가 있다.

◆ 분개장 이미지

날짜	차변				대변				적요
	계정과목	부문	세구분	금액	계정과목	부문	세구분	금액	
2020/10/31	급여수당	B공장	대상 외	700	보통예금		대상 외	700	10월분 급여 B공장
2020/11/04	외상매출금		대상 외	1,650	매출액	부산영업부	매출10%	1,500	○○상사 매출
					가수소비세 등		매출10%	150	
2020/11/07	매입액	A공장	매입10%	330	외상매입금		대상 외	330	○○제작소 매입
		가수소비세 등	매입10%	30					
2020/11/17	매입액	B공장	매입10%	550	외상매입금		대상 외	550	○○제조 매입
		가수소비세*등	매입10%	50					
2020/11/25	외상매출금		대상 외	2,200	매출액	서울영업부	매출10%	2,000	○○상사 매출
					가수소비세 등		매출10%	200	
2020/11/30	외상매출금		대상 외	1,100	매출액	서울영업부	매출10%	1,000	○○상사 매출
					가수소비세 등		매출10%	100	
2020/11/30	급여수당	2000A공장	대상 외	800	보통예금		대상 외	800	11월분 급여 A공장

* 우리나라의 경우 부가세예수금에 해당한다.

분개장의 이용

분개장은 주로 다음의 3가지 상황에서 사용된다

① 전표등록 후 확인

분개등록 시 내용확인을 위해 사용한다.

분개등록 직후 내용을 확인하기 위해 분개등록을 완료한 후 화면에서 분개조회 버튼으로 옮길 수 있게 되어 있는 경우가 많다. 형식도 전표 형식이며 이 전표분개장을 인쇄한 다음 청구서와 영수증 등 성과를 첨부하여 상장 승인으로 돌리는 방식의 업무 규칙을 채택하는 경우도 많다. 예시로 든 아래 표에서는 인쇄 시 후측 상단에 입력자와 승인자의 날인란이 인쇄되도록 되어 있다.

◆ 분개장 (전표형식)의 이미지

날짜	2020/11/30
전표 No.	10001
등록일	2020/12/04
사용자	Sales01
적요	○○상사 매출

분개가 전표로 출력되어 입력자, 승인자 란이 만들어져 있다.

입력자	승인자

차변					대변				
계정과목	관리과목	부문	세구분	금액	계정과목	관리과목	부문	세구분	금액
세그먼트	프로젝트	거래처			세그먼트	프로젝트	거래처		
외상매출금			대상외	1,100,000	매출액		서울영업부	매출10%	1,000,000
		○○상사			시즈개발세그	기간쇄신PJ	○○상사		
					부가세예수금 등			매출10%	100,000

② 분개 검색

두 번째는 과거에 등록한 분개 내용을 확인할 때이다. 사내외로부터 받은 문의에 대해 어떤 분개를 등록했는지 확인할 때 출력한다.

분개번호를 미리 알고 있으면 분개번호를 지정하면 되고 모른다면 날짜, 등록사용자, 계정과목 등의 추출조건을 지정한 뒤 표시한다. 그 후 확인하고 싶은 분개를 지정하고 드릴다운 기능을 통해 해당하는 분개로 점프한다.

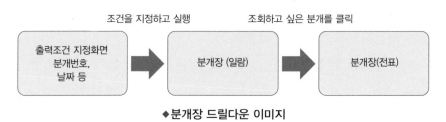

◆분개장 드릴다운 이미지

③ 회계장부로 보관

회계연도 미결산이 종료되고 결산수치가 확정되면 회계장부로서 모든 분개를 분개장으로 출력한다. 기본적으로는 1년에 한 번 있는 작업이지만 상장기업은 분기결산의 회계감사 대응을 위해 분기마다 출력하기도 한다.

또 분개장은 기업의 규모에 따라서 인쇄량이 상당하다. 한편 사전에 화면조회로 확인하는 작업은 필요하지 않으므로 출력조건과 표시변형을 지정하고 백그라운드 처리로 인쇄 출력한다.

다음 페이지의 표는 분개장의 표시변형 설정 이미지이다. 화면조회 내지 인쇄출력 및 전표 형식 없이 일람형식의 4가지 패턴별로 표시할 항목을 선택한다.

◆ 분개장의 표시변형 설정 이미지

변형	화면조회(전표)	화면조회(일람)	인쇄(전표)	인쇄(일람)
분개 전체				
분개번호	○	○	○	○
분개날짜	○	○	○	○
적요	○	○	○	○
날인란			○	○
분개명세				
계정과목 ·	○	○	○	○
금액	○	○	○	○
…	…	…	…	…

▌분개장 출력에 필요한 데이터 테이블

분개장 출력에 필요한 데이터 테이블은 **분개정보가 축적된 분개 테이블**과 **분개의 변경이력정보를 축적한 변경이력 테이블**로 나뉜다. 분개는 등록 후 변경할 수 있다. 따라서 분개를 출력할 때 변경내용을 추가해야 한다면 변경내용은 변경 이력 테이블에 저장한다.

◆ 분개장에 필요한 데이터 테이블

계정과목별 잔액과 증감내용을 나타내는 총계정원장

총계정원장은 계정과목별 잔액 및 증감내용을 나타낸 장표로 회계장부 중 하나이다. 계정과목별 기초(이월)잔액, 기중의 증가와 감소(차변과 대변) 및 기말(이월)잔액 정보를 표시한다. 기초(이월)잔액과는 출력조건 지정 시 지정한 기간의 초일 시점상 잔액이며 기말(이월)잔액과 같이 지정한 기간의 최종일 잔액이다.

기중 증가·감소란, 그 기간 중에 발생한 분개 내용이다. 증가한 자산이나 비용의 경우 차변에 계상된 분개이며 감소는 대변에 계상된 분개에 해당한다. 부채, 순자산 및 수익의 경우는 반대가 된다.

기간은 이론적으로 회계연도의 첫날부터 최종일까지 임의로 지정해도 되지만, 기능적으로는 월 단위로 지정할 수 있는 경우가 대부분이다. 또한 사용방법도 기초부터 누계, 단월, 회계연도 전체처럼 지정하면 된다.

◆**총계정원장의 이미지**

계정과목	외상매출금

> 외상매출금이 증가한 매출액과 외상매출금이 감소한 입금이 출력되어 있다

날짜 / 전표 No.	계정과목 / 관리과목	적요 거래처	적요 부문	차변금액	대변금액	잔액
이월잔액						6,600,000
2020/11/04	매출액	△△상사 매출				
10005		△△상사	부산영업부	1,650,000		8,250,000
2020/11/25	매출액	××상사 매출				
10006		××상사	서울영업부	2,200,000		10,450,000
2020/11/30	매출액	○○상사 매출				
10001		○○상사	서울영업부	1,100,000		11,550,000
2020/11/30	보통예금	××상사 입금				
10015	A넷은행	××상사			2,200,000	9,350,000

▌총계정원장 이용 시기

총계정원장은 주로 다음과 같은 상황에서 사용한다.

① 각 결산에서 잔액 확인

총계정원장은 월차, 분기, 회계연도말 등 결산을 할 때 특정 계정과목의 잔액이나 증감이 맞게 계상되어 있는지 개별적으로 확인하기 위해 사용한다.

화면조회에서 계정과목 내용을 확인하는 과정으로, 상세하게 확인하고 싶은 명세를 지정하여 드릴다운한 뒤 해당 분개로 점프한다.

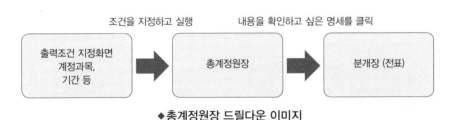

◆**총계정원장 드릴다운 이미지**

② 장표보존 시

총계정원장도 분개장과 마찬가지로 회계장부로서 보관이 의무화되어 있다. 연도말 결산이 종료되어 결산수치가 확정되면 회계장부로서 모든 계정과목을 총계정원장으로 출력한다.

인쇄 출력도 분개장과 마찬가지로 기업의 규모에 따라 양이 상당해질 수도 있으나 사전 화면조회 작업은 필요하지 않으므로 출력조건과 표시 변형을 지정하여 백그라운드 처리해 인쇄 출력한다.

▌총계정원장 출력에 필요한 데이터 테이블

총계정원장을 출력할 때는 **각 계정과목의 회계연도 증가 및 감소의 정보원인 분개가 저장된 분개 테이블**과 **각 계정과목의 회계연도 기초시점의 잔액정보를 저장한 기**

초(이월)잔액 테이블이 필요하다. 기말잔액은 기초(이월)잔액에 회계연도 중 증가 및 감소한 금액을 집계하여 계상한다.

또한 기초잔액은 대차대조표와 관련된 과목에만 필요하다. 대차대조표 과목의 잔액은 과거로부터의 분개 누적이므로 회계연도 기초 시점의 이월잔액을 기초잔액 테이블로 유지하지 않으면 과거 시점부터 거슬러 올라가 분개를 집계하게 된다. 이러한 부분 때문에 회계연도별로 이월잔액을 집계해둬야 한다.

반면 손익계산서와 관련된 계정과목은 그럴 필요가 없다. 손익계산서 과목은 회계연도의 기초 시점에서 0원으로 리셋되기 때문에 분개 테이블에 저장되어 있는 기중의 증가 및 감소 정보만으로 집계가 가능하다.

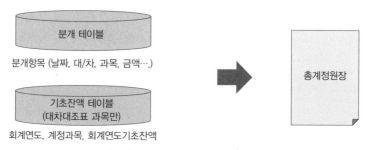

◆총계정원장에 필요한 데이터 테이블

▌관리과목과 보조원장

총계정원장은 계정과목별 내용을 확인하기 위한 장표이며, 보조원장은 관리과목별 내용을 확인하기 위한 장표이다. **보조원장** 양식은 기본적으로 총계정원장과 같지만 집계하는 단위는 '계정과목×관리과목'이 된다.

다음 페이지의 표는 계정과목인 보통예금에 대해 은행 계좌별로 관리과목을 설정했을 때 보조원장의 예시이다. 보조원장의 관리과목 표현을 계좌로 변경하고 차변과 대변을 각각 입금 출금이라는 표현으로 변경해 예금출납장이라는 전용 장표를 설정하는 경우도 있다.

◆ 보조원장 (예금출납장) 이미지

계정과목	보통예금		
계좌 (관리과목)	A은행 ○○지점 1123444		

날짜 전표 No.	계정과목 관리과목	적요 거래처	 부문	입금 (차변)	출금 (대변)	잔액
이월잔액						550,000
2020/12/10	수도광열비	수도요금 10월분				
30001					45,000	505,000
2020/12/25	매출액	△△상사 10월분 입금				
30012			서울영업부	1,650,000		2,155,000
2020/12/28	외상매출금	○○상사 10월분 입금				
30065			서울영업부	1,100,000		3,255,000
2020/12/28	외상매입금	××제작소 10월분 지불				
30015		××제작소			330,000	2,925,000

계정과목별 잔액을 일람화하기 위한 합계잔액시산표

합계잔액시산표는 계정과목별 잔액을 일람표시한 관리용 자료이다.

각 은행에는 계정과목이 배열되어 있는데, 열(列)은 기초잔액, 기중의 증가 및 감소 기말잔액으로 되어 있다. 총계정원장의 요약판 같은 장표라고 보면 된다.

총계정원장은 기중의 증가 및 감소에 대해 그 기간 중에 발생한 분개의 명세를 표시하지만 합계잔액시산표는 그 기간 중에 발생한 증가 및 감소의 합계를 표시한다.

다음 페이지의 표에는 모든 계정과목이 표시되어 있지만, 특정한 계정이나 계정과목 그룹만 지정하여 출력하는 경우도 있다. 또한 통상적으로 기간 지정에 대해 임의의 기간을 지정할 수 있다.

◆잔액시산표 이미지

> 계정과목별 기초잔액, 증가 및 감소 기말잔액이 출력된다.

계정과목	기초잔액	차변	대변	기말잔액
현금	100,000	1,210,000	1,210,000	100,000
보통예금	10,063,000	121,762,300	119,925,300	11,900,000
외상매출금	3,000,000	36,300,000	34,300,000	5,000,000
상품	4,900,000	59,290,000	60,690,000	3,500,000
미수금	1,647,000	19,928,700	21,125,700	450,000
가불금	1,200,000	14,520,000	15,570,000	150,000
유동자산계	20,910,000	253,011,000	252,821,000	21,100,000
건물	17,000,000	9,000,000	1,000,000	25,000,000
차량운반구	0	2,900,000	400,000	2,500,000
공구기구비품	1,200,000	600,000	300,000	1,500,000
소프트웨어	2,500,000	500,000	0	3,000,000
투자유가증권	3,000,000	3,000,000	1,000,000	5,000,000
장기선불비용	2,400,000	0	0	2,400,000

▍합계잔액시산표의 이용

합계잔액시산표는 월차, 분기, 회계연도말 등 각 결산 시 **계정과목별 잔액을 한눈에 살펴보기 위해** 사용한다.

화면조회를 통해 각 계정과목의 내용을 확인하는 과정에서 자세하게 확인하고 싶은 계정과목을 지정하여 드릴다운하면 그 과목의 총계정원장으로 점프한다.

합계잔액시산표는 총계정원장과는 달리 회계장부로 보관할 의무는 없기 때문에 인쇄할 필요는 없고 주로 화면조회를 이용한다. 단, 결산을 확정할 때는 경리부장의 승인이 필요하므로 인쇄 출력 후 날인하여 보관하는 것이 일반적이다. 합계잔액시산표의 경우 인쇄 출력해도 장 수가 적으므로 백그라운드 작업은 하지 않고 필요에 따라 수시로 온라인 처리를 통해 인쇄 출력한다.

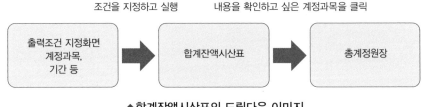

조건을 지정하고 실행　　　　내용을 확인하고 싶은 계정과목을 클릭

| 출력조건 지정화면
계정과목,
기간 등 | | 합계잔액시산표 | | 총계정원장 |

◆합계잔액시산표의 드릴다운 이미지

▌합계잔액시산표 출력에 필요한 데이터 테이블

합계잔액시산표를 출력할 때 총계정원장과 마찬가지로 **분개정보가 저장된 분개 테이블**과 **각 계정과목의 기초잔액을 보존한 기초잔액 테이블**이 필요하다.

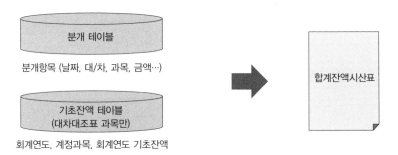

분개 테이블

분개항목 (날짜, 대/차, 과목, 금액…)

기초잔액 테이블
(대차대조표 과목만)

회계연도, 계정과목, 회계연도 기초잔액

합계잔액시산표

◆합계잔액시산표에 필요한 데이터 테이블

▌월별 계정과목 잔액을 일람으로 보는 월별추세표

월별추세표는 계정과목별 잔액을 월별로 전개한 관리용 장표이다.

각 행에는 계정과목이 정렬된다. 다음 페이지의 예시에서는 회계연도의 기초부터 기말까지 각 월별로 정렬되어 있다.

대차대조표 과목은 월별 잔액을 출력한다. 손익계산서 과목 표시방법은 2가지이다. 하나는 월별 발생액을 표시하는 **월계(월별)표시**, 다른 하나는 기초부터 각 월별 누계액을 표시하는 **누계표시**이다. 보고서를 실행할 시 둘 중 어떤 방법으로 표시할지 선택할 수 있다.

또한 기간의 지정에 대해서는, 월별추세표의 경우 기본적으로 회계연도 중 모든 달을 표시하기 때문에 특별히 지정하지 않는다. 하지만 회계 시스템에 따라 분기나 반기 등 임의의 기간을 지정하는 경우도 있다.

◆ 월별추세표 (월계표시) 이미지

> 대차대조표 과목의 각 월별 잔액을 출력한다.

계정과목	기초잔액	4月	5月	6月	7月	8月	9月
현금	100,000	100,000	110,000	95,000	104,500	110,000	99,000
보통예금	10,063,000	15,000,000	15,945,100	9,320,200	7,716,500	8,611,000	9,291,500
외상매출금	3,000,000	5,500,000	4,900,000	5,534,100	4,300,000	4,800,000	4,320,000
상품	4,900,000	2,800,000	1,980,000	2,660,000	2,926,000	2,600,000	2,340,000
미수금	1,647,000	850,000	657,000	807,500	888,250	480,000	832,000
가지급금	1,200,000	130,000	143,000	123,500	135,850	120,000	258,000
유동자산계	20,910,000	24,380,000	23,735,100	18,540,300	16,071,100	16,721,000	17,140,500
건물	17,000,000	26,000,000	26,000,000	26,000,000	26,000,000	26,000,000	26,000,000

▌월별추세표의 이용

월별추세표도 합계잔액시산표와 마찬가지로 월차, 반기, 회계연도말 등 **각 결산 시 계정과목별 잔액 추세를 일람화하여 확인하기 위해** 사용한다. 화면조회로 각 계정과목의 추세를 확인하는 과정에서 자세하게 확인하고 싶은 달의 계정과목을 지정하여 드릴다운하면 그 계정과목에 해당하는 달의 총계정원장으로 점프한다.

월별추세표도 회계장부로서 보관할 의무는 없으므로 인쇄하여 보관하지 않아도 되며, 주로 화면조회를 이용한다. 단 결산 확정 시 합계잔액시산표와 함께 경리부장의 승인이 필요하기 때문에 인쇄 출력하여 날인 후 보관하는 경우가 많다.

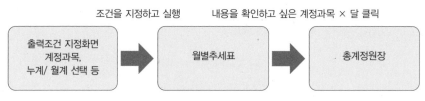

조건을 지정하고 실행　　　　　내용을 확인하고 싶은 계정과목 × 달 클릭

| 출력조건 지정화면 계정과목, 누계/ 월계 선택 등 | ➡ | 월별추세표 | ➡ | 총계정원장 |

◆ 월별추세표의 드릴다운 이미지

▌월별추세표 출력에 필요한 데이터 테이블

월별추세표 출력도 총계정원장이나 합계잔액시산표와 기본적으로는 동일하게 **분개정보가 저장된 분개 테이블**과 **각 계정과목의 기초잔액을 유지한 기초잔액 테이블**이 필요하다.

대차대조표 과목의 월별 잔액은 기초잔액과 기초부터 각 월까지의 증가 및 감소를 집계한 금액이다.

손익계산서 과목의 월별 잔액이 누계표시인 경우, 대차대조표 과목과 같은 계산식으로 집계한다. 손익계산서 과목의 기초잔액은 0이기 때문이다.

한편 월계표시의 경우는 각 월의 증가와 발생을 월별로 집계하고 월별 순증감액을 표시한다.

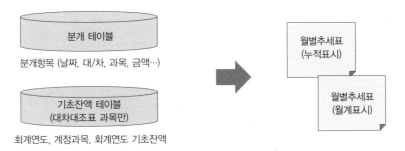

◆**월별추세표에 필요한 데이터 테이블**

관리장표 (2)
관리회계용 장표

관리회계용으로 출력하는 장표

▌사내 관리를 위한 정보와 장표

우선 관리용 항목을 이용한 장표는 대표적으로 부문별 손익계산서와 프로젝트원장이 있다.

부문별 손익계산서

부문별 손익계산서는 경비나 손익을 부문별로 관리하기 위한 관리용 장표이다. 각 행에는 합계잔액시산표나 월별추세표 같은 계정과목이 나열된다. 각 열에는 부문이 나열되고 지정한 시점에 대한 계정과목 부문별 잔액이 표시된다.

다음 페이지의 표에서는 손익계산서 과목만 표시하고 있는데, 대차대조표 과목도 포함한 모든 계정과목과 계정과목 그룹만 지정해 출력하는 경우도 있다. 기간 지정 또한 다음 페이지의 표에서는 기초부터 지정한 월까지의 누계액을 표시하는 양식이지만 임의 기간을 지정할 수 있는 양식도 있다.

▌부문별 손익계산서 이용 시기

부문별 손익계산서는 **부문별 경비의 발생상황이나 손익을 관리**할 때 사용한다. 관리 주기는 월차가 일반적이며, 월차결산이 완료되면 인쇄 출력을 하거나 PDF와 이미지로 만들어 경영층과 각 부문의 부문장에게 보고된다. 덧붙여 회계 시스템에서는 부문별 관리 방법 중 하나로 **예산 실적을 관리할 수 있는 것**이 일반적이다. 회계 시스템에 각 부문의 매월 예산정보를 등록해 실적을 예산과 비교하여 표시한다.

◆손익계산서 과목의 부문별 일람표 이미지

기간		2020년 11월						
계정과목	서울 영업소	부산 영업소	총무부	경리부	…	…	합계
매출액	2,500,000	3,200,000	0	0	…	…	5,700,000
매입액	1,500,000	1,920,000	0	0	…	…	3,420,000
매출총이익	1,000,000	1,280,000	0	0	…	…	2,280,000
급여수당	400,000	350,000	12,000	130,000	…	…	892,000
법정복리비	0	0	0	200,000	…	…	200,000
복리후생비	0	0	100,000	0	…	…	100,000
광고선전비	300,000	200,000	0	0	…	…	500,000
조세공과	0	0	40,000	45,000	…	…	85,000
소모품비	10,000	20,000	105,000	5,000	…	…	140,000
여비교통비	60,000	80,000	30,000	40,000	…	…	210,000
감가상각비	0	0	0	140,000	…	…	140,000
판매비와 일반관리비	770,000	650,000	287,000	560,000	…	…	2,267,000
영업이익	230,000	630,000	−287,000	−560,000	…	…	13,000
수취이자	0	0	0	12,000	…	…	12,000
기타영업외수익	0	0	0	0	…	…	0
지급이자	0	0	0	3,000	…	…	3,000
기타영업외비용	0	0	0	0	…	…	0
경상이익	230,000	630,000	−287,000	−551,000	…	…	22,000
고정자산매각이익	0	0	0	0	…	…	0
투자유가증권매각손실	0	0	0	0	…	…	0
세전당기순이익	230,000	630,000	−287,000	−551,000	…	…	22,000
법인세 등	0	0	0	0	…	…	0
당기순이익	230,000	630,000	−287,000	−551,000	…	…	22,000

　　부문별 예산 실적 관리의 이미지는 다음 페이지의 표와 같이 실적과 대비되는 형태로 부문별, 계정과목별, 월별 예산금액이 표시된다. 차감계산에 따라 실적과 예산의 차액이 표시되는 양식이 일반적이다. 이 내용은 4장에서 자세히 설명하겠다.

　　또한 부문 코드 단위로는 너무 상세하기 때문에 지역이나 부문 등의 단위로 조회하고 싶을 때는 추출조건에서 부문뿐만 아니라 부문 그룹을 선택하면 해당 부문 그룹 단위로 집계한 값을 출력할 수 있는 기능이 있다. 위 표는 지역에서 그룹핑한 이미지이다.

◆부문별 예산 실적 비교표 이미지

기간	2020년 4~9월
부문	서울 그룹

계정과목	기초잔액	차변	대변	기말잔액	예산	차액
매출액	0	0	35,000,000	35,000,000	38,500,000	3,500,000
매입액	0	18,000,000	0	18,000,000	19,800,000	1,800,000
매출총이익				17,000,000	18,700,000	1,700,000
급여수당	0	7,500,000	0	7,500,000	8,250,000	750,000
법정복리비	0	1,500,000	0	1,500,000	1,650,000	150,000
복리후생비	0	650,000	0	650,000	715,000	65,000
광고선전비	0	3,000,000	0	3,000,000	3,300,000	300,000
조세공과	0	500,000	0	500,000	550,000	50,000
소모품비	0	875,000	0	875,000	962,500	87,500
여비교통비	0	1,250,000	0	1,250,000	1,375,000	125,000
감가상각비	0	850,000	0	850,000	935,000	85,000
판매비와 일반관리비	0	16,125,000	0	16,125,000	17,737,500	1,612,500
영업이익				875,000	962,500	87,500
수취이자	0	0	0	0	0	0
기타영업외수익	0	0	0	0	0	0
지급이자	0	0	0	0	0	0
기타영업외비용	0	0	0	0	0	0
경상이익				875,000	962,500	87,500
고정자산매각이익	0	0	150,000	150,000	165,000	15,000
투자유가증권매각손실	0	200,000	0	200,000	220,000	20,000
세전당기순이익				825,000	907,500	82,500
법인세 등	0	0	0	0	0	0
당기순이익				825,000	907,500	82,500

▌부문별 손익계산서 출력 시 필요한 데이터 테이블

부문별 손익계산서를 출력하려면 총계정원장과 동일하게 **분개정보가 저장된 분개 테이블**과 **각 계정과목의 기초잔액을 유지한 기초잔액 테이블**이 필요하다. 단 예산 실적을 비교할 때는 계정과목별, 부문별, 월별 예산금액을 저장한 부문 예산 테이블이 필요하며 부문 그룹 단위로 출력하기 위해서는 부문 그룹 마스터가 필요하다.

또한 기초잔액 테이블에서 월별추세표까지는 계정과목별 기초잔액이 필요하다고 설명했지만 부문별 관리를 위해서는 계정과목별 잔액이 아닌 계정과목별, 부문별 기초잔액을 유지해야 한다.

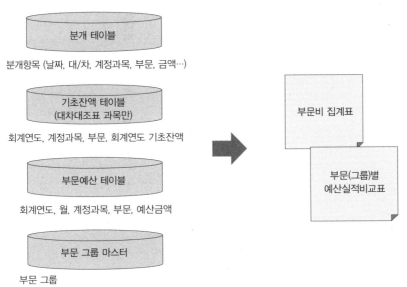

◆ **부문별 손익계산서에 필요한 데이터 테이블**

| 프로젝트별 수익이나 비용을 보기 위한 프로젝트원장

프로젝트원장이란, 프로젝트별 수익이나 비용의 내역표이다.

내용적으로는 부문별 관리와 동일하며 부문 대신 프로젝트를 축으로 하고 프로젝트별, 계정과목별 잔액을 표시한다.

다음 페이지의 표에서는 어떤 프로젝트 안건에 관련하여 발생한 매출이나 외상매출금, 외주비나 외상매입금, 기타 제경비가 집계된다. 또 다음 페이지 표에서도 표시하고 있지만 프로젝트별 예산을 설정해 둠으로써 예산 실적을 비교하는 양식으로 출력할 수도 있다.

◆ 프로젝트 원장 이미지

기간	2020년 4~9월
부문	기간 시스템 쇄신 프로젝트

계정과목	기초잔액	차변	대변	기말잔액
외상매출금	0	14,000,000	0	14,000,000
미완성품	2,000,000	0	2,000,000	0
유동자산계	2,000,000	14,000,000	2,000,000	14,000,000
공구기구비품	240,000	0	50,000	190,000
소프트웨어	500,000	0	100,000	400,000
고정자산계	740,000	0	150,000	590,000
외상매입금	1,500,000	1,200,000	3,000,000	3,300,000
유동부채계	1,500,000	1,200,000	3,000,000	3,300,000
매출액	0	0	14,000,000	14,000,000
프로젝트 매출액계	0	0	0	14,000,000
외주비	0	3,000,000	0	3,000,000
...		...		...
프로젝트 원가계	0	6,450,000	0	6,450,000
프로젝트 손익				7,550,000

▎프로젝트원장 이용 시기

프로젝트원장에서는 각 **프로젝트의 비용이나 수익을 집계하여 프로젝트별로 손익
을 관리**한다. 관리 주기는 부문별 관리와 마찬가지로 월차가 일반적이고 월차결산이
완료되면 인쇄 출력을 하거나 PDF와 이미지로 만들어 경영층과 프로젝트 책임자에
게 보고된다.

프로젝트 그룹 마스터가 있다면 부문별 관리와 동일하게 프로젝트 그룹별로 출력
할 수 있다. 단, 부문별 관리와 달리 프로젝트와 그룹핑하여 조회할 조건은 부문비 관
리와 비교하며 적고, 특별히 기업규모가 작다면 그 정도까지의 요구는 없는 경우가 많
기 때문에 프로젝트 그룹 기능까지 갖추고 있는지에 대한 여부는 회계 시스템의 규모
에 따라 달라진다.

프로젝트원장의 출력에 필요한 데이터 테이블

프로젝트원장을 출력할 때도 부문별 손익계산서와 마찬가지로 **분개정보가 저장된**
분개 테이블과 **계정과목별, 프로젝트별의 기초잔액을 유지한 기초잔액 테이블**이 필
요하다. 만약 예산 실적을 비교하는 경우라면 계정과목별 프로젝트별 예산금액을 저
장한 **프로젝트 예산 테이블**이 추가로 필요하다.

또한 프로젝트 관리는 예산 금액을 부문별 관리처럼 월별로 설정하는 것이 아니라
프로젝트 단위로 설정하는 경우가 많다.

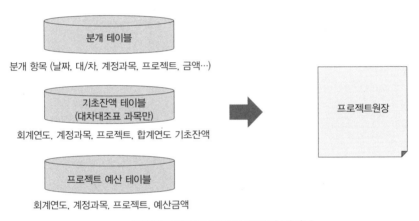

◆ 프로젝트원장에 필요한 데이터 테이블

연결 재무제표 작성을 위한 기초정보

지금부터 관리용 항목을 이용한 장표의 세그먼트별 내역표와 거래처별 내역표에 대
해 설명한다. 이러한 관리장표는 부문별 손익계산서나 프로젝트원장과 마찬가지로 관
리장표인 반면, 연결 재무제표를 작성하기 위한 근원자료의 역할도 한다.

연결재무제표란 그룹 내 각사의 대차대조표, 손익계산서, 현금흐름표 등을 합산한
그룹 전체의 재무제표이며 연결대차대조표, 연결손익계산서, 연결현금흐름표가 이에
해당한다. 상장기업은 이것을 작성 및 공개해야 할 의무가 있다.

연결재무제표에서 그룹 각사의 재무제표를 합산한 후 그룹 간 거래를 삭제하는 것을 **상쇄제거**라고 한다. 각사의 재무제표를 단순히 합산하기만 하면 매출과 매입, 외상매출금과 외상매입금이 양쪽으로 팽창해버리기 때문에 상쇄제거를 해야 한다. 이때 거래처별 잔액표가 필요하다.

또한 상장기업은 연결재무제표를 공개할 때 보충정보로 기업의 재무제표를 각 사업 세그먼트별로 집계된 세그먼트 정보를 공개해야 하기 때문에 **세그먼트별 원장**이 필요하다.

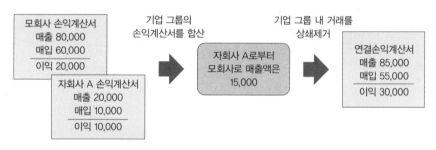

◆ 연결재무제표 (연결손익계산서) 작성

┃거래처별 과목잔액을 보기 위한 거래처별 잔액표

거래처별 잔액표는 대차대조표 과목이나 손익계산서 과목을 거래처별로 관리하기 위한 관리용 장표이다.

각 행에는 계정과목이, 각 열에는 거래처가 나열된다. 또한 지정한 시점의 계정과목별, 거래처별 잔액도 표시된다.

◆ 거래처별 잔액표 이미지

| 기간 | | 2020년 4~9월 | | | |

계정과목	자회사A	자회사B	○○제작소 (그룹외)	…	계
현금	0	0	0	100,000	100,000
보통예금	0	0	0	11,900,000	11,900,000
외상매출금	1,500,000	1,750,000	1,500,000	250,000	5,000,000
상품	1,670,000	480,000	840,000	510,000	3,500,000
미수금	0	0	108,000	342,000	450,000
가지급금	0	0	0	150,000	150,000
유동자산계	3,170,000	2,230,000	2,448,000	13,252,000	21,100,000
건물	0	0	0	25,000,000	25,000,000
차량운반구	1,000,000	500,000	750,000	250,000	2,500,000
공구기구비품	600,000	300,000	450,000	150,000	1,500,000
소프트웨어	1,200,000	600,000	900,000	300,000	3,000,000

거래처별 잔액표 이용

거래처별 잔액표는 주로 **사내 관리자료이며, 주요 거래처의 매출액이나 외상매출금, 매입액, 외상매입금을 관리 및 분석**하는 데 사용된다. 위 표에서는 합계잔액시산표와 같이 일정 시점의 거래처별 계정잔액이나 거래액을 일람하도록 되어 있다. 예를 들어 특정 거래처를 압축한 후 월별로 표시한 거래처별 월별추세표를 출력하면 한 거래처의 거래 추이를 분석할 수 있다.

또 앞에서 서술한 것처럼 분기결산이나 회계연도말 결산의 연결재무제표 작성 시 상쇄제거를 위한 정보로 이용하기도 한다. 이런 경우 기본적으로 그룹 내 각 기업 간 거래를 알아두면 좋으므로 그룹 외부의 거래처는 집약하여 표시할 수 있어 편리하다.

거래처별 잔액표 출력이 필요한 데이터 테이블

거래처별 잔액표를 출력할 때는 **분개정보가 저장된 분개 테이블**과 **각 계정과목의 기초잔액을 유지한 기초잔액 테이블**이 필요하다. 기초잔액 테이블에는 계정과목별,

거래처별 기초잔액을 유지해둬야 한다. 또한 거래처나 계정과목을 그룹 단위로 출력하기 위해서는 각각의 그룹 마스터가 필요하다.

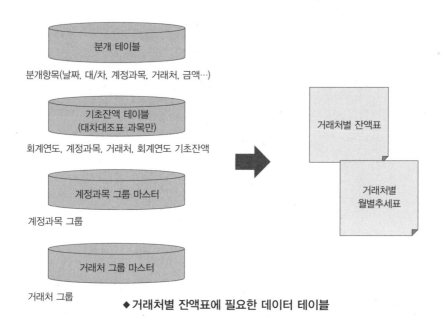

◆ 거래처별 잔액표에 필요한 데이터 테이블

| 손익을 사업 세그먼트별로 보기 위한 세그먼트별 재무제표

<u>세그먼트별 재무제표</u>는 대차대조표 과목과 손익계산서 과목을 사업 세그먼트별로 관리하기 위한 관리용 장표이다. 각 행에는 계정과목이, 각 열에는 사업 세그먼트가 나열되며 제일 오른쪽에는 기업 전체의 합계액이 표시된다.

◆ 세그먼트별 재무제표 이미지

기간	2020년 4~9월				
계정과목	SI사업(ERP)	SI사업(수탁)	기기판매사업	본사(전사)	합계
현금	0	0	0	100,000	100,000
보통예금	3,570,000	1,904,000	2,856,000	3,570,000	11,900,000
외상매출금	3,000,000	800,000	1,200,000	0	5,000,000
상품	2,100,000	560,000	840,000	0	3,500,000
미수금	180,000	72,000	108,000	90,000	450,000
가지급금	15,000	12,000	18,000	105,000	150,000
유동자산계	8,865,000	3,348,000	5,022,000	3,865,000	21,100,000
건물	10,000,000	5,000,000	7,500,000	2,500,000	25,000,000
차량운반구	1,000,000	500,000	750,000	250,000	2,500,000
공구기기비품	600,000	300,000	450,000	150,000	1,500,000
소프트웨어	1,200,000	600,000	900,000	300,000	3,000,000
투자유가증권	2,000,000	1,000,000	1,500,000	500,000	5,000,000
자기선불비용	960,000	480,000	720,000	240,000	2,400,000
고정자산계	15,760,000	7,880,000	11,820,000	3,940,000	39,400,000
총자산계	24,625,000	11,228,000	16,842,000	7,805,000	60,500,000
외상매입금	2,400,000	640,000	960,000	0	4,000,000
미지급금	660,000	211,200	316,800	132,000	1,320,000
미지급법인세 등	0	0	0	300,000	300,000
미지급소비세 등	0	0	0	180,000	180,000
예치금	240,000	128,000	192,000	240,000	800,000
유동부채계	3,300,000	979,200	1,468,800	852,000	6,600,000
장기차입금	0	0	0	6,900,000	6,900,000
고정부채계	0	0	0	6,900,000	6,900,000
자본금	0	0	0	40,000,000	40,000,000
이익잉여금	0	0	0	7,000,000	7,000,000
부채·순자산계	3,300,000	979,200	1,468,800	54,752,000	60,500,000

세그먼트별 재무제표 이용

세그먼트별 재무제표는 주로 **사내 관리용 자료로, 사업 세그먼트별로 자산이나 부채, 손익 관리**에 사용한다. 관리 주기는 월차가 일반적이며 월차결산이 완료되면 인쇄 출력을 하거나 PDF와 이미지로 만들어 경영층과 각 사업부장에게 보고된다.

세그먼트별 재무제표도 거래처별 잔액표와 마찬가지로 분기결산이나 회계연도말 결산 시 연결재무제표를 작성할 때 세그먼트 정보를 위한 기초자료로 이용된다.

▌세그먼트별 재무제표 출력에 중요한 데이터 테이블

세그먼트별 재무제표를 출력할 때 **분개정보가 저장된 분개 테이블**과 **각 계정과목의 기초잔액을 유지한 기초잔액 테이블**이 필요하다. 기초잔액 테이블에는 계정과목별, 세그먼트별 기초잔액을 유지해둬야 한다. 또한 세그먼트나 계정과목을 그룹 단위로 출력하기 위해 각각의 그룹 마스터가 필요하다.

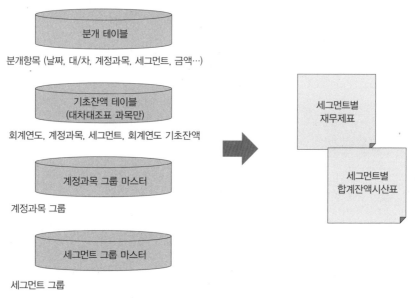

◆세그먼트별 재무제표에 필요한 데이터 테이블

3-6 세무용 장표

세무용 장표의 소비세 일람표

▌과세구분별 과세기준액을 출력하기 위한 소비세 일람표

소비세(우리나라의 부가가치세와 유사하다)는 대부분의 거래에서 발생하는 것으로,
분개 작성 시 다음과 같이 과세구분을 붙인다.

날짜	2020년 11월 30일			
적요	○○상사 매출			

차변		/	대변	
외상매출금	110,000	/	매출액	110,000
			(과세매출 10%)	

날짜	2020년 11월 30일
적요	○○공장 출장

차변		/	대변	
교통비	30,000	/	현금	30,000
(과세매입 10%)				

소비세 내역표는 과세구분별 과세기준액과 세액의 내역표이다. 행에는 계정과목이,
열에는 과세구분별 과세기준액과 세액이 나열된다. 과세구분은 매출 등 소비세를 부
담하는 경우에는 과세(8%, 우리나라에는 8% 부가가치세는 없다), 과세(10%), 비과세,
면세 등이 있으며 경비나 자산 구입 등 소비세를 지불하는 경우에는 과세(8%), 과세
(10%), 비과세가 있다. 또 과세기준액은 세금을 뺀 금액이며 세액은 소비세 금액이다.

소비세 납세액 계산(확정신고)은 회계 시스템에서 분개별로 계상한 과세구분, 과세
기준액, 세액의 정보를 집계하는 것부터 한다. 한편 계정과목에서 각 분개별로 어떤
계정과목을 사용했는지는 소비세의 납세액 계산과 직접적으로 관계되지 않는다. 어떤

경비를 회의비나 통신비라는 계정과목으로 계상해도 지불한 소비세 금액은 같으며 납세액도 변하지 않는다. 따라서 계정과목은 필수 정보가 아니다.

아래 표에 과세구분별 내역표가 있다. 예치된 소비세가 5,050,000원이고, 지불한 소비세가 4,755,000원임을 알 수 있으므로 확정신고는 가능하다.

◆ **과세구분별 일람 이미지**

과세기간	2020년 4월~2021년 3월

과세기준액							
가수소비세 등				가지급소비세 등			대상외
과세10%		면세매출	비과세 매출	과세10%		비과세 매입	
과세기준액	소비세액	과세기준액		과세기준액	소비세액		
50,500,000	5,050,000	19,900,000	390,000	47,550,000	4,755,000	4,650,000	16,700,000

소비세 내역표는 왜 필요할까. 소비세 계상이 제대로 이루어지고 있는지 확인할 때 분개 하나하나의 과세구분이나 소비세액을 확인하는 작업이 번거롭기 때문이다. 한편 계정과목별로 사용하는 과세구분은 대체로 정해져 있기 때문에 소비세 내역표를 이용해 소비세가 대체로 바르게 계산되어 있는지 확인한다.

◆ **소비세 내역표 이미지**

과세기간	2020년 4월~2021년 3월

계정과목	금액	세금을 제한 금액							대상외
		가초소비세 등				가지급소비세 등			
		과세 10%		면세매출	비과세 매출	과세 10%		비과세 매입	
		과세 기준액	소비세액	과세 기준액		과세 기준액	소비세액		
매출액	70,000,000	50,000,000	5,000,000	19,900,000	100,000	0	0	0	0
매입액	36,000,000	0	0	0	0	36,000,000	3,600,000	0	0
급여수당	15,000,000	0	0	0	0	0	0	0	15,000,000
법정복리비	3,000,000	0	0	0	0	0	0	3,000,000	0
복리후생비	1,300,000	0	0	0	0	1,300,000	130,000	0	0
…	6,000,000	0	0	0	0	6,000,000	600,000	0	0
고정자산매각익	300,000	500,000	50,000	0	0	0	0	0	0
자우가증권매각손실	400,000	0	0	0	200,000	0	0	0	0
합계		50,500,000	5,050,000	19,900,000	390,000	47,550,000	4,755,000	4,650,000	16,700,000

소비세 내역표의 이용시기는 소비세 확정신고와 같다.

확정신고는 일반적으로 연 1회이며 회계연도가 종료될 때 진행된다. 반면 소비세 확정신고는 세무서에 신고해 1년에 몇 번씩 나눠 진행할 수 있다.

▌매각손익계정과 소비세

앞 페이지 표의 아래 부분에서 2행의 고정자산매각익을 보면 세금을 제한 금액 300,000원에 대해 과세기준액은 500,000원, 소비세액이 50,000원으로 되어 있다.

고정자산이나 유가증권을 매매하면서 생긴 수입 중 고정자산이 또는 유가증권의 부가를 공제한 순손익액을 고정자산매각익(손), 200,000원의 고정자산을 세금을 제한 500,000원으로 매각하여 300,000원의 고정자산매각익이 생긴 예이다.

◆고정자산매각의 분개

차변		대변
현금　　　　　550,000	/	고정자산매각익　　350,000
		(과세구분 : 과세매출 10%)
		고정자산　　　　　200,000

소비세는 매각한 금액에 대해 과세된다. 따라서 이 예에서는 소비세의 과세기준액은 500,000원이며 소비세액은 50,000원이다. 위의 분개라면 고정자산매각익의 소비세액이 50,000원이 되지 않는다. 이런 경우에 대한 대응으로 다음과 같은 고정자산매각금의 분개 명세에 **과세기준액정보**를 설정한다.

◆별도과세기준액을 설정한 이미지

차변		대변
현금　　　　　550,000	/	고정자산매각익　　350,000
		(과세기준액 : 500,000)
		(과세 구분 : 과세매출 10%)
		고정자산 200,000

소비세액 내역표는 여기에 대응하는 것을 전제로 하고 있다. 덧붙여 이런 기능이 없는 경우는 분개 계상방법을 다음과 같이 수정하여 대응한다.

◆소비세액을 분개로 수정한 이미지

차변			대변	
현금	550,000	/	고정자산매각수입	550,000
			(과세구분 : 과세매출 10%)	
고정자산매각수입	500,000		고정자산	200,000
(과세구분 : 대상 외)			고정자산매각익	300,000
			(과세구분 : 대상 외)	

대변 1행의 고정자산매각수입 과목이 소비세 집계대상이 된다. 한편 고정자산매각수입은 같은 금액을 차변에도 계상하기 때문에(대변의 550,000원 중 50,000원은 가수소비세가 된다) 잔액은 0이 되고 앞에서 서술한 분개와 같은 결과가 나온다.

소비세 내역표 출력에 필요한 데이터 테이블

소비세 내역표 출력에 필요한 데이터 테이블은 **분개정보가 저장된 분개 테이블**뿐이다. 소비세는 일정 기간에 예치된 소비세와 지불한 소비세를 집계하여 확정신고하므로 이월잔액라는 개념은 없어서 기초잔액 테이블은 특별히 필요하지 않다.

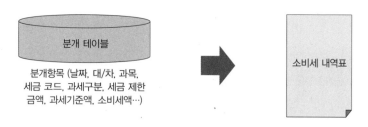

◆소비세 내역표에 필요한 데이터 테이블

3-7 장표 작성과 데이터 다운로드

장표의 작성 절차와 처리 시간을 단축한다

장표 작성 기능

지금까지 다양한 장표의 내용에 대해 설명했는데, 지금부터는 회계 시스템에서 장표를 작성하기 위한 순서에 대해 설명하고자 한다. 장표 작성 순서는 다음과 같다.

STEP 1 : 장표명을 정의한다

예시에서는 부문별 재무제표라고 정의한다. 장표의 헤더에 표시된다.

STEP 2 : 장표의 행 항목을 정의한다

행에는 계정과목을 표시하며 행 항목을 계정과목이라고 정의한다.

STEP 3 : 장표의 열 항목을 정의한다

마찬가지로 열에는 각 부문을 표시하며 열 항목을 부문이라고 정의한다.

STEP 4 : 추출조건을 정의한다

회계연도, 월도, 계정과목, 부문 등 부문별 재무제표를 출력할 때 추출조건으로 선택 가능한 항목을 정의한다.

STEP 5 : 장표의 점프 장소를 정의한다

예시에서는 과목×부문별 잔액을 클릭하면 총계정원장으로 점프하도록 정의하고 있다.

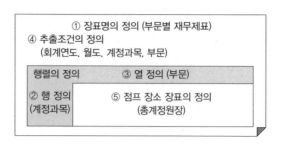

◆ 부문별 재무제표 작성순서

데이터 다운로드 기능

회계 시스템에서 데이터를 다운로드받아 엑셀로 가공하여 장표를 작성할 수 있는 **테이블 데이터 다운로드 기능**이 있는 회계 시스템도 많이 있다. 테이블과 추출조건을 지정하여 PC에 다운로드한다. 데이터 다운로드는 장표 작성 기능으로는 실현할 수 없긴 하나 다른 시스템에서 추출한 데이터와 조합한 장표를 작성하는 데에 편리하다.

분개량이 많은 경우 장표 출력에 시간이 걸린다. 그래서 기중의 월별 합계액을 유지하는 형태로 되어 있는 경우가 있다. 이것을 **합계 테이블** 또는 **집계 테이블**이라고 부른다. 이처럼 테이블이 있으면 장표의 출력이 현격히 빨라지고 데이터 다운로드 시 다운로드하는 데이터 양이 적어서 편리하다. 회계 테이블은 아래 표에 나와 있는 4월계, 5월계와 같이 미리 집약된 데이터를 저장해두면 처리시간을 단축할 수 있다.

◆ 합계 테이블 이미지

회계 연도	계정 과목	세그 먼트	부문	프로 젝트	거래처	차변/ 대변	기초 잔액	4월계	5월계	6월계	…	3월계	합계
2020	외상 매출금	기기 판매	서울 영업	–	○○ 상사	차변	1,000	1,100	950	1,150		1,200	11,800
2020	외상 매출금	기기 판매	서울 영업	–	○○ 상사	대변	.	1,000	1,100	950		1,100	10,500
⋮													

제 4 장

회계 시스템의 기능

4-1 거래 처리의 흐름

거래가 처리되어 회계 시스템의 데이터로 축적된다

▎회계 시스템에서의 거래 처리 흐름

거래를 분개 데이터로 변환하고 이를 총계정원장으로 갱신하여 그 데이터를 바탕으로 재무제표를 출력하는 것이 회계 시스템의 일련의 처리 과정이다.

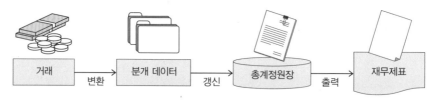

거래　변환　분개 데이터　갱신　총계정원장　출력　재무제표

◆회계 시스템의 처리 흐름

▎회계 시스템에서의 거래란?

거래라는 단어가 의미하는 범위가 너무 넓지만 일반적으로는 상대와 교섭이나 계약을 하는 것, 물건이나 돈을 주고받는 것으로 통용된다.

그러나 회계 시스템에서 취급하는 거래란, 다음과 같은 현상이 발생하는 거래에 한정되며 이러한 거래를 **회계거래**라고 한다.

- 현금이나 예금, 재고 등 **자산**의 증가/감소
- 외상매출금이나 차입금 등 **부채**의 증가/감소
- 자본금이나 이익잉여금 등 **순자산 (자본)**의 증가/감소
- 매출이나 수입이자 등 **수익**의 증가/감소
- 매출원가나 급여 등 **비용**의 증가/감소

118

예를 들어 거래처에서 '주문을 받았다'라는 현상은 판매 시스템에서는 수주 오더의 신규등록 거래로 취급되어 수주 오더의 트랜잭션 데이터가 생성된다. 그러나 해당거래는 상기 회계거래의 어느 것에도 해당하지 않으므로 회계 시스템에서는 거래로 취급하지 않는다.

이 말을 바꿔 말하면 분개를 생성할 필요가 있는 거래를 회계거래라고 하고 다음 복식부기 요소의 조합에 해당한다는 뜻이 된다.

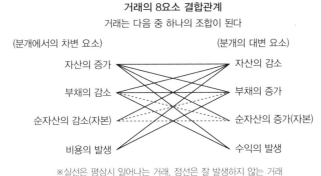

거래의 8요소 결합관계
거래는 다음 중 하나의 조합이 된다

(분개에서의 차변 요소)   (분개의 대변 요소)

자산의 증가   자산의 감소

부채의 감소   부채의 증가

순자산의 감소(자본)   순자산의 증가(자본)

비용의 발생   수익의 발생

※실선은 평상시 일어나는 거래, 점선은 잘 발생하지 않는 거래

◆복식부기요소의 조합

▌회계 시스템에서 분개 데이터의 보존

회계 시스템에서는 회계거래에 해당하는 거래를 **분개 데이터**로 변환하여 보존한다.

분개 데이터란 자산, 부채, 순자산(자본), 비용, 수익 등 거래요소들의 증감을 다음에서 나타내는 일정한 규칙에 차변과 대변으로 구분한 뒤 각 거래요소의 내용을 바탕으로 선정된 계정과목에 거래 날짜와 거래 금액 등의 항목을 더한 트랜잭션 데이터이다.

거래 요소	증감	대차 구분
자산	증가	차변
	감소	대변
부채	증가	대변
	감소	차변
순자산 (자본)	증가	대변
	감소	차변
수익	증가 (발생)	대변
	감소 (취소)	차변
비용	증가 (발생)	차변
	감소 (취소)	대변

예를 들어 2020년 6월 20일에 300원짜리 문구를 현금으로 산 거래가 있다고 하면 회계 시스템에서는 아래 표와 같이 분개를 저장한다.

또한 문구 구입은 소모품비로 계상하게 된다.

◆ 회계 시스템에 저장된 분개 데이터

날짜	요소	증감	대차 구분	계정과목	금액
2020년 6월 20일	비용	증가	차변	소모품비	300
2020년 6월 20일	자산	감소	대변	현금	300

본 사례는 소모품비라는 비용이 증가(발생)한 것으로, 소모품비를 차변으로 하고 현금이라는 자산이 감소하였으므로 현금을 대변으로 상기의 분개를 트랜잭션 데이터로 저장한 것을 나타내고 있다.

분개 데이터의 확장

지금까지 회계 시스템에서 거래처리의 기본적인 흐름을 설명했는데, 실제 회계 시스템에서는 상기에 표시된 분개 데이터 항목(대차 구분, 날짜, 계정과목, 금액)만으로는 경리 업무를 원활하게 할 수 없다. 그래서 다음과 같은 정보항목을 분개 데이터에 부가함으로써 업무나 경영관리에 도움이 되는 정보를 제공할 수 있다.

- **전표 번호** … 분개 데이터의 핵심이 되는 번호
- **부문** … 거래가 발생한 부문
- **입력자** … 분개를 기표한 사람(시스템 사용자)을 특정
- **적요** … 거래내용의 설명

※ 이러한 항목 외에도 분개 데이터에 추가하는 항목이 있다.

또한 상기의 정보항목을 더하면 앞 페이지의 분개 데이터는 다음과 같이 확장된다. 확장된 분개 데이터는 분개 이외의 정보도 포함하고 있기 때문에 **회계전표 데이터**라고 한다.

회계전표란 회계거래를 기록하기 위한 일정한 포맷을 뜻한다. 회계전표 데이터는 분개 데이터를 중심으로 하며, 분개에는 직접적으로 관계가 없는 업무나 경영관리에 도움이 되는 정보를 포함한 데이터 세트를 말한다.

분개는 적어도 차변과 대변에 명세를 하나씩 보존하되, 때로는 여러 개의 명세를 보존하기도 한다. 그래서 회계전표 데이터는 아래 표와 같이 전표 번호나 날짜처럼 모든 명세에 공통되는 **회계전표 헤더**와 명세 고유의 **회계전표 명세**로 나누어 저장한다.

◆ 회계전표 데이터

• 회계전표 헤더

전표 번호	날짜	적요	입력자
112	2020년 6월 20일	○○상점 문구 구입	김철수

• 회계전표 명세

전표 번호	대차 구분	계정과목	부문	금액
112	차변	소모품비	영업과	300
112	대변	현금	영업과	300

실제 회계 시스템에서의 회계전표 데이터는 분개 이외의 많은 항목을 포함한다. 예를 들어 제품이나 고객의 카테고리, 출하수량, 판매단위, 지불에 필요한 정보 등이다.

회계전표 작성의 자동화

회계처리를 자동화한다

회계전표의 작성

앞 파트에서는 거래에서 회계전표가 작성되는 흐름을 설명했는데, 해당 파트에서는 실무로서 회계전표가 작성된 메커니즘을 살펴보도록 한다.

회계 시스템에 회계 데이터를 보존하기 위해서는 매뉴얼(수작업)로 입력하거나 다른 시스템의 정보를 이용하여 자동으로 회계전표를 작성한다.

매뉴얼(수작업)에 의한 전표 작성

전표 입력용 화면에서 회계전표 데이터 생성에 필요한 정보를 사람이 매뉴얼로 입력하고 전표 데이터를 등록한다. 그래서 전표를 작성할 때 분개 구조와 같은 회계 지식이 필요하다.

122	2020/06/15		
○○상점 문구 구입			김철수
차변	소모품	영업과	300
대변	현금	영업과	300

◆전표 입력화면

자동화에 의한 전표 작성

회계전표를 매뉴얼이 아닌 시스템에서 자동적으로 실행하는 것을 **자동분개 작성**이라고 한다. 어느 정도의 자동화가 가능한지는 경우에 따라 다르지만 판매 시스템이나 재고관리 시스템처럼 업무 시스템의 거래 데이터를 바탕으로 회계 시스템에서 회계전표 데이터를 작성하는 경우는 분개를 자동 생성하는 편이 효율적이다(자세한 사례는 5장을 참조).

자동분개 프로세스

자동분개는 다음과 같은 단계로 이루어진다.

　STEP 1 　분개의 원 정보
　STEP 2 　분개 작성 규칙의 정의
　STEP 3 　회계전표의 작성

STEP1 : 분개의 원 정보

거래의 여러 정보 중 분개 생성에 사용할 수 있는 정보이다. 예를 들어 공장에서 제품을 출고한 거래가 있다면 출고한 날짜나 매출금액, 제품의 원가, 출하부문 등의 정보가 이에 해당된다. 이러한 정보들이 분개를 작성하는 기초가 된다.

STEP2 : 분개 작성 규칙의 정의

분개의 바탕이 되는 거래 유형별로 분개 생성의 규칙을 정의한다. 예를 들어 거래 유형이 외주비의 계상인 경우, 분개 규칙으로 외주 가공 입고일을 전표일자로 하고 차변의 계정과목을 외주비, 대변의 과목을 외상매입금으로 한다. 외주비 부문은 '외주를 받은 공장 부문으로 지정한다'와 같은 정의를 미리 준비해둔다.

STEP3 : 회계전표의 작성

시스템에서 설정된 규칙을 바탕으로 회계전표가 생성된다. 회계전표가 작성되는 시점은 원래의 거래가 발생하면서 실시간으로 분개가 생성되는 경우, 일시의 배치처리에서 분개가 생성되는 경우, 월차결산처리로 일괄하여 분개가 생성되는 경우 등 다양하다.

▌자동분개의 장점

기업의 기간 시스템에서는 대부분의 회계전표를 자동 작성하여 자동분개를 생성하도록 하면 다음과 같은 장점을 얻을 수 있다.

● 분개의 정확성 확보

기업이 성장함에 따라 기업의 거래는 다방면으로 변하게 되고 거래 건수도 증가한다. 또한 회계전표 항목은 단순하지 않으며 경리처리 이외의 업무나 경영관리에 도움이 되는 정보 등 수많은 항목을 처리하게 된다. 그렇기 때문에 매뉴얼에 의한 전표 작성으로는 정확성을 확보할 수 없는 경우가 많다. 하지만 자동분개에 의해 회계전표 생성을 활용하면 정확한 회계 처리를 할 수 있다.

● 회계전표의 망라성 확보

기업 내에서 발생하는 모든 회계거래를 빠뜨리지 않고 기장해야 하지만, 수작업으로 회계전표를 작성하면 누락될 우려가 있다.

자동분개를 하면 적어도 자동분개 대상이 된 거래는 작업자의 부주의에 의한 입력 누락 실수가 없어 거래 기록의 망라성이 확보된다.

● 일관성의 확보

분개의 자동화를 통해 같은 거래에 의한 회계처리를 동일하게 처리할 수 있어서 회계처리의 일관성이 확보된다.

● **효율성의 확보**

자동분개를 하면 수작업으로 전표작성을 하는 것보다 효율성이 대폭 상승한다.

회계 데이터의 생성은 자동화가 바람직하지만 예외적인 처리의 발생이 예상되는 거래나 전문적인 견해로 회계처리를 검토해야 하는 거래 등 자동화가 어려운 거래까지 무리하게 자동화하면 오히려 처리의 정확성이나 효율성이 떨어질 수 있다.

통상적인 재고 출고는 매출에 의한 제품의 출하나 원재료 공정에 대한 출고이지만 출고된 재고를 연구비로 처리하거나 사내소비로 처리할 경우, 고객에게 제공하는 견본품으로 처리할 경우, 스크랩으로 처리할 경우 등 다양한 예외 상황이 예상된다. 그에 따른 정밀한 분개 규칙을 설정하여 분개를 자동화하려면 분개 원 정보의 확보나 규칙 적용이 복잡해져 오히려 그 부분의 개발 비용이 커질 가능성이 있다.

그러한 경우에는 시스템으로부터의 아웃풋을 참조하여 수동으로 회계전표를 생성하는 것은 어떨지, 자동화하는 경우에 비해 비용 및 효과가 어느 쪽이 더 유리한지를 신중하게 검토할 필요가 있다.

소비세 처리 (우리나라의 부가가치세와 유사하다)

회계 데이터와 일체적으로 발생하는 소비세를 적정하게 처리한다

소비세 처리의 목적

회계 시스템에서의 **소비세 처리**란, 거래의 세금 구분이나 세율을 명확히 하여 세무 신고를 바르게 하기 위한 정보를 확보하는 것이다.

예를 들어 어떤 매출 거래가 세율 10%의 과세거래라면 회계전표의 거래명세에 '이 거래는 과세매출로 10% 거래이다'라는 플래그(과세 구분, 세율 구분)를 붙일 필요가 있다. 이러한 축적된 정보를 사용하여 소비세 신고 업무를 이행한다.

따라서 회계 시스템을 도입할 때는 소비세 측면에서 볼 때 이런 종류의 거래가 있는 지를 파악하고 어떠한 형태로 소비세 신고를 하고 있는지 확인할 필요가 있다.

소비세 합계 처리

먼저, 소비세에 관한 거래의 분개 예시를 살펴보자.

거래1 : 세금제외금액으로 6,000원의 상품을 현금으로 매입했다.

거래2 : 그 상품을 세금제외금액 10,000원에 팔고, 현금을 받았다.

◆세금제외 경리방식의 경우 분개

거래 1

(차변)	상품	6,000	(대변)	현금	6,600
	가지급소비세	600			

거래 2

(차변)	현금	11,000	(대변)	·매출액	10,000
				가수소비세	1,000
(차변)	매출원가	6,000	(대변)	상품	6,000

세금제외 경리방식에 의한 분개는 매출에 관한 소비세액을 **가수소비세**로 하여 계상하고 매입에 관한 소비세액을 **가지급소비세**로 하여 자산으로 계상한다.

또한 거래 2의 2번째 분개는 상품의 매출에 따른 매출원가 계상의 분개이다. 이는 과세매입도 아니고 과세매출거래도 아닌 불과세(과세대상 외) 거래이다.

소비세의 경리처리에는 세금제외 경리방식 외에 세금포함 경리방식이 있다.

세금포함 경리방식의 경우 지금까지의 분개는 다음과 같다.

◆ **세금포함 경리방식의 경우 분개**

거래 1

(차변)	상품	6,600	(대변)	현금	6,600

거래 2

(차변)	현금	11,000	(대변)	매출액	11,000
(차변)	매출원가	6,000	(대변)	상품	6,000

세금포함 경리방식의 경우는 매출과 매입에 관한 소비세가 각각 매출금액, 매입금액의 안에 포함해서 처리된다.

일정 규모 이상의 기업에서는 세금별도 경리방식이 일반적이므로 이후에서는 세금별도 경리방식을 전제로 설명한다.

▌소비세 거래의 처리

회계 시스템에서 소비세 거래 처리의 목적은 세무신고를 위한 정보를 저장하는 것이다.

만약 어떤 회계기간에 그 회사의 한 기간의 거래가 상기의 거래 1과 거래 2뿐이었다고 하면 소비세액은 다음과 같다.

과세매출에 관한 소비세액 − 공제대상 매입금액에 관한 소비세액

1,000원 − 600원 = 400원

이처럼 소비세를 얼마나 내야 하는지와 같은 정보를 필요한 때에 추출할 수 있도록 회계 시스템 내에서 회계전표 데이터를 저장할 필요가 있다.

구체적인 데이터의 예시를 살펴보자. 먼저 거래 1과 거래 2의 회계전표 데이터는 아래 표와 같다.

◆ 거래 1의 회계전표 데이터

• 회계전표 헤더

전표 번호	날짜	적요	입력자
112	7월 1일	○○상점 상품매입	김철수

• 회계전표명세

전표 번호	대차 구분	계정과목	금액	과세 구분	세율	세액
112	차변	상품	6,000	과세매입	10%	600
112	차변	가수소비세	600	과세매입	10%	600
112	대변	현금	6,600			

◆ 거래 2의 회계전표 데이터

• 회계전표 헤더

전표 번호	날짜	적요	입력자
112	7월 25일	△△상회 상품매출	이수현

• 회계전표 명세

전표 번호	대차 구분	계정과목	금액	과세 구 분	세율	세액
225	차변	현금	11,000			
225	대변	매출액	10,000	과세매출	10%	1,000
225	대변	가수소비세*	1,000	과세매출	10%	1,000
225	차변	매출원가	6,000	과세대상 외		
225	대변	상품	6,000	과세대상 외		

*우리나라의 경우 부가세예수금에 해당

▌소비세 거래의 집계

각 전표명세에 과세구분이나 세율, 세액처럼 소비세 처리에 필요한 정보를 저장한다. 현금과목 명세는 과세거래에 관련된 대금 수수에 해당하므로 과세거래에는 해당되지 않으며 과세거래가 아닌 경우의 세금 구분은 불필요하다.

이와 같이 거래 데이터를 저장함으로써 총계정원장 명세를 과세 구분별로 집계할 수 있으며 세무신고를 위한 기초자료를 작성할 수 있다.

앞선 예시의 경우에는 아래 표처럼 소비세 리포트를 출력하여 소비세를 신고할 수 있다.

◆소비세 리포트 출력 예

과세 구분	세율	세금제외 금액	세액	세금포함 금액
과세매출	10%	10,000	1,000	11,000
과세매입	10%	6,000	600	6,600

또한 가지급소비세 과목과 가수소비세 과목의 명세, 과세대상 외의 명세, 세금구분이 공백인 명세는 집계대상이 되지 않는다.

실제 소비세 신고에서는 과세매출의 세금포함금액으로 110분의 100을 곱하여 천 원 미만의 끝수를 버린 금액을 소비세의 과세표준으로 하고 과세매입의 세금포함금액을 공제대상 매입세액 계산의 기초로 한다.

이러한 소비세 신고서 작성에서 필요한 금액을 확인하고 이에 대응하는 과세 구분을 시스템으로 준비한다.

일반적으로 사용된 과세 구분은 아래 표와 같다.

◆과세 구분의 설명

과세 구분	거래내용
과세매출	• 상품, 제품의 매출 외, 기계나 건물 등의 사업용 자산의 매각 등 사업을 위한 자산의 양도, 대부, 서비스 제공 등의 거래 • 세무신고를 위한 과세매출의 세금포함 금액을 집계할 필요가 있다. • 표준세율이 적용된 거래와 경감세율이 적용된 거래는 구분할 필요가 있다.
수출영세율	• 상품 등의 수출매출거래 • 과세 대상은 아니지만 세무신고를 위해 매출액을 집계할 필요가 있다.
면세매출	• 토지 매매나 복지 서비스 등 과세 대상으로 적합하지 않은 것이나 사회 정책적 배려로 과세하지 않는 매출거래 • 과세 대상은 아니나 세무신고를 위해 매출액을 집계할 필요가 있다.

과세매입	• 상품의 매입, 기계나 건물 등 사업용 자산의 구입 또는 임차, 원자재 및 사무용품 구입, 운송 등 서비스 구입, 기타 사업을 위한 구매 등의 거래 • 세무신고를 위해 과세매입의 세금포함금액을 집계해야 한다. • 표준세율이 적용되는 거래와 경감세율이 적용되는 거래는 구분할 필요가 있다.
수입매입	• 수입품의 매입거래 • 과세 거래가 되어 수입 시에 소비세를 납부한다. • 세무신고를 위해 납부액을 집계해야 한다.
비과세매입	• 토지 매매와 복지서비스 등, 과세 대상으로 적합하지 않은 것이나 사회 정책적 배려로 과세하지 않는 매입거래 • 과세 대상은 아니나 세무신고를 위해 매출액을 집계할 필요가 있다.
불과세 (과세대상 외)	• 기부나 단순한 증여, 출자에 대한 배당 등, 원래 소비세의 적용 대상이 아닌 거래 • 세무신고에 있어서는 집계의 대상이 아니다.

필요한 과세 구분은 회사에 따라 다르다. 상기 이외에도 회사에 따라 필요한 과세 구분이 발생하는데, 과세 구분을 설정할 때는 회사의 소비세 거래에 관한 요건을 잘 검토해야 한다.

▌소비세 거래의 입력

회계 시스템에서 소비세를 입력하는 경우는 세금포함금액으로 입력하는 방식과 세금제외 금액으로 입력하는 방식 2가지가 있다. 전자를 **포함입력**, 후자를 **구분입력**이라고 한다. 예를 들어 전술한 거래 1의 경우, 포함입력에서는 상품 금액을 세금포함금액 6,600으로 입력한다. 그 후에 시스템에서 자동적으로 세금제외금액 6,000원의 상품 과목 명세와 600원의 가지급소비세 과목 명세로 구분하여 전표 데이터를 작성한다. 그에 비해 구분입력에서는 상품의 세금제외금액 6,000원을 입력한다.

그 후에 시스템에서 자동적으로 600원의 가지급소비세 과목 명세를 추가한다.

포함입력이든 구분입력이든 분개의 상태편 과목인 현금과목은 6,600원이므로 대차가 일치하게 된다.

또한 상기 예시의 경우 예를 들어 포함입력에서 상품의 세금포함금액이 6,606원인 경우는 소비세액에 1원 미만의 끝자리가 생긴다.

$6,606 \times 10/110 = 600.54545\cdots$

이런 경우를 대비해 시스템에서 **단수처리 방법을 설정할 필요**가 있다. 단수처리는 절사, 절상, 반올림 모두 가능하다.

예를 들어 상기의 예시에서 사사오입을 선택하면 소비세액은 601원이 되어 아래 표의 회계전표 데이터가 작성된다.

거래 1의 회계전표 데이터

• 회계전표 데이터

전표 번호	날짜	적요	입력자
112	7월 1일	○○상점 상품매입	이민영

• 회계전표 명세

전표 번호	대차 구분	계정과목	금액	과세 구분	세율	세액
112	차변	상품	6,005	과세매입	10%	601
112	차변	가지급소비세	601	과세매입	10%	601
112	대변	현금	6,606			

또한 이 예시에서는 소비세액을 시스템에서 자동계산하고 있지만 이와 더불어 **사용자가 임의로 소비세액을 변경 가능하게 하는 것**이 바람직하다고 할 수 있다. 외부와의 관계에서 소비세의 단수처리 방법이 자사의 방법과 일치하지 않는 경우 세액에서 차이가 생기는 일이 있기 때문에 수동으로 세액을 수정해야 할 수도 있다.

또 예시에서는 자동으로 가지급소비세 명세를 생성하고 있는데 사용자가 매뉴얼로 가지급소비세 또는 가수소비세 명세를 작성하는 입력방식(별기 입력, 별도 입력이라 부른다)을 갖춘 회계 시스템도 있다.

▎적격 청구서 등 보존방식의 대응

2023년 10월 1일부터 **적격 청구서 등 보존방식**이라는 소비세액의 매입세액공제 방식이 적용된다. 그러므로 회계 시스템과 그 주변 시스템에 있어서는 관련된 여러 가지 대응이 필요하다.

예를 들어 매출 거래에 대해서는 청구서에 적용세율별 거래 총액을 계산한 후, 세율마다의 소비세액을 산출하게 되며, 그 단수처리는 한 청구서당 세율마다 1회씩이 된다.

또한 매입 거래에 대해서는 교부받은 적격 청구서에 기재된 세액을 모두 집계하여 매입세액을 계산하는 방식이 원칙이다.

적격 청구서 등 보존방식의 적용은 회계 시스템에 큰 영향을 미치기 때문에 사전에 신중하게 대응을 검토해야 한다.

4-4 외화회계

외화 거래를 적정하게 처리한다

┃ 외화회계란?

외화회계는 외화 거래의 기장과 그 거래 결과 발생한 외화표시 채권채무의 환산가치를 이행하는 기능을 말한다.

외화 거래에는 몇 가지 형태가 있으며 회계 시스템이 취급하는 외화 거래는 외화의 물품 매매, 차입/대출 등의 자금 거래, 파생상품 거래 등이 있다. 여기서는 외화 물품의 매매를 예로 들어 설명한다. 외화로 거래를 한 경우, 예를 들어 한국 기업은 미 달러화의 수출 거래에서 외상매출금은 미 달러로 보유하게 된다. 따라서 미 달러 표시금액을 시스템에 저장해야 한다. 하지만 회사의 재무제표는 한국 원화 기준으로 작성하므로 최종적으로 회계 데이터를 한국 원화로 환산하여 저장해야 한다. 따라서 회계시스템에서 외화 거래를 제대로 기장하려면 **미 달러와 한국 원화의 양쪽 통화로 거래를 기장할 수 있는 기능**이 필요하다.

┃ 외화회계의 기본적인 설정사항

회계 시스템에서 외화회계를 다루기 위해서는 다음과 같은 설정항목이 필요하다.

● 통화

회사가 거래할 가능성이 있는 통화를 미리 정의해둔다. 통상은 ISO로 정의되어 있는 3문자의 통화 코드(한국 원화라면 KRW, 미 달러화라면 USD 등)를 사용한다.

● **회사통화**

회계 처리의 기본단위인 회사별로 거래의 기본이 되는 통화를 설정한다. 이것을 **회사통화**라고 한다(회사 시스템에 따라 기본통화, 회계통화라고 부른다).

회사통화는 회사의 원칙적인 거래통화를 말하며 세무 당국에 신고 등을 하는 경우 통화가 된다. 국내 기업의 경우는, 거의 예외 없이 대한민국 원화를 회사통화로 하고 있다.

해외 기업도 기본적으로 그 나라의 통화를 회사통화로 한다. 다만, 그 나라의 통화와는 별도로 회사의 주요 거래에서 사용되는 통화를 세무 당국에 보고하거나 결산서를 작성하는 데 사용하는 것이 인정되는 경우에는 그 통화를 회사통화로 회계 시스템에 등록한다. 그와 같은 통화를 **기능통화**라고 한다.

예를 들어 베트남에 있는 제조 자회사 거래의 대부분은 미 달러화이기 때문에 미 달러를 기능통화로 당국에 보고하여 사용하고 있다면 회사 시스템에서도 베트남의 제조 자회사인 회사통화를 미 달러로 설정한다. 그 경우 국내 거래 회계 시스템에서는 베트남 통화인 베트남 동으로 거래한 것은 외화 거래로 취급한다.

● **환율표**

외화로 거래를 기장하려면 정의한 통화에 대해 각 통화의 환율표에 등록해둘 필요가 있다. 환율표란 외화 통화 1단위에 대한 회사통화의 환산금액을 말한다.

◆ **환율표의 예**

외화통화	통화 명칭	환율 구분	적용 개시일	환산 환율
USD	미 달러	사내 환율	2020/5/1	105.25원
USD	미 달러	사내 환율	2020/6/1	104.71원
USD	미 달러	사내 환율	2020/7/1	104.93원
USD	미 달러	자산평가 환율	2020/5/31	104.85원
USD	미 달러	자산평가 환율	2020/6/30	105.07원
EUR	유로	사내 환율	2020/5/1	118.64원
EUR	유로	사내 환율	2020/6/1	117.95원

환율 구분은 어떤 거래에 적용되는 환율인지를 정의하는 항목이다. 예시의 회사에서는 거래 시에는 사내 환율을, 결산 시의 외화표시 채권의 평가에는 자산평가 환율을 사용한다. 적용 개시일은 언제부터 그 환율을 적용하는지를 정의한다.

▌외화에 의한 거래 기장의 실제

앞서 설명한 한국 기업이 미 달러의 수출 거래에서 매출을 계상한 경우에 대해 구체적으로 살펴보자.

거래 1

2020년 5월 2일에 10,000달러(USD) 상품을 미국 기업의 ABC컴퍼니에 판매했다. 또한 그때의 거래 환율은 1달러=1005.25원이었다. 당사의 한국 기업에 대해 회사통화는 한국 원(KRW)이다.

◆ **거래 1의 회사전표 데이터**

• 회계전표 헤더

전표 번호	날짜	적요	입력자
565	2020년 5월 2일	ABC 컴퍼니 매출	홍길동

• 회계전표 명세

전표 번호	대차 구분	계정과목	거래 통화 금액	거래 통화	환산 환율	회사통화 금액	회사 통화
565	차변	외상매출금	10,000	USD	1005.25	10,052,500	KRW
565	대변	외상매출금	10,000	USD	1005.25	10,052,500	KRW

거래통화는 USD와 회사통화 KRW 양쪽으로 기장한다.

▌결산 시의 환율평가 방법

월차, 기말에 외화표시 채권채무의 환율평가 방법 처리에 대하여 설명한다.

거래 시의 환율로 기장된 외화표시 외상매출금이나 외상매입금은 결산 시 그 시점의 환율로 평가하여 거래 시의 원화액과 결산 시의 원화액의 차액을 평가차손익으로 계상해야 한다. 이 처리에 대해서는 거래 2에서 설명한다.

거래 2

2020년 5월차 월말결산에서 외상매출금의 환율을 평가하였다. 2020년 5월 31일 자산평가 환율은 1달러=1004.85였다.

2020년 5월 2일(매출 시) 10,000USD 10,052,500원

2020년 5월 31일(평가시) 10,000USD 10,048,500원

10,052,500원−10,048,500원=4,000원

5월 2일에 10,052,500원이었던 외상매출금이 5월 31일에 10,048,500원으로 평가가 내려갔기 때문에 차액인 4,000원을 외환차손으로 계상한다.

◆ **거래 2의 회계전표 데이터**

• 회계전표 헤더

전표 번호	날짜	적요	입력자
725	2020년 5월 31일	ABC 컴퍼니 외상매출금 환율평가	홍길동

• 회계전표명세

전표 번호	대차 구분	계정과목	거래통화 금액	거래 통화	환산환율	회사통화 금액	회사 통화
725	차변	외환차손	0	USD	1004.85	4,000	KRW
725	대변	외상매출금	0	USD	1004.85	4,000	KRW

원화의 평가에 관계없이 달러 금액은 불변이므로 거래 통화 금액은 수정할 필요가 없으며 해당 금액란은 0이 된다.

외화회계에 대응한 회계 시스템에서는 환차손익의 계산과 평가차손익의 회계전표를 기표하는 기능이 있다. 이 예시에서는 개별 외상매출금의 평가방법에 대한 예이지만 실제로는 회계 시스템 중 평가환대상의 자산 부채를 일괄적으로 평가 방법으로 해서 대응하는 회계전표를 기표한다.

▌결제 시 처리

마지막으로 외화의 채권채무를 결제했을 때의 처리에 대해 설명한다.

외화의 채권채무를 외화로 입금 또는 지급하고 결제한다. 이런 처리에 대해서는 거래 3에서 설명한다.

거래 3

2020년 6월 10일에 ABC컴퍼니의 외화 외상매출금에 대한 10,000USD가 외화예금 계좌에 입금되었다. 그때 결제 환율은 1달러=1,004.70원이라고 은행에서 연락이 왔다. 입금된 것은 달러 금액이다. 그 달러 금액은 6월 10일 결제 환율로 기장하고 결제 대상의 외상매출금 장부(본례에서는 5월 31일 평가액)와의 차액은 평가차손익으로 처리된다.

2020년 5월 31일(평가 시) 10,000USD 10,048,500원

2020년 6월 10일(결제 시) 10,000USD 10,047,000원

10,048,500−10,047,000=1,500원

5월 31일에 원화로 1,048,500원이었던 외상매출금이 6월 10일에 10,047,000원으로 결제되어 차액 1,500원을 외환차손으로 계상한다.

◆ 거래 3의 회계전표 데이터

• 회계전표 헤더

전표 번호	날짜	적요	입력자
863	2020년 6월 10일	ABC컴퍼니 외상매출금 입금	홍길동

• 회계전표 명세

전표 번호	대차 구분	계정과목	거래통화 금액	거래 통화	환산 환율	회사통화 금액	회사 통화
863	차변	외화예금	10,000	USD	1,004.70	10,047,000	KRW
863	차변	외환차손	0	USD	1,004.70	1,500	KRW
863	대변	외상매출금	10,000	USD	1,004.85	10,048,500	KRW

4-5 부문별 실적관리

부문별 실적과 예산을 관리한다

▌부문별 실적관리란?

많은 기업에서 부문별 실적관리를 하고 있다. 부문별 실적관리는 예산관리제도와 밀접하게 연결되어 있다.

즉, 부문별로 손익 실적을 파악하고 이를 부문별 예산과 대비시켜 실적과 예산 차액(**예실차익** 이라함)의 원인을 분석함으로써 각 부문의 활동을 시정하고 추가 활동을 지원하여 실적을 높인다. 아래 그래프는 자주 활용되는 PDCA 사이클이다.

◆실적관리에서의 PDCA

회계 시스템에서 부문별 실적관리의 역할은, **PDCA 사이클을 효과적으로 돌리기 위한 지원을 하는 데** 있다. 이는 회사의 결산을 수행하는 재무회계의 기능과는 별도로 관리회계의 기능으로 자리매김된다.

부문별 실적 파악에 필요한 것

부문별로 실적을 파악하기 위해서는 우선 **실적 기준의 부문별 손익계산서**가 출력되지 않으면 안 된다. 부문별 손익계산서를 출력하려면 손익거래에 관한 회계전표 명세에 부문을 부가해야 한다.

예를 들어 200,000원으로 매출을 계상한 경우에는 아래 표와 같이 출력된다.

◆분개에 부문 코드를 부가한다

대차 부문	전표 날짜	계정과목	금액	부문
차변	7월 25일	외상매출금	200,000	
대변	7월 25일	매출액	200,000	영업 1과

분개 명세에 부문을 부가하고 계정과목별로 더하여 부문별로 집계할 수 있으므로 부문별 손익계산서를 출력할 수 있게 된다.

부문별 예산

예산은 일정 기간의 활동 계획을 금액으로 나타낸 것으로 통상은 손익항목에 대하여 계정과목별, 부문별로 입안한다.

부문별 실적관리 관점에서는, 실적 기준의 부문별 손익계산서에서 사용하는 계정과목이나 부문과 같은 식으로 구분해서 예산 입안을 할 필요가 있다.

수익, 비용의 실적을 부문별로 파악하고 그것들을 부문별 예산과 대비되는 손익계산서를 표시함으로써 부문별 예산 실적을 관리한다.

예산번호는 예산의 종류를 나타낸다. 기업은 당초 예산, 수정 예산, 달성 여부 전망 등 예산의 관리방법에 따라 종류가 다른 복수의 예산을 입안하는 경우가 많기 때문에 회계 시스템에서도 예산의 종류별로 예산번호를 붙여 복수의 예산을 유지할 수 있도록 한다. 일반적인 예산은 연도 단위로 작성하지만 월 단위로 예실대비 분석을 하므로 예산 데이터는 월별로 나뉘어야 한다.

◆ 예산 데이터 이미지

예산연도	예산번호	예산명	월	대차 구분	계정과목	매출액	부문
2020	1	기본예산	7월	대변	매출액	205,000	영업 1과
2020	1	기본예산	7월	대변	매출액	180,000	영업 2과
2020	1	기본예산	7월	차변	매출원가	140,000	영업 1과
2020	1	기본예산	7월	차변	매출원가	110,000	영업 2과
2020	2	기본예산	7월	대변	매출액	200,000	영업 1과
2020	2	기본예산	7월	대변	매출액	190,000	영업 2과
2020	2	기본예산	7월	차변	매출원가	135,000	영업 1과
2020	2	기본예산	7월	차변	매출원가	115,000	영업 2과
2020	3	기본예산	7월	대변	매출액	210,000	영업 1과
2020	3	기본예산	7월	대변	매출액	195,000	영업 2과
2020	3	기본예산	7월	차변	매출원가	150,000	영업 1과
2020	3	기본예산	7월	차변	매출원가	120,000	영업 2과
⋮	⋮	⋮	⋮	⋮	⋮	⋮	⋮

부문공통비의 배부

부문별 실적을 파악할 때 각 부문에서 공유하여 사용하고 있는 회사 내부 시스템의 감가상각비나 여러 영업부문에 걸쳐 실시한 광고 캠페인 비용 등 복수 부문에서 공통적으로 발생하는 비용(**부문공통비**)에 대해서는 모든 수익, 비용을 부문별로 구분하여 파악하는 것이 어려운 경우가 있다. 각 부문별로 얼마만큼 부담하는지를 명확하게 정하지 못하기 때문이다.

또한 경리부나 총무부 등 본사부문의 비용(본사비)을 정책적으로 각 현장부문에 부담시킨 후, 실적을 관리하는 것이 유용한 경우가 있다.

이러한 경우는 비용을 일정 기준으로 각 부문에 부담시키는 **배부처리**가 필요하다. 배부처리를 하면 부문 교통비나 본사비를 부담해야 하는 부문에 부담케 할 수 있어 합리적인 부문별 실적관리가 가능하다.

또한 실적관리는 월차로 하기 때문에 배부도 월 단위로 한다.

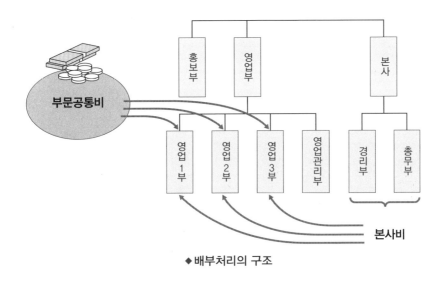

◆ 배부처리의 구조

배부처리를 하려면 아래 표의 요소(배부 조건)를 결정해야 한다.

◆ 배부처리를 할 때 결정해야 할 조건

배부 조건	내용
① 배부 대상	어느 부문의 어느 계정과목부터 배부할 것인지를 결정한다.
② 배부처	어느 부문의 어느 계정과목에 배부할 것인지를 결정한다.
③ 배부 금액	어떤 금액을 배부할 것인지를 결정한다. •실적금액을 배부한다. •예산금액을 배부한다. •고정금액을 배부한다.
④ 배부 기준	어떤 기준으로 배부할 것인지를 결정한다. •실적수치의 비율(배부율)로 배부한다. •예산수치의 비율(배부율)로 배부한다. •고정비율로 배부한다. •평등하게 배부한다.

위 표의 요소를 결정하고 배부한다.

◆공통비와 배부 계산

(예 1) 부문공통비의 배부

① 배부 대상 홍보부에서 계상한 광고비

② 배부처   영업 1과에서 영업 4과의 광고비

③ 배부 금액 1개월의 실제 광고비 발생액

   7월 1,000만 원 발생

④ 배부 기준 각 영업부의 연간매출 예산 비율

   영업 1부 매출예산 5억 원 (배부율 25%)

   영업 2부 매출예산 8억 원 (배부율 40%)

   영업 3부 매출예산 7억 원 (배부율 35%)

   ─────────────────────────

   영업과 매출예산 합계 20억 원

(예 2) 본사비의 배부

① 배부 대상 본사 각 부서 (경리부, 총무부, 기획부)의 본사비 배부액

② 배부처   전 영업부의 본사비 배부액

③ 배부 금액 1개월의 본사 각 부서 비용의 예산액 합계

   경리부 예산비   450만 원

   총무부 예산비   300만 원

   기획부 예산비   250만 원

   ─────────────────────

   본사비 예산액 합계 1,000만 원

④ 배부 기준 각 영업과 인원 계획 수의 비율

   영업 1부 인원 계획   24인 (배부율 24%)

   영업 2부 인원 계획   44인 (배부율 44%)

   영업 3부 인원 계획   32인 (배부율 32%)

   ─────────────────────────

   영업부 인원계획 수 합계 100인

위의 배부 조건에 따라 배부처리를 하면 아래 표와 같은 배부 분개가 생성된다.

◆예 1의 분개 데이터 이미지

대차 구분	전표 날짜	계정과목	금액	부문
대변	7월 31일	광고비	10,000,000	홍보부
차변	7월 31일	광고비	2,500,000	영업 1부
차변	7월 31일	광고비	4,000,000	영업 2부
차변	7월 31일	광고비	3,500,000	영업 3부

◆예 2의 분개 데이터 이미지

대차 구분	전표 날짜	계정과목	금액	부문
대변	7월 31일	본사비 배부액	4,500,000	경리부
대변	7월 31일	본사비 배부액	3,000,000	총무부
대변	7월 31일	본사비 배부액	2,500,000	기획부
차변	7월 31일	본사비 배부액	2,400,000	영업 1부
차변	7월 31일	본사비 배부액	4,400,000	영업 2부
차변	7월 31일	본사비 배부액	3,200,000	영업 3부

배부처리는 배부 조건을 바탕으로 배부 분개를 수동으로 기표할 수 있지만, 배부 조건 변경이 없는 경우에는 회계 시스템이 준비되어 있는 배부 분개 **자동생성기능**을 사용하는 것이 유용하다.

배부 분개 자동생성기능을 사용하여 배부처리를 효율적이면서도 정확하게 처리할 수 있다. 또한 복수의 배부 조건으로 배부처리를 연속 실행시킴으로써 다단계 배부처리를 수작업에 비해 간단하게 할 수 있다.

부문별 실적관리용 손익계산서

앞의 내용을 바탕으로 부문별 손익계산서를 출력하면 다음 페이지와 같은 이미지가 된다. 광고비와 본사비가 영업 1부, 영업 2부, 영업 3부에 배부되어 있다.

◆부문별 실적관리비 손익계산서 이미지

○○주식회사				부분별 손익계산서 (2020년 7월)						단위 : 천 원
	영업 1부			영업 2부			영업 3부			
	실적	예산	실적 차이	실적	예산	실적 차이	실적	예산	실적 차이	
매출액	521,690	500,000	21,690	785,674	800,000	−14,326	708,698	700,000	8,698	
매출원가	375,261	364,000	11,261	565,085	578,000	−12,915	510,863	503,000	7,863	
매출총이익	146,429	136,000	10,429	220,589	222,000	−1,411	197,835	197,000	835	
(매출총이익율)	28.1%	27.2%		28.1%	27.8%		27.9%	28.1%		
판매비										
판매수수료	9,002	8,566	436	16,807	17,053	−246	11,998	12,668	−670	
광고비	3,950	3,604	346	5,090	5,477	−387	4,105	3,980	125	
접대비	254	265	−11	305	372	−67	168	170	−2	
기타	16,908	15,890	1,018	33,325	32,021	1,304	23,658	24,373	−715	
관리비										
급여	25,607	25,680	−73	48,651	49,544	−893	34,632	35,792	−1,160	
기타인건비	12,350	12,750	−400	19,952	20,700	−748	17,956	18,288	−332	
교육훈련비	650	786	−136	570	639	−69	483	511	−28	
소모품비	2,050	1,902	148	3,752	3,751	1	2,675	2,586	89	
감가상각비	9,875	9,652	223	23,857	22,782	1,075	20,012	19,276	736	
기타	9,658	8,758	900	22,581	20,602	1,979	15,074	14,393	681	
판관비합계	90,304	87,853	2,451	174,890	172,940	1,950	130,761	132,036	−1,276	
영업이익	56,125	48,147	7,978	45,699	49,060	−3,361	67,075	64,964	2,111	
(영업이익률)	10.8%	9.6%		5.8%	6.1%		9.5%	9.3%		
본사비배부액	2,400	2,500	−100	4,400	4,350	50	3,200	3,100	100	
부문이익	53,725	45,647	8,078	41,299	44,710	−3,411	63,875	61,864	2,011	
(부문이익률)	10.3%	9.1%		5.3%	5.6%		9.0%	8.8%		

4-6 프로젝트 회계

프로젝트를 회계 단위로 처리한다

▌프로젝트별 비용관리를 위한 프로젝트 회계

프로젝트 회계란, 프로젝트에 관련된 비용을 프로젝트별로 집계하는 것을 뜻하며 각 프로젝트 비용의 발생상황을 파악하는 구조이다. 기업에서는 통상적으로 부문별로 비용을 파악하는 것이 일반적이다. 그러나 기업 활동 중에는 부문과는 별도로 비용을 파악해야 할 경우가 있다. 예를 들어 시험연구에 들어간 제비용을 부문별로 계상하면 개별 시험연구에 들어간 비용이 전체 중 얼마인지 파악하기 어려우므로, 시험연구 단위별로 파악해 관리해야 하는 경우가 있다. 그로 인해 회계 시스템에서 부문과는 별도로 프로젝트라는 집계 단위를 설치하고 그 프로젝트에 개별 시험연구의 단위별 비용을 집계함으로써 시험연구 비용을 쉽게 관리할 수 있다. 이처럼 프로젝트에 관한 회계를 처리하는 것이 바로 프로젝트 회계이다. 프로젝트 회계처리는 기업에 따라 방법과 기능이 다양하다.

▌프로젝트 회계로 비용을 프로젝트별로 집계한다

프로젝트 회계의 기능으로 프로젝트를 비용으로 집계하려면 비용 발생의 회계전표에서 부문이 아닌 프로젝트 번호를 지정한다.

거래 1

8월 3일 프로젝트 번호 A121의 시험연구를 위한 검사기구 100,000원을 구입했다

(소모품비로 계상). 또한 동시에 외부위탁한 기능시험작업 150,000원에 대하여 내용을 확인한 후 수입 검수했다(외부위탁연구비).

◆ 거래 1의 분개 이미지

대차 구분	전표 날짜	계정과목	금액	부문	프로젝트 번호
차변	8월 3일	소모품비	100,000		A121
대변	8월 3일	외부위탁연구비	150,000		A121
대변	8월 3일	미지급금	250,000		

본 예시에서는 분개 데이터에 프로젝트 번호를 지정함으로써 시험연구별로 비용을 명확하게 구분하고 있다. 이러한 처리는 시험연구 이외에도 광고 캠페인이나 각종 사내 프로젝트의 비용을 파악하는 데 유효하다.

거래 2

12월 15일 프로젝트 번호 A121의 시험연구가 완료되고 전액을 연구 1과의 연구비로 이체했다. 또한 A121에서 계상한 비용은 거래 1에서 계상한 비용뿐이다.

◆ 거래 2의 분개 데이터 이미지

대차 구분	전표 날짜	계정과목	금액	부문	프로젝트 번호
차변	12월 15일	연구비	250,000	연구 1과	
차변	12월 15일	소모품비	100,000		A121
대변	12월 15일	외부위탁연구비	150,000		A121

프로젝트가 완료되면 프로젝트 비용에서 부문 비용으로 대체된다.

또한 상기 처리에서 시험연구 완료 전에 결산일을 맞이한 경우, 결산일 날짜로 연구비를 대체하고 다음 기초 날짜로 그 역분개를 기표(환원처리)함으로써 회계기간을 넘나들며 프로젝트 관리를 할 수 있다.

▍프로젝트에 계상된 비용을 자산으로 대체한다

앞서 설명한 사례는 비용을 자산계상하지 않고 프로젝트 번호로 집계한 경우이다. 건설업에서 도급공사를 계산할 때 공사원가나 개별수주생산 제품원가, 사내 고정자산의 취득원가를 집계(건설 중인 자산계정의 원가집계)할 때에는 개별적으로 집계한 원가를 비용이 아닌 자산으로 계상할 필요가 있다.

거래 3

9월 15일 프로젝트 번호 A221의 특별주문 제조품의 제조를 위해 원자재 250,000원을 출고했다(원자재로부터 대체). 또한 동시에 제조 작업의 작업보고에 근거해 직접 노무비 300,000원을 계상했다(노무비로부터 대체).

◆ 거래 3의 분개 데이터 이미지

대차 구분	전표 날짜	계정과목	금액	부문	프로젝트 번호
차변	9월 15일	재공품	550,000		A221
대변	9월 15일	원자재	250,000		A221
대변	9월 15일	노무비	300,000		A221

상기 설명한 예시에서 발생한 제조비용은 재공품이라는 자산에 계상된다. 고정자산의 경우에는 **건설 중인 자산계정**이라는 자산에 계상되며 건설비에 있어서 건조물의 경우는 **미완성공사**라는 자산으로 계상된다.

거래 4

10월 5일 프로젝트 번호 A221의 개별수주품 제조가 완성되고 전액을 제조계정으로 대체했다. 또한 A221에서 계상한 비용은 거래 3에서 계상한 비용뿐이다.

◆ 거래 4의 분개 데이터 이미지

대차 구분	전표 날짜	계정과목	금액	부문	프로젝트 번호
차변	10월 5일	제품	550,000	제조 2과	
대변	10월 5일	재공품	550,000		A221

앞서 설명한 예시에서는 완성 시점에서 재공품이 제품 제조로 대체된다. 고정자산의 경우는 제조가 완성되어 가동 개시한 시점에 건설 중인 자산계정에서 고정자산으로 대체된다. 또한 건설업 건축물의 경우는 판매 시점에 미완성공사에서 완성공사원가로 대체된다.

공사매출의 계상

지금까지 프로젝트의 비용 집계에 대해 알아보았는데, 프로젝트 회계에서는 수익에 대해 취급하는 경우가 있다. 여기서는 건설업에 대한 매출의 계상(수익의 인식)을 설명한다.

건설업 도급공사의 경우, 그 매출의 계상기준으로 **공사완성기준**과 **공사진행기준**이 있다. 공사완성기준은 말 그대로 공사가 완성되어 고객에게 인도한 시점에 매출액과 매출원가를 계상하게 된다.

그에 비해 공사진행기준은 결산일의 공사 진행률에 따라 매출액과 매출원가를 계상한다. 공사진행기준에 따른 매출의 계상은 장기의 대규모 도급공사가 대상이다. 지금부터 공사완성기준과 공사진행기준의 처리 차이를 알아보겠다.

공사완성기준의 경우

거래 5

6월 12일, 프로젝트 번호 K503에 따르면 입체주차장의 건축공사가 완성되고 물건을 고객에게 인도했다. 물건의 대가는 2억 원이고, K503으로 집계된 공사원가는 1억 6,000만 원이다. 공사완성기준에 따라 매출액과 매출원가를 계상한다.

◆ 거래 5의 분개 데이터 이미지

[매출의 계상]

대차 구분	전표 날짜	계정과목	금액	부문	프로젝트 번호
차변	6월 12일	공사미수금	220,000,000		
대변	6월 12일	공사수익	200,000,000		K503
대변	6월 12일	부가세예수금	20,000,000		

※ 공사미수금은 건설업 특성상 갖고 있는 계정과목으로 일반기업의 외상매출금에 해당한다. 마찬가지로 공사수익은 일반기업의 매출액에 해당한다.

[매출원가의 계상]

대차 구분	전표 날짜	계정과목	금액	부문	프로젝트 번호
차변	6월 12일	완성공사원가	160,000,000	제 2건축부	
대변	6월 12일	미완성공사	160,000,000		K503

※ 완성공사원가는 건설업 특유의 계정과목으로, 일반기업의 매출원가에 해당한다. 마찬가지로 미완성공사는 일반기업의 재공품에 해당한다.

공사가 완성되어 인도한 후에 완성 및 인도에 따라 매출액과 매출원가를 계상한다. 매출액은 물건의 대가, 매출원가는 프로젝트 번호 K503으로 집계된 원가이다.

공사진행기준의 경우

거래 6

당기의 결산 말(12월 31일) 시점에서 프로젝트 번호 K670 오피스 빌딩의 건축공사에 집계된 공사원가는 총 누계액이 9억 원이고, 빌딩 공사의 계약 총액은 16억 원, 견적의 공사원가 총액은 12억 원이다. 공사진행기준에 따라 당기 매출액과 매출원가를 계상한다.

공사진척도는 원가투입비례법으로 견적한다.

또한 전기 말까지의 공사 매출액 계상액은 총 누계액이 8억 원이고 공사원가 계상액의 총 누계액은 6억 원이었다.

◆ 거래 6의 분개 데이터 이미지

[매출의 계상]

대차 구분	전표 날짜	계정과목	금액	부문	프로젝트 번호
차변	6월 12일	공사미수금	440,000,000		
대변	6월 12일	공사수익	400,000,000		K670
대변	6월 12일	부가세예수금	40,000,000		

※ 공사미수금은 건설업 특유의 계정과목으로 일반기업의 외상매출금에 해당한다. 마찬가지로 공사수익은 일반기업의 매출액에 해당한다.

[매출원가의 계상]

대차 구분	전표 날짜	계정과목	금액	부문	프로젝트 번호
차변	6월 12일	완성공사원가	300,000,000	제 2건축부	
대변	6월 12일	미완성공사	300,000,000		K670

※ 완성공사원가는 건설업 특유의 계정과목으로, 일반기업의 매출원가에 해당한다. 마찬가지로 미완성공사는 일반기업의 재공품에 해당한다.

이 예시에서는 공사진척도를 일반적으로 사용하는 **원가투입비례법**으로 계상하였다. 원가투입비례법이란, **공사진척도**를 결산일까지 실제로 발생한 공사원가의 총 예정공사비에 대한 비율로 측정하는 방법이다. 공사진척도는 공사원가 누계액의 총 예정공사비에 대한 비율로 산출한다. 구체적으로 다음과 같다.

공사진척도=9억 원/12억 원=75%

당기의 공사매출계상액=16억 원×75%-8억 원=4억 원

당기의 공사원가계상액=9억 원-6억 원=3억 원

이러한 공사진행 기준에 따라 공사매출의 계상을 취급할 수 있는 회계 시스템은 프로젝트 회계 기능 중에서 총 공사계약액, 총 예정공사비, 전기까지의 누계매출액, 누계공사원가액과 같은 공사진행기준의 적용에 필요한 정보를 유지하고 당기까지 집계된 공사원가누계액에서 자동적으로 당기의 매출계상액, 공사원가계상액을 계산하여 분개를 기표한다.

제 **5** 장

주변 업무 시스템과
회계 시스템의 연계

주변 업무 시스템과 연계 시 포인트

업무 트랜잭션을 회계전표로 변환한다

▌주변 업무 시스템이란

기업은 판매관리 시스템이나 구매관리 시스템, 인사관리 시스템 등의 다양한 업무 시스템에 따라 사내 업무를 관리한다. 예를 들어 판매관리 시스템은 상품 수주나 출하와 청구를, 구매 시스템은 재료 발주 및 검수, 입고를, 인사관리 시스템에서는 사원의 급여계산과 같은 업무를 관리하고 있다. 이 장에서는 이들 업무 시스템 중, 회계 시스템과 연계한 업무 시스템을 **주변 업무 시스템**으로 규정하고 주요 주변 업무 시스템과 회계 시스템의 연계에 대해 설명한다.

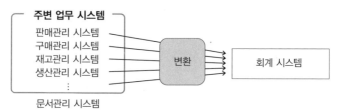

※ 업무 시스템에서도 문서관리 시스템 등과 같이 회계 거래에 관계없는 시스템은 본 항에서는 주변 업무 시스템으로 취급하지 않는다.

◆회계 시스템과 관련된 주변 업무 시스템

▌업무 관련 트랜잭션

주변 업무 시스템에서는 각각의 업무를 실시함으로 인해 업무 관련 **트랜잭션**(거래)이 발생한다. 업무 관련 트랜잭션 중에는 수주나 발주처럼 회계 거래에 해당하지 않는 트랜잭션과 출고나 입고와 같은 회계 거래에 해당하는 트랜잭션이 혼재되어 있다.

회계 시스템에 연계하는 것은 회계 거래에 해당하는 트랜잭션만 있으면 되므로 주변 업무 시스템에서 필요한 트랜잭션을 모두 추출하고 회계 데이터로서의 분개형식으로 변환하여 회계 시스템에 반영한다.

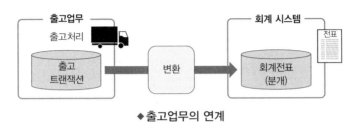

◆출고업무의 연계

이전에는 이 연계를 수작업으로 해왔다. 예를 들어 판매관리 시스템에서 1개월 매출액을 부문별로 집계한 장표를 출력한 뒤 그것을 바탕으로 회계전표를 기표하여 회계 시스템에 입력한다. 하지만 최근에는 시스템적으로 연계하는 것이 일반적이다. 그 경우도 이전과 같이 집계 값으로 연계하는 게 아니라 트랜잭션의 명세 단위로 연계하는 경우가 대부분이다. 명세 단위로 연계하는 것이 데이터 정합성을 담보하는 게 수월하며 나중에 추적하기도 쉽기 때문이다. 아래에서는 트랜잭션의 명세 단위 연계를 전제로 설명한다.

▌업무 트랜잭션 데이터에서 회계전표로 변환

업무 트랜잭션을 회계전표, 즉 분개형식으로 변환할 때는 주변 업무 시스템의 트랜잭션 항목 안에 필요한 항목을 **분개 기초정보**로 회계의 관점에서 해석하고 일정한 규칙에 따라 분개항목으로 변환하여 회계전표 항목으로 사용한다.

예를 들어 판매관리 시스템에서 '입금'이라는 업무 트랜잭션이 발생한 경우에는 회계전표의 계상 날짜는 은행입금일, 차변의 계정과목은 보통예금, 금액은 입금하는 금액, 대변의 계정과목은 외상매출금과 같이 **변화규칙을 미리 정의**해두고 이를 바탕으로 회계전표의 분개형식으로 변환한다.

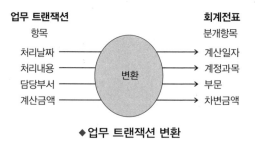

◆업무 트랜잭션 변환

단, 모든 분개항목이 업무 트랜잭션 분개의 기초정보를 변환하여 세팅되는 것은 아니다. 회계 시스템 측에서 독자적으로 세팅하는 항목도 있다.

▌업무 트랜잭션과 회계전표 데이터의 참고 가능성 확보

업무 트랜잭션과 회계전표 데이터로 변환할 때는 **상호 참고 가능성을 확보해두는 것**이 중요하다. 업무 트랜잭션 번호와 회계전표 번호의 관련성을 알 수 있도록 데이터를 연계할 때 고려한다.

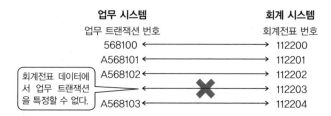

◆업무 데이터와 회계 데이터의 참고 가능성 확보

구체적으로는 업무 트랜잭션 데이터 안에 회계전표 번호를 보존하거나 회계전표 데이터 안에 트랜잭션 번호를 보존함으로써 상호 관계를 명확히 한다. 이 점은 내부통제 보고제도나 전자장부보존법에 대한 대응 관점에서도 필요한 요건이다.

5-2 판매관리 시스템과 연계

판매관리 시스템 데이터를 회계전표로 변환한다

▍판매관리 시스템이란?

판매관리 시스템이란 고객에게 받은 수주를 등록하고 그 수주를 바탕으로 상품이나 제품을 출하하여 매출을 계상하는 프로세스를 관리하는 시스템이다.

판매관리 시스템은 수주, 출고, 매출 계상과 같은 업무를 관리하므로 각각의 업무에 대한 트랜잭션이 발생한다. 이중, 수주 업무에서 발생하는 수주 트랜잭션은 회계 거래에 해당하지 않으므로 회계 시스템에 연계할 필요는 없다.

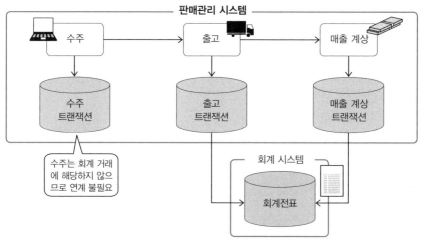

◆판매관리 시스템 업무 트랜잭션

▍출고 트랜잭션의 회계 시스템 연계

출고 트랜잭션은 출고로 인해 재고(제품 또는 상품이라는 자산)가 감소하여 매출원가라는 비용이 발생하는 회계 거래이다.

재고라는 자산의 감소는 회계에서는 대변 거래에, 비용의 발생은 차변 거래에 해당하므로 출고 트랜잭션에서 아래 그림과 같은 회계전표가 회계 시스템으로 생성된다.

◆ 출고 트랜잭션을 회계전표로 변경한다

위 그림은 10,000원의 제품을 출고한 회계전표이다. 매출원가를 차변에 계상하고 제품이라는 자산은 감소하므로 대변에 계상한다.

지금부터 회계 트랜잭션과 회계전표를 구성하는 주요한 항목과 업무 시스템 관련 항목을 설명한다. 또한 이 장의 설명에서 회계전표는 헤더 항목과 전표명세로 나누고, 전표명세는 차변과 대변을 모두 구성한다.

◆ 출고 트랜잭션에 관한 회계전표의 주요 항목

[헤더 항목]

회계전표 항목	값	업무 시스템 항목
전표 번호	1000256	회계 시스템 쪽에 세팅
전표 날짜	2월 16일	출고 날짜

[전표명세의 차변]

회계전표 항목	값	업무 시스템 항목
계정과목	매출원가	트랜잭션 유형에서 선정
부문	동서울영업부	판매부문
세금 구분	비과세	회계 시스템 쪽에 세팅
금액	10,000	제품재고금액

[전표명세의 대변]

회계전표 항목	값	업무 시스템 항목
계정과목	제품	트랜잭션 유형에서 선정
부문	——	——
세금 구분	비과세	회계 시스템 쪽에 세팅
금액	10,000	제품재고금액

전표 번호는 회계 시스템에서 독자적으로 부여한다.

전표 날짜는 판매관리 시스템 출고일로 한다. 이것은 출고일로 매출을 계상하는 경우의 날짜와 동일하다.

계정과목은 판매관리 시스템의 트랜잭션 유형(이 경우는 출고)에서 자동으로 선택한다. 즉, 트랜잭션이 출고되면 차변은 매출원가 계정, 대변은 제품 계정으로 한다는 정의를 미리 규정한 뒤 보존해두고, 판매관리 시스템에서 회계 시스템 연계 시 그 규정을 적용해 회계전표를 작성한다.

부문은 손익이 발생한 부문을 업무 트랜잭션으로부터 받아 세팅한다. 매출원가 명세에는 출고 트랜잭션으로부터 받은 부문을 세팅한다. 부문 마스터는 판매관리 시스템과 회계 시스템을 공유해두는 것이 바람직하다.

일반적으로 자산과 부채에는 부문을 붙이지 않는 경우가 많기 때문에 본 사례의 경우 제품 명세에는 부문을 붙이지 않는다.

세금 구분은 회계 시스템 쪽에 판단하여 값을 세팅한다. 본 사례의 경우는 재고에서 비용으로, 회사 내부에서 이체하는 것이므로 과세 거래에 해당하지 않아 비과세로 한다.

금액은 출고된 제품의 재고금액이며, 판매관리 시스템이 재고관리 시스템에서 취득한 값으로 세팅한다.

또한 매출관리 시스템의 출고 트랜잭션은 재고관리 시스템 출고 트랜잭션에도 연계하여 제품 재고의 감소 처리를 동시에 실행한다.

매출 계상 트랜잭션의 회계 시스템 연계

매출 계상 트랜잭션은 재고(제품 또는 상품)의 출고에 따른 매출이 발생함으로써 그 매출에 대응한 외상매출금이라는 자산이 증가하는 회계 거래이다.

매출의 발생은 회계 트랜잭션에서 대변 거래에 해당하며 외상매출금이라는 자산의 증가는 차변 거래에 해당하므로 매출 계상 트랜잭션에서 아래 그림과 같은 회계 시스템으로 생성된다.

◆ **매출 계상 트랜잭션을 회계전표로 변경한다**

위 그림은 15,000원의 제품을 출고 및 매출 계상한 회계전표의 사례이다.

매출이 15,000원 발생했으므로 대변에 계상하는 동시에 부가가치세를 부가세예수금이라는 계정을 이용해 대변에 1,500원(세율 10%)을 계상한다. 차변은 외상매출금이 16,500원 증가한다.

지금부터 회계 트랜잭션과 회계전표를 구성하는 주요 항목과 업무 시스템 관련 항목을 설명한다.

◆ **매출 계상 트랜잭션에 관한 회계전표의 주요 항목**

[헤더 항목]

회계전표 항목	값	업무 시스템 항목
전표 번호	1000325	회계 시스템 쪽에 세팅
전표 날짜	2월 16일	출고날짜

[전표명세의 차변]

회계전표 항목	값	업무 시스템 항목
계정과목	외상매출금	트랜잭션 유형에서 선정
부문	——	——
세금 구분	비과세	회계 시스템 쪽에 세팅
금액	16,500	수주금액 (세금 포함)

[전표명세의 대변 1]

회계전표 항목	값	업무 시스템 항목
계정과목	매출액	트랜잭션 유형에서 선정
부문	동서울영업부	판매부문
세금 구분	과세매출	회계 시스템 쪽에 세팅
금액	15,000	수주금액 (세금 제외)

[전표명세의 대변 2]

회계전표 항목	값	업무 시스템 항목
계정과목	부가세예수금	회계 시스템 쪽에 세팅
부문	——	——
세금 구분	과세매출	회계 시스템 쪽에 세팅
금액	1,500	회계 시스템 쪽에 세팅

전표 번호는 회계 시스템 안에서 독자적으로 부여한다.

전표 날짜는 판매관리 시스템에서의 출고일로 한다. 이것은 매출의 계상 기준으로 출고기준(제품, 상품을 고객에게 출고한 날에 매출을 계상하는 회계 처리 기준)을 채택하고 있는 것을 제시하고 있다.

판매관리 시스템에서 출고한 날짜를 회계 시스템에 연계하고 전표 날짜에 세팅한다. 매출을 계상하는 처리 기준에 검수 기준(고객검수를 매출 계상으로 하는 회계처리 기준)을 채택하고 있는 경우는, 고객이 검수한 날짜를 연계하여 회계 시스템에서의 전표 날짜로 한다.

계정과목은 판매관리 시스템의 트랜잭션 유형(이 경우는 매출)에서 자동적으로 선택한다. 즉, 트랜잭션이 매출 계상이면 차변은 외상매출금 계정, 대변은 매출 계정으로 한다는 정의를 미리 규칙으로 저장해두고 판매관리 시스템에서 회계 시스템에 연계할 때 그 규칙을 적용하여 회계전표를 작성한다.

부문은 그 손익이 발생한 부문을 트랜잭션에서 받아 세팅한다. 매출 명세에는 매출 계상 트랜잭션에서 받은 부문을 세팅한다.

일반적으로 자산, 부채에는 부문을 붙이지 않으므로 외상매출금, 부가세예수금 명세에는 부문을 붙이지 않는다.

세금 구분은 회계 시스템 쪽에서 판단하여 값을 세팅한다. 이 경우는 대변 전표명세가 과세매출 거래가 되므로 대변의 매출명세 세금 구분에 과세매출을 세팅한다.

금액은 판매관리 시스템에서 수주금액을 연계하여 계상한다. 외상매출금은 세금 포함금액으로, 매출은 세금제외금액으로 계상한다. 부가세예수금은 회계 시스템에서 세액을 계산하여 세팅한다.

또한 판매관리 시스템의 매출 계상 트랜잭션은 채권관리 시스템의 계상 트랜잭션에도 연계하여 외상매출금 계상처리를 동시에 실행한다.

일부 판매관리 시스템은 출고와 매출 계상을 별도의 트랜잭션으로 파악하지 않고 하나의 트랜잭션으로 처리하기도 한다.

또한 판매관리 시스템은 상기 이외에도 반품이나 환불과 같은 회계 거래에 해당하는 트랜잭션이 있는데 그것들도 상기의 출고, 매출 계상과 같은 개념으로 회계 시스템에 연계한다.

5-3 구매관리 시스템과 연계

구매관리 시스템 데이터를 회계전표로 변환한다

| 구매관리 시스템이란?

구매관리 시스템이란 구입처로의 발주를 등록하고 그 발주에 근거해 원자재나 상품을 검수하여 매입을 계상하는 프로세스를 관리하는 시스템이다.

구매관리 시스템은 발주, 매입 계상과 같은 업무를 관리하므로 각각의 업무 트랜잭션이 발생한다. 이중 발주업무에서 발생하는 발주 트랜잭션은 회계 거래에 해당하지 않으므로 회계 시스템에 연계할 필요는 없다.

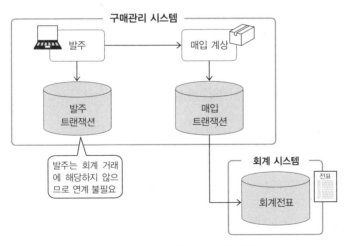

◆구매관리 시스템 업무 트랜잭션

| 매입 트랜잭션의 회계 시스템 연계

매입 트랜잭션은 입고에 의해 재고(원자재)라는 자산이 증가하고 외상매입금이라는 채무가 증가하는 회계 거래이다.

재고라는 자산의 증가는 회계 트랜잭션에서 차변 거래에 해당하고 채무 발생은 대변 거래에 해당하므로 매입 트랜잭션에서 아래 그림과 같은 회계전표가 회계 시스템에서 생성된다.

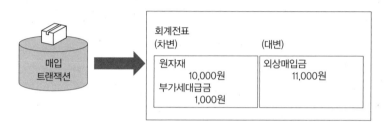

◆ **매입 트랜잭션을 회계전표로 변경한다**

위 그림은 10,000원의 원자재를 검수하여 매입 계상하는 회계전표의 사례이다.

원자재라는 자산이 10,000원 증가했으므로 차변에 계상하는 동시에 부가가치세를 부가세대급금이라는 과목을 이용해 1,000원(세율 10%)을 차변에 계상하게 된다. 그리고 11,000원의 외상매입금을 대변에 계상한다.

◆ **매입 트랜잭션에 관한 회계전표의 주요 항목**

[헤더 항목]

회계전표 항목	값	업무 시스템 항목
전표 번호	1000258	회계 시스템 쪽에 세팅
전표 날짜	2월 16일	검수 날짜

[전표명세의 차변 1]

회계전표 항목	값	업무 시스템 항목
계정과목	원자재	트랜잭션 유형에서 선정
부문	――	――
세금 구분	과세매입	회계 시스템 쪽에 세팅
금액	10,000	발주금액 (세금 제외)

[전표명세의 차변 2]

회계전표 항목	값	업무 시스템 항목
계정과목	부가세대급금	회계 시스템 쪽에 세팅
부문	──	──
세금 구분	과세매입	회계 시스템 쪽에 세팅
금액	1,000	회계 시스템 쪽에 세팅

[전표명세의 대변]

회계전표 항목	값	업무 시스템 항목
계정과목	외상매입금	트랜잭션 유형에서 선정
부문	──	──
세금 구분	비과세	회계 시스템 쪽에 세팅
금액	11,000	발주금액 (세금 포함)

전표 번호는 회계 시스템 중에서 독자적으로 부여한다. 구매관리 시스템의 트랜잭션 번호와 참조 가능성을 확보해두는 것이 중요하다.

전표 날짜는 구매관리 시스템에 대한 검수일로 한다.

계정과목은 구매관리 시스템의 트랜잭션 유형(이 경우는 매입계상)에서 자동으로 선택한다. 즉, 트랜잭션이 매입 계상이면 차변은 원자재 계정, 대변은 외상매입금 계정으로 한다는 정의를 미리 규칙으로 정한 뒤 구매관리 시스템에서 회계 시스템에 연계할 때 그 규칙을 적용하여 회계전표를 작성한다.

부문은 그 손익이 발생한 부문을 업무 트랜잭션에서 받아 세팅한다.

일반적으로 자산과 부채에는 부문을 붙이지 않으므로 원자재, 부가세대급금, 외상매입금 명세에는 부문을 붙이지 않는다.

세금 구분은 회계 시스템 쪽에서 판단하여 값을 세팅한다. 이 경우는 전표명세의 차변이 과세매입 거래가 되므로 대변 원자재 명세의 세금 구분에 과세매입을 세팅한다.

금액은 구매관리 시스템에서 발주금액을 연계하여 계상한다. 원자재는 세금제외금액으로 계상하고 외상매입금은 세금포함금액으로 계상한다. 부가세대급금은 회계 시스템으로 세액을 계산하여 세팅한다.

또한 구매관리 시스템의 매입 계상 트랜잭션은 재고관리 시스템의 입고 트랜잭션에도 연계하여 원자재 재고의 수입처리를 동시에 실행한다.

구매관리 시스템에 따라서는 매입 트랜잭션을 검수와 별도의 트랜잭션으로 처리하는 것도 있다.

또한 구매관리 시스템에는 반품이나 가격인하와 같은 회계 거래에 해당하는 트랜잭션이 있는데 그것들도 상기의 매입계상과 같은 개념으로 회계 시스템에 연계한다.

5-4

재고관리 시스템과 연계

재고관리 시스템 데이터를 회계전표로 변환한다

| 재고관리 시스템이란?

재고관리 시스템이란 원자재나 제품, 상품 등의 재고 입고나 출고에 관한 정보를 파악하고 재고 잔고를 관리하는 시스템이다.

재고관리 시스템에는 구매품 수입, 제조공정 내 원자재 출고, 창고 간의 재고 이동, 완제품의 입고와 같은 주요 업무가 있으며 각각의 업무 트랜잭션이 발생한다. 그리고 그것들의 업무 트랜잭션은 시스템에서 재고의 입고처리와 출고처리로 구분하여 취급하게 된다. 즉, 구매품 수입, 완제품 입고, 창고 간 이동에 의한 재고 수입 등은 시스템에서 입고로 취급하고, 제조 공정에의 원자재 출고, 창고 간 이동을 위한 재고 출고, 제품 출고에 의한 이동, 반품에 의한 출고, 재고 조사에 근거한 반품 출고, 폐기에 의한 재고 출고 등은 시스템에서 출고로 취급한다.

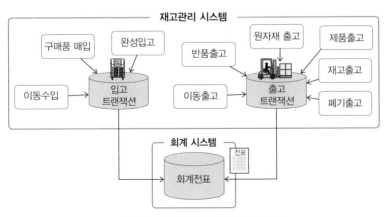

◆재고관리 시스템의 업무 트랜잭션

165

이러한 재고관리 시스템에서의 입고/출고 트랜잭션은 회계 거래에 해당하므로 회계 시스템에 연계한다.

이 장에서는 출고 트랜잭션 중 원자재 출고 트랜잭션을 예로 들어 설명한다. 또한 기타 입출고 트랜잭션에 의한 회계 시스템과의 연계에 대해서는 아래에 표기한 페이지를 참조하길 바란다.

- 제품 출고에 의한 출고 트랜잭션 → 판매관리 시스템 (155페이지)
- 구매품 매입에 의한 입고 트랜잭션 → 구매관리 시스템 (161페이지)
- 제품 완성에 의한 입고 트랜잭션 → 생산관리 시스템 (169페이지)

▌원자재 출고 트랜잭션의 회계 시스템 연계

원자재 출고 트랜잭션은 원자재 출고로 인해 원자재라는 자산이 감소하고 재공품이라는 자산이 증가하는 회계 거래이다.

원자재라는 자산의 감소는 회계 트랜잭션에서는 대변 거래에 해당하고 재공품의 증가는 차변 거래에 해당하므로 출고 트랜잭션으로부터 아래 그림과 같은 회계전표가 회계 시스템에서 생성된다.

◆ 원자재 지출 트랜잭션을 회계전표로 변경한다

위 그림은 1,000원짜리 원자재 10개를 창고에서 출고하여 제조공정에 지출한 회계전표의 사례이다. 회계 시스템에는 10,000원이라는 금액으로 연계한다. 재공품이라는 자산이 10,000원 증가했으므로 차변에 계상하고 또한 원자재라는 자산이 10,000원 감소했으므로 대변에 계상한다.

다음은 회계 트랜잭션과 회계전표를 구성하는 주요 항목과 업무 시스템에 관련된 항목을 설명한다.

◆원자재 지출 트랜잭션에 관한 회계전표의 주요 항목

[헤더 항목]

회계전표 항목	값	업무 시스템 항목
전표 번호	1000259	회계 시스템 쪽에 세팅
전표 날짜	2월 16일	출고 날짜

[전표명세의 차변]

회계전표 항목	값	업무 시스템 항목
계정과목	재공품	트랜잭션 유형에서 선정
부문	――	――
세금 구분	비과세	회계 시스템 쪽에서 세팅
금액	10,000	재고금액

[전표명세의 대변]

회계전표 항목	값	업무 시스템 항목
계정과목	원자재	트랜잭션 유형에서 선정
부문	――	――
세금 구분	비과세	회계 시스템 쪽에서 세팅
금액	10,000	재고금액

전표 번호는 회계 시스템 내에서 독자적으로 부여한다.

전표 날짜는 재고관리 시스템의 출고일로 한다.

계정과목은 재고관리 시스템의 트랜잭션 유형(이 경우는 원자재 출고)에서 자동으로 선택한다. 즉, 트랜잭션이 원자재 출고이면 차변은 재공품 계정, 대변은 원자재 계정으로 한다는 정의를 미리 규칙으로 정하고 재고관리 시스템에서 회계 시스템으로 연계할 때 그 규칙을 적용하여 회계전표를 작성한다.

부문은 그 손익이 발생한 부문을 업무 트랜잭션에서 받아 세팅한다.

일반적으로 자산과 부채에는 부문을 붙이지 않으므로 본 사례에서도 원자재, 재공품 명세에는 부문을 붙이지 않는다.

세금 구분은 회계 시스템 쪽에서 판단하여 값을 세팅한다. 본 사례의 경우는 재고에서 재고로, 회사 내부에서 대체한 것이니 과세 거래에 해당하지 않는다. 즉, 비과세인 것이다.

금액은 재고관리 시스템에서 관리하고 있는 지불단가에 수량을 곱한 금액이 된다. 지불단가는 그 회사가 정하는 재고의 평가방법(평균법, 선입선출법, 개별법 등)에 따라 계산된 단가가 적용된다.

또 재고관리 시스템의 원자재 출고 트랜잭션은 생산관리 시스템의 원자재 투입 트랜잭션에도 연계하여 원자재 공정으로 투입처리를 동시에 실행한다.

또한 재고관리 시스템에는 반품이나 폐기 등 회계 트랜잭션이 발생하는데, 그것들도 원자재 출고와 같은 개념으로 회계 시스템에 연계한다.

5-5 생산관리 시스템과 연계

생산관리 시스템 데이터를 회계전표로 변환한다

생산관리 시스템이란?

생산관리 시스템이란 생산을 지시하거나 생산 과정을 관리하고 생산에 관한 데이터를 관리하는 등 생산 활동을 전반적으로 관리하는 시스템이다.

생산관리 시스템은 제조 지시, 원자재 투입, 작업 보고, 완성 보고 등의 업무를 관리하며 각각 업무 트랜잭션이 발생한다. 이중 제조 지시에서 발생하는 제조 지시 트랜잭션은 회계 처리에 해당하지 않으므로 회계 시스템에 연계할 필요는 없다.

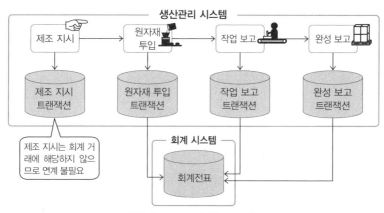

◆ **생산관리 시스템 업무 트랜잭션**

여기에서는 작업 보고 업무에 의한 노무비의 재공품 계상, 완성 보고 업무에 의한 제품의 완성 계상에 대해서 설명한다. 또한 원자재 투입 업무의 회계 시스템 연계에 대해서는 165페이지에서 설명한 재고관리 시스템과의 연계 내용을 참조하길 바란다.

169

작업 보고 트랜잭션의 회계 시스템 연계

작업 보고 트랜잭션은 작업 보고에 의해 재공품이라는 자산이 증가하여 노무비라는 비용이 발생하는 회계 거래이다.

재공품이라는 자산의 증가는 회계 트랜잭션에서는 차변 거래에 해당하고, 노무비라는 비용의 발생은 대변 거래에 해당하므로 작업 보고 트랜잭션에서 아래 그림과 같은 회계전표가 회계 시스템에서 생성된다.

◆**작업 보고 트랜잭션을 회계전표로 변경한다**

위 그림은 10시간의 작업시간을 보고하고 작업단가가 1,000원인 경우를 상정하고 있다. 회계 시스템에는 10,000원이라는 금액으로 연계한다.

재공품이라는 자산이 10,000원 증가했으므로 차변에 계상하고 노무비라는 비용이 10,000원 감소했으므로 대변에 계상한다.

아래는 회계 트랜잭션과 회계전표를 구성하는 주요 항목과 업무 시스템이 관련된 항목을 설명한다.

◆**작업 보고 트랜잭션에 관한 회계전표의 주요 항목**

[헤더 항목]

회계전표 항목	값	업무 시스템 항목
전표 번호	1000259	회계 시스템 쪽에서 세팅
전표 날짜	2월 16일	작업 보고 날짜

[전표명세의 차변]

회계전표 항목	값	업무 시스템 항목
계정과목	재공품	트랜잭션 유형에서 선정
부문	——	——
세금 구분	비과세	회계 시스템 쪽에서 세팅
금액	10,000	작업시간 × 노무단가

[전표명세의 대변]

회계전표 항목	값	업무 시스템 항목
계정과목	노무비	트랜잭션 유형에서 선정
부문	조립작업과	제조부문
세금 구분	비과세	회계 시스템 쪽에서 세팅
금액	10,000	작업시간 × 노무단가

전표 번호는 회계 시스템 내에서 독자적으로 부여한다.

전표 날짜는 생산관리 시스템에 대해 작업 보고를 한 날로 한다.

계정과목은 생산관리 시스템의 트랜잭션 유형(이 경우는 작업 보고)에서 자동으로 선택한다. 즉, 트랜잭션이 작업 보고라면 차변은 재공품 계정, 대변은 노무비 계정으로 한다는 정의를 미리 규칙으로 정하고 생산관리 시스템에서 회계 시스템으로 연계 시 그 규칙을 적용하여 회계전표를 작성한다.

부문은 그 손익이 발생한 부문을 업무 트랜잭션에서 받아 세팅한다. 노무비 명세에는 작업 보고 트랜잭션에서 받은 부문을 세팅한다. 생산관리 시스템과 회계 시스템에서 공통 부문 마스터를 사용하는 것이 바람직하다. 일반적으로 자산, 부채에는 부문을 붙이지 않으므로 재공품 명세에는 부문을 붙이지 않는다.

세금 구분은 회계 시스템 쪽에서 판단하여 값을 세팅한다. 본 사례의 경우, 비용에서 재고로, 회사 내부에서 대체한 것이니 과세 거래에 해당하지 않는다. 즉, 비과세인 것이다. 금액은 생산관리 시스템에서 작업 보고 시간에 노무단가를 곱하여 계산하고 회계 시스템이 그것을 받아 분개항목으로 세팅한다.

완성 보고 트랜잭션의 회계 시스템 연계

완성 보고 트랜잭션은 작업 지시의 완성 보고에 의해 제품이라는 자산이 증가하여 그 제품에 대응하는 자산인 재공품이 감소하는 회계 거래이다.

제품이라는 자산의 증가는 회계 트랜잭션에서 차변 거래에 해당하고 재공품이라는 자산의 감소는 대변 거래에 해당하므로 완성 보고 트랜잭션에서 아래 그림과 같은 회계전표가 회계 시스템에서 생성된다.

◆완성 보고 트랜잭션을 회계전표로 변경한다

위 그림은 완성 보고에 의해 표준원가 기준으로 10,000원의 제품이 완성 입고된 회계전표의 사례이다. 제품이라는 자산이 10,000원 증가했으므로 차변에 계상하고 실적원가 9,000원인 재공품이라는 자산이 감소했으므로 차변에 계상한다. 제품원가와 재공품의 차액은 원가차익으로 처리한다.

다음은 회계 트랜잭션과 회계전표를 구성하는 주요 항목과 업무 시스템의 관련성을 설명한다.

◆완성 보고 트랜잭션에 관한 회계전표의 주요 항목

[헤더 항목]

회계전표 항목	값	업무 시스템 항목
전표 번호	1000325	회계 시스템 쪽에서 세팅
전표 날짜	2월 16일	완성 보고 날짜

[전표명세의 차변]

회계전표 항목	값	업무 시스템 항목
계정과목	제품	트랜잭션 유형에서 선정
부문	——	——
세금 구분	비과세	회계 시스템 쪽에 세팅
금액	10,000	완성 원가 (표준원가)

[전표명세의 대변 1]

회계전표 항목	값	업무 시스템 항목
계정과목	재공품	트랜잭션 유형에서 선정
부문	——	——
세금 구분	비과세	회계 시스템 쪽에 세팅
금액	9,000	완성 원가 (실적원가)

[전표명세의 대변 2]

회계전표 항목	값	업무 시스템 항목
계정과목	원가차익	회계 시스템 쪽에 세팅
부문	조립작업부	제조부문
세금 구분	비과세	회계 시스템 쪽에 세팅
금액	1,000	제조원가와 재공품 원가의 차액

전표 번호는 회계 시스템 내에서 독자적으로 부여한다.

전표 날짜는 생산관리 시스템의 완성 보고일로 한다.

계정과목은 생산관리 시스템의 트랜잭션 유형(이 경우는 완성 보고)에서 자동으로 선택한다. 즉, 트랜잭션이 완성 보고라면 차변은 제품 계정, 대변은 재공품 계정으로 한다. 만약 제품원가와 재공품의 원가에 차액이 있는 경우, 그것이 유리차익(실적원가 쪽이 제품원가보다 작은 경우)라면 대변에 원가차익 계정, 불리차익(실적원가 쪽이 제품원가보다 큰 경우)은 차변에 원가차손 계정으로 계상한다는 정의를 미리 규칙으로 정하고, 생산관리 시스템에서 회계 시스템에 연계할 때 그 규칙을 적용하여 회계전표를 작성한다.

부문은 그 손익이 발생한 부문을 업무 트랜잭션에서 받아 세팅한다. 원가차익의 명세에는 완성 보고 트랜잭션에서 받은 부문을 세팅한다. 일반적으로 자산과 부채에는 부문을 붙이지 않으므로 제품, 재공품의 명세에는 부문을 붙이지 않는다.

세금 구분은 회계 시스템 쪽에서 판단하여 값을 세팅한다. 본 사례의 경우는 재고에서 재고로, 회사 내부에서 대체되어 과세 거래에 해당하지 않으므로 비과세가 된다.

금액은 제품은 완성 보고한 작업 지시에 집계된 표준원가 기준의 완성품 원가로, 재공품이 완성 보고한 작업 지시에 집계된 실적원가 기준의 완성원가, 원가차이는 양자의 차액이다.

또한 생산관리 시스템에는 앞서 설명한 내용 이외에도 다양한 회계 거래에 해당하는 트랜잭션을 가진 것도 있는데 그것들도 작업 보고, 완성 보고와 같은 개념으로 회계 시스템에 연계하면 된다.

5-6 채권관리 시스템과 연계

채권관리 시스템 데이터를 회계전표로 변환한다

▌채권관리 시스템이란?

채권관리 시스템이란, 외상매출금, 미수금 등의 채권 정보를 파악하고 수금(회수)을 지원하는 등 채권 잔고를 관리하는 시스템이다.

채권관리 시스템에는 채권 계상, 수금(회수)과 같은 업무가 있으며 각각의 업무 트랜잭션이 발생한다. 이번 장에서는 수금(회수) 업무에 의한 채권의 수금(회수) 계상에 대해서 설명한다. 또한 채권 계상 업무에 의한 회계 시스템 연계에 대해서는 155페이지에서 설명한 판매관리 시스템과의 연계를 참조하기 바란다.

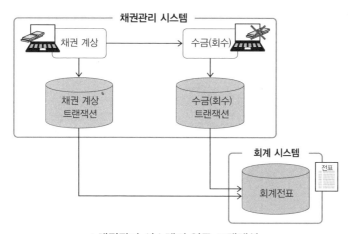

◆채권관리 시스템의 업무 트랜잭션

▌수금 회수 트랜잭션의 회계 시스템 연계

수금 회수 트랜잭션은 입금에 의해 현금예금(보통예금이나 당좌예금, 받을어음)이

175

라는 자산이 증가하고 수금 회수에 인한 채권(외상매출금이나 미수금)이라는 자산이 감소하는 회계 거래이다.

현금예금이나 받을어음이라는 자산의 증가는 차변 거래에 해당하고 외상매출금이나 미수금이라는 자산의 감소는 대변 거래에 해당하므로 수금 회수 트랜잭션에서 아래 그림과 같은 회계전표가 회계 시스템으로 생성된다.

◆ 수금 회수 트랜잭션을 회계전표로 변경한다

위 그림은 고객으로부터 10,000원의 입금이 보통예금 계좌에 있던 것을 확인하고 10,000원의 외상매출금을 수금한 회계전표의 사례이다. 보통예금이라는 자산이 10,000원 증가했으므로 차변에 계상하고 외상매출금이라는 자산이 10,000원 감소했으므로 대변에 계상한다. 다음에서 회계 트랜잭션과 회계전표를 구성하는 주요 항목과 업무 시스템에 관련된 항목을 설명한다.

◆ 수금 회수 트랜잭션에 관한 회계전표의 주요 항목

[헤더 항목]

회계전표 항목	값	업무 시스템 항목
전표 번호	1000256	회계 시스템 쪽에 세팅
전표 날짜	2월 16일	입금일

[전표명세의 차변]

회계전표 항목	값	업무 시스템 항목
계정과목	보통예금	트랜잭션 유형에서 선정
부문	——	——
세금 구분	비과세	회계 시스템 쪽에 세팅
금액	10,000	입금금액 (수금한 금액)

[전표명세의 대변]

회계전표 항목	값	업무 시스템 항목
계정과목	외상매출금	트랜잭션 유형에서 선정
부문	——	——
세금 부문	비과세	회계 시스템 쪽에 세팅
금액	10,000	입금금액 (취소된 채권금액)

전표 번호는 회계 시스템 내에서 독자적으로 부여한다.

전표 날짜는 채권관리 시스템에서의 입금일로 한다.

계정과목은 채권관리 시스템의 트랜잭션 유형(이 경우는 수금 회수)에서 자동으로 선택한다. 즉, 트랜잭션이 수금 회수이면 차변은 보통예금 계정, 대변은 외상매출금으로 한다는 정의를 미리 규칙으로 정해두고 채권관리 시스템에서 회계 시스템으로 연계할 때 그 규칙을 적용하여 회계전표를 작성한다.

부문은 그 손익이 발생한 부문을 업무 트랜잭션에서 받아 세팅한다. 일반적으로 자산과 부채에는 부문을 붙이지 않으므로 보통예금, 외상매출금 명세에는 부문을 붙이지 않는다.

세금 구분은 회계 시스템 쪽에서 판단하여 값을 세팅한다. 본 사례의 경우는 외상매출금의 결제 거래로 과세거래에 해당하지 않으므로 비과세이다.

금액은 수금 대상인 외상매출금 금액, 즉 입금액으로 채권관리 시스템에서 취득한 값을 회계 시스템이 수취한 분개항목으로 세팅한다.

또한 채권관리 시스템에는 상기 이외에도 환불이나 변제, 대손처리, 받을어음 계상, 받을어음의 현금화라는 회계 거래에 해당하는 트랜잭션이 있는데 그것들도 상기 수금 회수와 같은 개념으로 회계 시스템에 연계한다.

채무관리 시스템과 연계

채무관리 시스템 데이터를 회계전표로 변환한다

채무관리 시스템이란?

채무관리 시스템이란, 외상매입금, 미지급금 등의 채무 정보를 파악하고 지급업무를 지원함으로써 채무 잔고를 관리하는 시스템이다.

채무관리 시스템은 채무 계상, 지급 승인, 지급 등의 업무를 관리하며 각각의 업무 트랜잭션이 발생한다. 이 중, 지급 승인 업무에서 발생하는 트랜잭션은 회계 거래에 해당하지 않으므로 회계 시스템에 연계할 필요는 없다.

이 장에서는 지급업무에 의한 채무 반제 계상에 대해서 설명한다. 또한 채무 계상 업무에 의한 채무 계상의 회계 시스템 연계에 대해서는 161페이지에서 설명한 구매관리 시스템과의 연계를 참조하길 바란다.

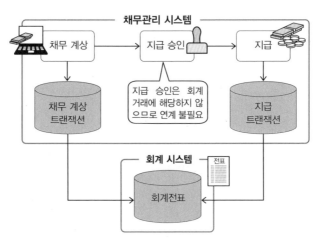

◆채무관리 시스템의 업무 트랜잭션

▎지불 트랜잭션의 회계 시스템 연계

　지불 트랜잭션은 지급에 의해 현금예금(보통예금이나 당좌예금)이라는 자산이 감소하고 지급에 의해 채무(외상매입금이나 미지급금)라는 채무가 감소하는 회계 거래이다.

　현금예금이라는 자산의 감소는 대변 거래에 해당하고 외상매입금이나 미지급금이라는 채무의 감소는 대변 거래에 해당하므로 지불 트랜잭션에서 아래 그림과 같은 회계전표가 회계 시스템에서 생성된다.

◆**지불 트랜잭션을 회계전표로 변경한다**

　위 그림은 10,000원의 외상매입금을 반제하고 보통예금 계좌에서 매입처로 10,000원을 지불한 회계전표의 사례이다. 보통예금이라는 자산이 10,000원 감소했으므로 대변에 계상하고 외상매입금이라는 채무가 10,000원 감소했으므로 차변에 계상한다.

　아래에 회계 트랜잭션과 회계전표를 구성하는 주요 항목과 업무 시스템에 관련된 항목을 설명한다.

◆**지불 트랜잭션에 관한 회계전표의 주요 항목**

[헤더 항목]

회계전표 항목	값	업무 시스템 항목
전표 번호	1000256	회계 시스템 쪽에 세팅
전표 날짜	2월 16일	지급일

회계전표 항목	값	업무 시스템 항목
계정과목	외상매입금	트랜잭션 유형에서 선정
부문	——	
세금 구분	비과세	회계 시스템 쪽에 세팅
금액	10,000	지급금액 (반제된 채무금액)

[전표명세의 대변]

회계전표 항목	값	업무 시스템 항목
계정과목	보통예금	트랜잭션 유형에서 선정
부문	——	——
세금 구분	비과세	회계 시스템 쪽에 세팅
금액	10,000	지급금액 (반제된 채무금액)

전표 번호는 회계 시스템 내에서 독자적으로 부여한다.

전표 날짜는 채무관리 시스템에서의 지급일로 한다.

계정과목은 채무관리 시스템의 트랜잭션 유형(이 경우는 지급)에서 자동으로 선택한다. 즉, 트랜잭션이 지급이라면 차변은 외상매입금 계정, 대변은 보통예금 계정으로 한다는 정의를 미리 규칙으로 정하고 채무관리 시스템에서 회계 시스템으로 연계할 때 그 규칙을 적용하여 회계전표를 작성한다.

부문은 그 손익이 발생한 부문을 업무 트랜잭션에서 받아 세팅한다. 일반적으로 자산과 채권에는 부문을 붙이지 않는 회사가 많으므로 본 예시에도 외상매입금, 보통예금 명세에는 부문을 붙이지 않는다.

세금 구분은 회계 시스템 쪽에서 판단하여 값을 세팅한다. 본 사례의 경우는 외상매입금의 결제 거래이고 과세 거래에 해당하지 않으므로 비과세가 된다. 금액은 반제 대상의 외상매입금 금액, 즉 지급액으로 채무관리 시스템에서 취득한 값을 회계 시스템이 받아 분개항목으로 세팅한다. 또한 채무관리 시스템에는 상기 이외에도 환불이나 변제, 대손처리, 지급어음 계상, 지급어음의 현금화라는 회계 거래에 해당하는 트랜잭션이 있는데, 그것들도 상기의 지급과 같은 개념으로 회계 시스템에 연계한다.

5-8 경비관리 시스템과 연계

경비관리 시스템 데이터를 회계전표로 변환한다

▌경비관리 시스템이란?

경비관리 시스템이란, 종업원의 대급경비정산이나 일반경비의 구매관리에 특화된 시스템이다. 경비관리 시스템의 사양은 다양한데, 보통 **대급경비정산**에서는 신청, 승인, 지불과 같은 업무가 있는 것이 일반적이며 각각의 업무 트랜잭션이 발생한다.

대급경비정산은 종업원이 경비정산을 신청한 뒤 상사가 신청을 승인하고, 지불 및 승인된 대급경비를 종업원의 계좌에 이체하여 정산하는 것을 상정한다.

이 중 신청과 승인 업무에서 발생하는 신청 트랜잭션과 승인 트랜잭션은 회계 거래에 해당하지 않으므로 회계 시스템에 연계할 필요는 없다.

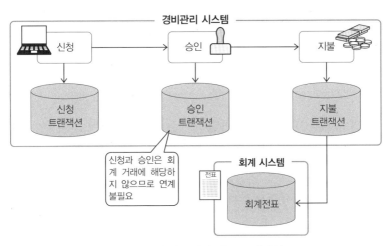

◆경비관리 시스템의 업무 트랜잭션

▌지불 트랜잭션의 회계 시스템 연계

지불 트랜잭션은 지급에 의해 현금예금(보통예금이나 당좌예금)이라는 자산이 감소하고 경비라는 비용이 발생하는 회계 거래이다.

현금예금이라는 자산의 감소는 회계 트랜잭션에서는 대변 거래에 해당하고 비용의 발생은 차변 거래에 해당하므로 지불 트랜잭션에서는 아래 그림과 같은 회계전표가 회계 시스템으로 생성된다.

◆ **지불 트랜잭션을 회계전표로 변경한다**

위 그림은 종업원이 대신 지불한 교통비 10,000원을 보통예금 계좌에서 종업원의 계좌로 이체 및 정산한 회계전표이다. 여비교통비라는 비용이 10,000원 발생했으므로 차변에 계상하고 동시에 본 거래는 과세 거래이므로 부가세대급금이라는 자산이 1,000원(세율 10%) 증가하므로 차변에 계상하며 보통예금이라는 자산이 11,000원 감소했으므로 대변에 계상한다.

지금부터 이 지불 트랜잭션과 회계전표를 구성하는 주요 항목과 업무 시스템의 관련 항목을 설명한다.

◆ **지불 트랜잭션에 관한 회계전표의 주요 항목**

[헤더 항목]

회계전표 항목	값	업무 시스템 항목
전표 번호	1000260	회계 시스템 쪽에 세팅
전표 날짜	2월 16일	지불일

[전표명세의 차변 1]

회계전표 항목	값	업무 시스템 항목
계정과목	여비교통비	경비정산 시스템 쪽에 지정
부문	영업 2부	신청부문
세금 구분	과세매입	경비정산 시스템 쪽에 지정
금액	10,000	정산금액 (세금 제외)

[전표명세의 차변 2]

회계전표 항목	값	업무 시스템 항목
계정과목	부가세대급금	회계 시스템 쪽에 세팅
부문	——	——
세금 구분	과세매입	회계 시스템 쪽에 세팅
금액	1,000	회계 시스템 쪽에 세팅

[전표명세의 대변]

회계전표 항목	값	업무 시스템 항목
계정과목	보통예금	트랜잭션 유형에서 선정
부문	——	——
세금 구분	비과세	회계 시스템 쪽에 세팅
금액	11,000	정산금액(세금 포함)

전표 번호는 회계 시스템에서 독자적으로 부여한다.

전표 날짜는 경비정산 시스템에서의 지급일로 한다.

계정과목은 경비정산 시스템의 트랜잭션 유형(이 경우는 지급)에서 자동으로 선택한다. 즉, 트랜잭션이 지불이라면 차변은 경비계정, 대변은 보통예금 계정이 된다는 정의를 미리 규칙으로 정하고 경비정산 시스템에서 회계 시스템에 연계할 때 그 규칙을 적용하여 회계전표를 작성한다. 단, 어느 경비과목을 사용할지는 경비정산 시스템 쪽에서 대급 신청 시마다 개별적으로 지정한 계정과목을 회계 시스템이 받아 세팅하게 된다.

부문은 그 손익이 발생한 부문을 업무 트랜잭션에서 받아 세팅한다. 여비교통비 명세에는 경비정산 트랜잭션에서 받은 부문을 세팅한다. 자산과 부채에는 부문을 붙이지 않으므로 보통예금, 부가세대급금 명세에는 부문이 붙지 않는다.

세금 구분은 회계 시스템 쪽에서 판단하여 값을 세팅한다. 단, 경비정산 시스템과 연계한 경우는 해당 거래가 과세 거래인지 비과세 거래인지, 경감세율의 적용 대상인지는 경비정산 시스템에서 판단하고, 회계 시스템은 경비정산 시스템의 지불 트랜잭션에서 값을 받아 세팅한다. 이 경우는 전표명세 차변이 과세매입 거래가 되므로 차변의 여비교통비 명세의 세금 구분에 과세매입을 세팅한다.

금액은 경비정산 시스템에서 정산금액을 연계하고 계상한다. 여비교통비는 세금제외금액으로 계상하고 보통예금은 세금포함금액으로 계상한다. 부가세대급금은 회계 시스템에서 세액을 계산하여 세팅한다.

또한 경비정산 시스템에 따라서는 경비정산 시스템 자체에서는 지급하지 않고, 지불 트랜잭션을 채무관리 시스템의 채무 계상 트랜잭션에도 연계하여 채무관리 시스템에서 실제로 지불하는 경우도 있다.

5-9 회계 시스템에서 다른 시스템으로 연계

회계 시스템 정보를 다른 시스템에서 활용한다

▌회계 시스템 정보를 다른 시스템에 연계하는 경우

지금까지는 주변 업무 시스템에서 회계 시스템으로 정보를 연계하는 경우에 대해서 설명했는데, 여기에서는 회계 시스템에서 다른 시스템으로 회계 데이터를 연계하는 경우에 대하여 설명한다. 회계 시스템 도입 시에 회계 시스템에서 다른 시스템으로 연계가 필요한 것은 다음과 같다.

① 사업부의 회계 시스템을 전사 회계 시스템에 데이터 연계한다.
② 자회사의 회계 시스템에서 모회사의 연결 회계 시스템에 데이터 연계한다.
③ 회계 시스템에서 BI(Business Inteligence : 비즈니스 인텔리전스) 시스템에 데이터 연계한다.

상기 ①~③ 이외에도 회계 시스템에서 다른 시스템으로 연계하는 경우는 있다. 어느 경우라도 회계 시스템에서 총계정원장 데이터를 추출하여 다른 시스템으로 연계하는 것이 처리의 중심이 된다.

◆ 회계 시스템에서 다른 시스템으로 데이터 연계

185

여기서부터 ①~③의 연계 유형에 대하여 상세하게 알아보자.

회계 시스템에서 회계 시스템으로의 데이터 연계란?

사업부문의 회계 시스템을 도입하여 운용하고 있는 경우, 사업부문의 회계 시스템에서 전사 회계 시스템에 데이터를 연계해야 할 상황이 발생한다.

원래는 앞 장에서 설명한 바와 같이 사업부문의 업무 시스템에서 발생한 회계 트랜잭션 데이터를 전사 회계 시스템으로 연계해야 한다. 하지만 사업부문의 회계 시스템으로 회계 데이터를 변환한 후 그 회계 데이터를 전사 회계 시스템에 연계하는 쪽이 효율적인 경우가 많다.

회계 시스템에 데이터 연계 시 검토 포인트

사업부 내의 회계 시스템에서 전사 회계 시스템으로 데이터를 연계하는 경우에는 주로 다음의 사항을 검토할 필요가 있다.

● 연계 범위

보통은 총계정원장의 모든 회계 데이터를 연계하지만, 일부 회계 데이터만을 연계하는 경우도 있다. 예를 들어 데이터량이 많은 판매나 구매, 재고 관련 회계 데이터만을 연계하는 경우 등이다.

또한 원칙적으로 모든 분개를 연계하기는 하지만 전사에서 급여 시스템이나 고정자산 시스템 등을 운용하여 전체적으로 통일된 회계 처리가 실현되고 있는 경우에는 인건비나 고정자산에 관련된 회계 데이터는 제외하고 연계하는 경우도 있다.

● 계정과목 등 기본 마스터 항목의 변환 방법

연계되는 회계 시스템과 연계받는 회계 시스템이 모두 같은 계정과목, 부문 등을 사용하면 데이터를 그대로 연계할 수 있지만 서로 독자적인 마스터를 설정하고 있는 경우에는 마스터 항목을 변환하는 구조를 검토해야 한다.

● 분개 방식의 차이

동일한 회계 거래라도 회계 시스템에 저장한 분개 방식이 연계하는 회계 시스템과 연계받는 회계 시스템이 서로 다른 경우가 있다. 예를 들어 고정자산의 감가상각 누계액 처리방법이 한쪽은 직접법, 다른 한쪽은 간접법인 경우이다.

구체적으로는 연계하는 회계 시스템에서는 고정자산의 취득가액에서 감가상각누계액을 공제하는 직접법인 데 반해 연계받는 회계 시스템에서는 고정자산의 취득가액을 자산으로 계상하여 감가상각누계액을 자산에서 공제하는 간접법에 따라 처리하는 경우이다.

◆ 감가상각 분개의 방식 차이 예

연계하는 회계 시스템 (직접법)

(차변)	감가상각비	880,000	(대변)	기계장치	50,000

연계받는 회계 시스템 (간접법)

(차변)	감가상각비	80,000	(대변)	기계장치 감가상각누계액	50,000

직접법과 간접법에서는 대변의 계정과목이 다르다. 이와 같이 분개 방식이 다른 경우에는 연계하는 회계 시스템에 연계받는 회계 시스템의 분개 방식을 상호 맞추는 등 분개 방식의 차이를 흡수하여 데이터 연계하는 방법을 검토해야 한다.

● 전표 데이터의 형식 차이(복합분개인지, 단일분개인지)

회계 시스템에 따라서는 복합분개(다대다 분개)가 가능한 시스템과 단일분개(일대일 분개)만 인정되는 시스템이 있다.

연계하는 회계 시스템이 단일분개인 데 반해 연계받는 회계 시스템이 복합분개가 가능한 시스템이라면 특별히 변환과 같은 처리는 필요하지 않으며 그대로 전표 데이터 형식으로 연계 가능하다.

그와 반대로, 연계하는 회계 시스템이 복합분개인 데 반해 연계받는 회계 시스템이 단일분개만 허가되는 시스템이라면 복합분개의 회계 데이터를 단일분개의 데이터 형식으로 변환하여 연계해야 한다. 그러한 경우에는 다음 페이지처럼 제좌라는 임시 계정과목을 사용하여 복합 분개를 단일분개로 분해해야 한다.

◆**복합분개를 단일분개로 변환하는 예**

복합분개

(차변)	소모품비	30,000	(대변)	보통예금	33,000
	부가세대급금	3,000			

⬇

단일분개

(차변)	소모품비	30,000	(대변)	제좌	30,000
(차변)	제좌	33,000	(대변)	보통예금	33,000
(차변)	부가세대급금	3,000	(대변)	제좌	3,000

● **부가가치세 처리 방법의 차이**

부가가치세 처리 방법은 회계 시스템에 따라 다양한 차이가 있다.

특히 세금 구분이나 세율 잡는 방법에 차이가 있으면 그 차이를 흡수하여 데이터를 연계하지 않으면 부가가치세를 제대로 신고할 수 없으므로 주의해야 한다.

● **연계 시점**

연계하는 회계 시스템에서 연계받는 회계 시스템에 어느 시점에서 연계할지를 검토해야 한다. 구체적으로는 일차연계, 월차연계, 실시간 연결 등을 생각할 수 있다.

회계 시스템 간의 연계인 경우는 월차로 연계하는 일이 많지만, 연계받는 회계 시스템의 운용 방법에 따라서는 일차연계도 있을 수 있다.

● **명세 데이터 연계와 잔고 데이터 연계**

총계정원장의 회계전표 명세 페이지의 데이터로 연계할 것이지 그것들을 계정과목별로 집계한 잔고 기반 데이터로 연계할 것이지를 검토해야 한다. 연계받는 회계 시스템에서 연계하는 회계 데이터를 어떻게 활용할 것인지에 따라서 결정하는 경우가 많지만 단순히 연계 데이터 크기의 제한 때문에 잔고 기반으로 연계하는 경우도 있다.

▎연결 회계 시스템으로 데이터 연계

연결 재무제표를 작성하고 있는 회사(모회사) 및 그 회사의 연결 대상이 되는 자회사에서는 결산 시에 회계 시스템으로부터 모회사의 **연결 회계 시스템에 데이터를 연계**하는 경우가 있다.

연계 방식은 연결 회계 시스템의 요구에 따르게 되며 여러 가지 형식을 생각할 수 있지만, 일반적으로는 다음과 같은 검토 포인트가 있다.

● 연계 범위

연결 회계 시스템에는 모든 계정과목에 관한 회계 데이터를 연계하는 것이 일반적이지만 그 연계가 관리 연결(법률로 요구되는 것이 아니라 경영관리가 목적인 연결결산)을 목적으로 하는 경우에는 손익계산서의 계정과목에 관련된 회계 데이터만을 연계 대상으로 하는 경우도 있다.

● 계정과목 등 기본 마스터 항목의 변환 방법

계정과목은 연결 회계 시스템 중 이용하고 있는 계정과목으로 변환하여 연계한다. 연결 회계 시스템 중에 연결 자회사의 계정과목을 연결 회계 시스템의 계정과목으로 변환하는 기능을 이용하고 있는 경우에는 연결 자회사의 회계 시스템 내에서 변환 없이 연계할 수 있다.

● 연계 시점

연계하는 회계 시스템에서 연결 회계 시스템으로는 연결 결산을 하는 시점에 데이터를 연계하게 된다.

통상은 분기 결산에서 연결 재무제표를 작성하므로 분기 결산마다 데이터를 연계한다. 단, 관리연결과 같이 월차로 연결 재무제표를 작성할 경우에는 월차로 데이터를 연계하게 된다.

● **명세 데이터 연계와 잔고 데이터 연계**

연결 회계 시스템에 대해서는 명세 데이터를 관리할 필요가 없으므로 잔고 기준의 데이터로 연계한다.

BI 시스템으로 데이터 연계

회계 시스템만으로는 할 수 없는 데이터 분석이나 리포팅을 하기 위해 **BI(Business Inteligence) 시스템**을 이용하는 경우가 있다. 그 경우에는 회계 시스템에서 BI 시스템으로 데이터를 연계하고 BI 시스템에 회계 데이터를 축적하여 보다 효율적으로 회계 데이터를 활용한다.

회계 시스템에서 BI 시스템으로의 데이터 연계는 회계 시스템끼리의 연계나 연결 회계 시스템으로의 연계와 같이 일반적인 검토 포인트 없이 BI 시스템이 요구하는 회계 데이터를 유연하게 추출하여 연계하는 것을 중요하게 여긴다.

따라서 회계 시스템끼리의 연계나 연결 회계 시스템으로의 연계와 달리 연계받는 시스템에서 어떠한 회계 처리를 할 수 있는 것은 아니므로 BI 시스템 쪽에서 목적으로 하는 데이터 분석 등이 용이한 형식으로 데이터를 연계하는 것이 요구된다.

제 **6** 장

회계 시스템 구축
프로젝트 진행 방법

시스템 개발방법론

과제 상황에 맞춘 개발방법론을 채택한다

일반적으로 알려진 시스템 개발방법론

시스템 개발방법론은 체계화된 소프트웨어를 만드는 방법에 대한 이론이다. 어떠한 원리나 의도, 관점에 근거하여 각종 방법, 절차, 수단을 통합한 체계로서 정의된다고 할 수 있다. 시스템 개발은 대체로 요건 정의→설계→구현→테스트라는 흐름으로 진행된다. 이 흐름은 어떠한 구조로 할지, 어떻게 효율적으로 실수 없는 프로그램을 만들지에 대해 생각하는 과정이다. 이를 위해 발상, 시점, 방법, 프로세스, 기술, 노하우, 규칙, 도구 등을 체계적이며 정합적으로 조합한 것이 곧 개발방법론이라고 할 수 있다.

워터폴형의 구축 방법

시스템 개발의 각 공정을 진행할 때 전 공정이 완료되어 승인을 받았을 때만 다음 공정으로 진행하는 것을 **워터폴형**이라고 한다. 워터폴은 폭포를 뜻하며 폭포가 상류에서 하류로 일방적으로 흘러 역류하지 않도록 재작업을 미연에 방지한다는 의미이다.

재작업하지 않는 방법을 역류하지 않는 폭포수에 비유해서 워터폴이라고 한다.

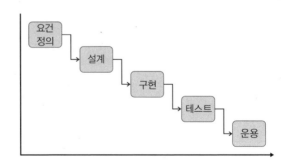

◆ 워터폴형 이미지

워터폴형의 특징

워터폴형 절차에서는 이용부문이 시스템을 확인하는 시점은 후공정(예 : 테스트 공정일 때 등)이 되어 버린다. 따라서 그 시점에서 의도했던 시스템과 다르다면 **재작업**을 해야 하는 상황이 발생하게 된다.

집짓기를 예로 들면, 마무리 단계에서 콘센트 수가 부족하다는 말을 들으면 설계부터 다시 해야 한다. 전 공정의 오류가 그대로 다음 공정으로 진행되면 바로잡는 데 많은 노력과 비용이 든다. 그래서 예전에는 워터폴형이 시스템 개발방법론의 왕도로 여겨졌지만, 시대의 변화와 함께 시스템 개발에 시간이 걸리는 경우나 경영의 환경 변화가 현저한 경우에는 적합하지 않다는 문제가 지적되고 있다.

환경 변화가 심한 시대에 워터폴형은 적합하지 않다

현대의 비즈니스 환경을 단적으로 나타내는 신조어에 VUCA(부카)라는 단어가 자주 거론되고 있다. VUCA는 Volatility(변동성), Uncertainty(불확실성), Complexity (복잡성), Ambiguity(애매성)의 머리글자를 따서 만든 단어로, 변화가 심해지면서 불확실성이 높아 혼란스러워진 세상의 모습을 의미한다. 이러한 시대의 시스템 개발에는 워터폴형이 적합하지 않다고 한다. 왜냐하면 워터폴형의 시스템 개발은 정해진 목표를 달성하기 위해 계획을 세운 뒤 이전 단계로 되돌아가지 않도록 계획을 실행 및 관리하는데, 원래 그 목표나 계획을 세우는 것 자체도 불확실성이 있기 때문이다. 또한 요즘은 변화가 심하기 때문에 워터폴형으로 시스템 개발을 추진하면 변경요건이 많이 발생하여 결과적으로 비효율적이다.

애자일 개발이 주목을 받고 있다

2000년대 이후에는 새로운 방법으로 **애자일 개발**이 주목받기 시작했다.

애자일(Agile)은 직역하면 '재빠르다', '기민하다', '머리 회전이 빠르다'라는 의미이다. 애자일 개발은 큰 단위로 시스템을 구분하지 않고 작은 단위로 구현과 테스트를 반복하면서 개발을 진행한다. 2001년에 경량의 소프트웨어 개발을 제안한 17명의 기술자나 프로그래머가 미국 유타에 모여 개발방법에 있어 중요한 부분에 대하여 통합할 것을 논의하고 그것을 12가지의 원칙으로 정리한 것이 애자일 소프트웨어 개발 선언이며 이것이 애자일 개발의 발단이 되었다.

◆ **애자일 소프트웨어 개발 선언**

> • 공정과 도구보다 개인과 상호작용을
> • 포괄적인 문서보다 작동하는 소프트웨어를
> • 계약 협상보다 고객과의 협력을
> • 계획을 따르기보다 변화에 대응하기를

출처 : https://agilemanifesto.org/iso/ko/manifesto.html

▌애자일형의 장점과 단점

애자일형의 장점은 **변경 요건이 바뀌었을 때 이전 단계로 되돌아가야 하는 공정이 적다**는 것이다. 앞에서 서술한 것처럼 워터폴형은 최초에 설정한 설계와 계획을 중시하기 때문에 변경 요건에 따라서 되돌아가야 하는 공정이 많아 시간이나 비용이 엄청나게 늘어날 수도 있다.

반면 애자일형은 요건 정의에서 설계, 구현, 테스트를 작은 단위로 반복하기 때문에 변경요건의 영향이 적다.

한편, 단점은 계획단계에서 사양을 엄밀하게 정하지 않기 때문에 **개발의 방향성이 흔들리기 쉽다**는 점이 있다. 공정이 진행되는 가운데 개선을 거듭하여 테스트나 피드백으로 변경이나 추가를 하기 때문에 당초의 계획에서 벗어나기 쉽다.

또한 워터폴형은 최초로 지표가 되는 기능설계와 아울러 개발 스케줄을 정해두기 때문에 현재의 진척도를 파악할 수 있다.

반면 애자일형은 계획을 상세하게 정하지 않으므로 **스케줄이나 진척 상황을 파악**

하는 것이 어렵다. 그리고 소단위로 개발을 반복하기 때문에 전체를 파악하지 못하여

납기를 맞추지 못하는 일도 일어날 수 있다.

과제 상황을 분류하는 커네빈 프레임워크

워터폴형과 애자일형 중 어떤 방법론이 좋을까? 아니면 다른 방법론을 찾아야

할까? 과제의 상황이 어떤지 분석하고 그 상황에 맞는 방법으로 진행해 가는 것

이 적합하다. 이때 과제의 상황을 분류하는 개념으로 **커네빈 프레임워크(Cynefin**

Framework)가 있다. 커네빈 프레임워크란, VUCA 시대에 실제 세계를 어떻게 파악

해야 하며 어떻게 생각하고 행동하면 좋을지를 체계화한 것으로 데이브 스노든(Dave

Snowden)이 제안하였다.

커네빈 프레임워크는 과제의 종류를 인과관계인지, 질서인지, 돌발적인 상황인지 등

의 관점에서 파악해 분류한다. 그런 뒤 어떻게 해결해야 하는지에 대해 접근법을 정

리한다.

◆ 커네빈 프레임워크의 4가지 영역

영역	내용
단순성 영역	누가 봐도 이해할 수 있고 기존의 베스트 프랙티스를 적용하면 좋은 것
난해성 영역	전문지식이 필요하고 문제 분석에 의해 계획적인 프로젝트화가 가능
복잡성 영역	문제 분석만으로는 이해는 불가능하고 반복동작을 반복할 필요가 있는 것
혼돈 영역	대상을 이해하는 것조차 어려우며 항상 확인할 필요가 있는 것

이러한 분류로 적용하면 단순성 영역이나 난해성 영역에 대해서는 워터폴형이나 패

키지를 도입하는 시스템 개발 진행방법이 적합하고 복잡성 영역이나 혼돈 영역에 대

해서는 애자일형이 적합하다는 사실을 알 수 있다.

6-2 패키지를 이용한 시스템 구축

회계 시스템은 만들 것인지 살 것인지를 판단한다

만들까 살까의 선택지

지금부터 옷을 구매하는 상황을 예로 들어 시스템 구축 방법을 설명하겠다.

맞춤형으로 옷을 만들 것인지, 기성품을 살 것인지를 두고 고민하고 있다고 하자. 맞춤형으로 옷을 만들면 사이즈와 취향은 딱 맞출 수 있지만 시간과 비용이 많이 걸린다. 한편 기성품은 사이즈나 취향을 딱 맞출 수는 없지만 시간과 비용이 적게 든다.

일반적으로 '만든다'라고 하면 보통 개발을 의미하는데, 회계 시스템에서는 만드는 것과 사는 것 중 어느 쪽이 적합할까?

회계 시스템은 만들 것인가 아니면 살 것인가

시스템에서 실현하는 기능 자체가 상품이나 서비스의 차별화로 이어져 경쟁력의 원천이 되면서, 만드는 데 필요한 비용 대비 수익이 충분히 보장된다면 시스템은 만드는 것이 옳다.

반면 경쟁 영역이 아닌 기능을 시스템에서 실현하는 경우, 외부로부터의 노하우나 협조적인 대처를 통해 개발비를 줄이고 시스템에 의한 효율화를 목표로 한다면 사는 것이 옳다. 이 개념으로 보면 회계 시스템이라는 것은 그 기능에 의해서 회사의 차별화를 기하는 것이 아니라 시스템에 따라 업무의 효율화를 목표로 하기 때문에 결국 **사는 것이 맞다**고 할 수 있다.

패키지는 사는 것

연하장 작성이나 워드 프로세서, 엑셀, 이미지나 동영상 편집, 보안 등 이른바 소프트웨어 또는 애플리케이션은 전자제품 전문점이나 인터넷 쇼핑몰에서 구매할 수 있다.

소프트웨어 중에는 일반소비자를 위한 수천 원, 수만 원인 것부터 회계 관리나 급여계산, 생산관리나 판매관리라고 하는 기업 전용 업무 시스템까지 종류가 다양하다. 이처럼 시중에서 판매 중인 소프트웨어나 애플리케이션을 **패키지 소프트**(줄여서 패키지)라고 하며 회계 분야에는 많은 패키지가 있다.

패키지 도입과 스크래치 개발

개발하는 시스템은 **스크래치 개발**(제로부터, 최초부터라는 의미로 무언가를 토대로 하지 않고 처음부터 새롭게 만드는 것)이라고도 불린다.

패키지 도입과 스크래치 개발의 차이점을 아래 표에 정리해두었다. 아래 표와 같은 차이가 있다. 회계 시스템은 기능의 특수성이 적고 저렴한 가격으로 조기 도입이 가능한 패키지를 도입하는 것이 좋다.

◆패키지 도입과 스크래치 개발의 비교

	패키지 도입	스크래치 개발
적합한 케이스	경리업무나 인사업무 등 어느 기업에나 있는 업무	독자적인 영업전략이나 사업전략
기능	풍부	요구 기반
유연성	보통은 없다	높다
다른 시스템과의 연계	제약의 가능성 있음	개발하기 쉬움
개발기간	짧다	길다
안정성	에러가 적다	에러 발생 가능성 큼
비용	저렴하다	대체로 비싸다
업자 선택	가장 중요	중요
요구 정리	중요	가장 중요

▌패키지 도입에는 스크래치 개발방법론을 채택하지 않는다

스크래치 개발방법론에는 앞에서 서술한 것과 같이 표준화된 절차가 보급되어 있다. 패키지를 이용하는 시스템 구축 방법론에는 확립된 사항이 적기 때문에 스크래치 개발에 원래부터 있는 것을 전용(轉用)하고 있는 실정이다.

패키지 도입에도 불구하고 스크래치 개발방법론(워터폴형이나 애자일형)을 채택한다면 그것은 시스템 구축 실패의 첫걸음이라고 할 수 있다.

패키지 도입과 시스템 개발은 '만들다'와 '사다'와 같이 근본적인 수단이 다르다. 그 차이가 있음에도 불구하고 패키지 도입에 스크래치 개발의 구축 방법을 적용하면 패키지의 좋은 점을 살릴 수 없을 뿐만 아니라 추가 개발을 해야 할 수 있으므로 패키지 도입에 적합한 구축 방법을 도입해야 한다.

▌프로토타입형의 구축 방법

패키지를 도입해서 시스템을 구축하는 방법에는 프로토타입(시제작)을 작성하여 그것을 검토하는 **프로토타입형**이 있다.

반복

시작품 작성 → 검증 → 시작품 작성 → 검증

◆프로토타입형의 이미지

프로토타입형에서는 입력이나 출력, 처리내용 등의 시스템 이미지를 미리 파악할 수 있다. 따라서 새로운 시스템 기능을 간단하게 시제작하여 실무자에게 검증받음으로써 이용 부문의 구축 과정에서 실무자의 참가 의욕을 향상시킬 수 있고 잠재적인 요구사항을 조기에 확인할 수 있다.

▍회계 시스템에 적합한 구축 방법

최근의 회계 시스템은 화면에서 데이터를 입력하여 데이터베이스를 갱신하고, 또한 화면에서 지시하여 장표를 화면에 표시하도록 하는 시스템이 많아졌다. 이러한 경우에는 시스템 개발자가 화면 조작의 프로토타입을 작성하고 이용자가 그것을 사용해보고 개선점을 지적하여, 개발자가 프로토타입을 수정하면서 만드는 프로토타입형이 효과적이다.

하지만, 프로토타입형으로 시스템을 구축하려면 단기간에 납득 가능한 프로토타입을 만들 필요가 있다. 이를 위해서는 개발자에게 다음과 같은 자질이 요구된다. 자질이 부족하면 오히려 신뢰를 잃을 수 있으므로 주의가 필요하다.

6-3 회계 시스템에 적합한 구축 방법

프로토타입형 개발을 추천한다

▌프로토타입 작업 전에 세세한 요건을 정하지 않는다

앞 장에서 패키지를 도입하는 시스템의 구축에는 프로토타입형이 적합하다고 설명했다. 지금부터는 프로토타입이 스크래치 개발방법론과 비교하여 어떤 특징이 있는지, 스크래치 개발방법론을 전용하면 왜 실패하는지에 대해 자세히 살펴보도록 하겠다. 스크래치 개발에서 요건 정의가 가장 중요하다는 것은 말할 필요도 없다. 하지만 패키지 도입의 경우, 프로토타입 작업 전에 세세한 요건을 정하지 말아야 한다. 요건을 정하는 작업은 시간이 많이 소요되고 쓸데없는 요소가 포함되어 있어, 시간과 자원을 낭비하게 되고 실패의 요인이 될 수도 있다.

앞에서 맞춤옷과 기성품의 예를 들어 '만들다'와 '사다'의 차이를 설명했다. 개발한 것은 맞춤형이지만 그 경우에는 천이나 디자인, 단추 등의 세세한 검토가 필요할 뿐 아니라 원하는 대로 돼 가는지 확인하기 위해 가봉을 하며 완성시키는 데 꽤 많은 시간이 걸리기 마련이다.

한편 기성품은 자신의 취향과 사이즈가 맞는 게 있는지를 찾게 된다. 이 **'찾다'**라는 작업이 패키지 도입에 있어서 중요하다. 흔히 업무를 패키지에 맞추는 것이 패키지 도입의 포인트라고 하는데, 맞는 것이 없으면 이용자는 곤란해진다. 그래서 맞추는 것보다 찾으러 가는(정보를 수집한다) 이미지에 가깝다.

조건에 맞는 것을 찾으려 할 때, 세부 사항을 미리 정해 놓으면 거기에 맞는 것을 찾기가 어렵다. 오히려 세세한 사항을 굳이 결정하지 않았을 때 만족하는 것을 만날 수 있다.

패키지 도입의 경우도 마찬가지이다. 세부 사항을 정하는 작업은 낭비이고 심지어 자사에 맞는 패키지를 찾을 수 없게 될 수도 있다.

▌패키지 특징을 수용한다

채권의 수금 회수나 효율적인 경비정산 방법 등 업무를 개선하고 싶어도 해결방법을 찾아내는 것은 어려워 오랫동안 현안으로 남아 걸림돌이 된다. 패키지는 이처럼 많은 기업이 안고 있는 과제에 대해 어떤 형태로든 해결책을 제공하고 있으며 그 내용은 기업에서는 미처 깨닫지 못하는, 이른바 인식 상황이라고 한다.

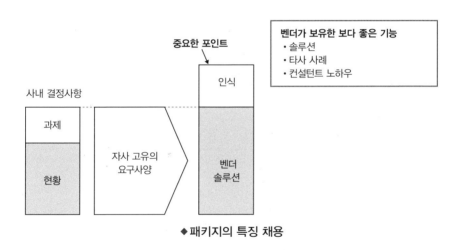

◆패키지의 특징 채용

패키지 이용 시스템에는 자사에서 정리한 요구사양을 수용하는 것 외에도 벤더가 보유 중인 보다 좋은 기능, 즉 도입하면 도움이 되는 타사 사례나 컨설턴트의 의견을 제공받을 수 있다.

이렇듯 자사에서는 상정할 수 없는 사안들을 적용하는 것이 패키지의 특징이라고 할 수 있다.

요건 정의에 시간을 들이지 않고 프로토타입을 중시한다

스크래치 개발에서 요건 정의는 중요한 공정이며 이를 소홀히 하면 시스템 구축에 실패할 수도 있다. 때문에 요건 정의를 확실히 하고 진행 과정을 되돌아가지 않도록 관계자와 합의하여 다음 공정으로 진행한다.

반면 프로토타입형 구축에서는 **제품을 선정하기 전의 요건 정의에 시간을 너무 많이 들이지 않고 초기 단계부터 실제 기기를 바탕으로 검증을 실시한다.** 이러한 검증 작업을 **피트 갭(적합성) 분석**이라고 한다.

패키지를 이용하는 시스템 구축의 경우, 피트 갭(적합성) 분석을 요건 정의 안에서 실시한다. 이것을 도입한 기업의 회계 시스템에 대한 요구와 패키지 기능이 얼마나 적합(피트)하고, 얼마나 괴리(갭)가 있는지를 분석하는 것이다. 스크래치 개발의 경우에서도 피트 갭 분석을 포함하고 있는 경우가 많다.

피트 갭(적합성) 분의 진행 방식

피트 갭 분석의 진행 방식에서는 패키지의 장점을 살릴 수 있는지 여부가 성패를 가르는 열쇠이다. 피트 갭 분석에서는 무언가와 무언가를 맞대어 갭을 찾아낸다. 여기서 말하는 무언가는 **자사 요구**와 **패키지 기능**이다.

피트 갭 분석에서 중요한 것은 **무엇을 기준으로 피트 갭을 행할 것인가**이다. 가령 자사 요구를 기준으로 피트 갭 분석을 하게 되면 패키지의 장점을 이끌어낼 수도 없고 자사 요구가 총족되고 있는지에만 집중하기 마련이다.

한편, 패키지 기능을 기준으로 자사 요구의 적합성을 검증하면 패키지 기능 중에 생각지도 못한 특징을 발견할 수도 있다.

피트 갭 분석은 엑셀을 이용하는 경우가 많다. 지금까지 서술한 것은 엑셀의 왼쪽열을 '자사 요구'로 할 것인가, 아니면 패키지 기능으로 할 것인가의 차이이다.

◆피트 갭 분석에서 기준으로 삼는 것

자사 요구를 적용한다

요구사항	적합성
판매계상 처리	○
청구서 발행	○
어음 관리	×
외화 관리	○

패키지 기능을 적용한다

패키지 기능	적합성
영업채권의 자동 수금 회수	◎
리베이트 계산	△
잔고확인서 발급	×
미정리채권 분석	○

자사 요구를 왼쪽 열로 한 경우, 피트 갭 분석은 적합성(요구의 충족 여부)을 파악할 뿐이다.

그에 비해 패키지 기능을 적용할 경우, 자사 요구에서 상정하고 있지 않은 패키지의 기능까지 발견할 수 있다.

이런 식으로 패키지를 이용할 때 자사만으로는 상정하기 어렵다고 인식하게 되는 것이다.

피트 갭 분석에서 엑셀의 가장 왼쪽 열에 무엇을 배치할지에 대한 분석이 대수롭지 않게 여겨질 수도 있겠지만 실제로는 매우 중요하다.

피트 갭 분석 결과에 따라 추가개발(애드온)이 발생한다

주로 자사 요구를 기준으로 피트 갭 분석을 한 경우, 적합성이 없다고 판단된 요구에 대한 대처법으로 **추가개발(애드온)**이 있다. 회계 시스템은 패키지가 제공하는 장표 레이아웃이 지금까지의 것과 다르고, 패키지가 제공하는 기능이 해오던 업무 방식과 달라서 애드온 요건이 발생하기 쉽다.

애드온에 어떻게 대처할지를 다음 파트에서 설명하고자 한다.

6-4 패키지 도입의 최대 관문은 애드온

애드온을 하지 않아도 되는 방법을 찾는다

원치 않아도 일어나는 애드온

많은 회사가 패키지를 도입하여 시스템을 구축할 때 애드온을 하지 않으려고 한다. 그러나 현실에서는 많은 애드온이 발생한다.

애드온이 발생하면 도입 비용이 상승할 뿐만 아니라 가동 시기도 늦어지고 유지보수도 어려워지는 등 패키지 도입의 장점이 없어져 버린다. 게다가 심한 경우에는 시스템 자체를 이용하지 못하게 될 수도 있다. 그렇다면 애드온이 일어날 것 같은 때에는 어떻게 대처하는 것이 현명할까.

패키지에 없는 기능이 필요한 경우의 대처법

앞에서 설명한 것처럼 도입한 패키지의 기능이 필요한 조건을 충족시키지 못하는 경우가 있다. 그럴 때에는 무턱대고 애드온을 하는 것이 아니라 먼저 다음에서 설명하는 순서로 대처를 시도해 보자. 그래도 잘 되지 않을 때 마지막 수단으로 애드온을 하도록 한다.

① 업체와 커뮤니케이션

업무 요건이 패키지 기능만으로는 부족하다고 생각될 경우에는 우선 패키지 제공 업체와 적정한 커뮤니케이션을 해야 한다.

간혹 패키지에 없는 기능이라고 생각하여 커뮤니케이션 없이 애드온을 해버리는 사람이 있다. 하지만 패키지에 기능이 없는 것으로 확인되면 패키지 제공 업체에 그 기능을 개발하도록 요청할 수도 있다. 회계기준이나 세제개정에 대한 대응, 공사 진행 기준과 같이 일부 업종이나 회사에만 필요한 기능이라도 원래는 패키지 제공 업체에서 구비해야 할 기능에 대해서는 협상해볼 수 있다.

② 스킬이 있는 컨설턴트가 참여

패키지의 기능이 아무리 다양해도 사용법을 알지 못하면(컨설턴트의 자질이 부족하다) 기능의 오류라고 착각하는 일이 있다. 패키지의 기능을 제대로 사용하면 때로는 패키지 업체의 도움이 필요하지 않을 정도로 능숙하게 활용할 수 있다. 예를 들어 연결회계 시스템에서 공표할 성과물의 금액 단위가 백만 원이기 때문에 1원 단위의 처리를 간소화해 천 원 단위로 데이터를 처리한다고 가정해 보자. 그 연결회계 시스템에서 개별회계 시스템과 데이터를 연동할 때, 개별회계 시스템에서는 1원 단위로 데이터를 관리하고 있어서 1원과 천 원과의 단위 차이를 해소하기 위해 애드온을 활용해 변환하려고 시도할 수 있다.

그렇지만 이 경우에는 애드온이 필요하지 않다. 1원이라는 데이터를 외화로 취급하고, 천 원으로 변환하기 위해 환산 환율을 일률 0.001원으로 계산하는 외화 환산에 따라 천 원 단위의 수치를 관리하도록 대응할 수 있다.

이러한 기지를 발휘하여 애드온을 막을 수 있다.

③ 업무 방식 교체를 검토한다

패키지 기능에 없는 업무 방식이 애초에 정말 필요한 것인지를 검토한다. 예를 들어 감가상각 방법에 종합상각을 채용하고 있었다고 하자. 종합상각은 여러 개의 고정자산을 그룹 단위로 정리하여 일괄적으로 감가상각 계산을 처리하는 것인데, 이것은 많은 고정자산을 개별적으로 관리하는 시스템이 정비되지 않았던 시절에 간편법으로 활용되던 방법이다. 이 종합상각의 기능이 패키지에 없는 경우 애드온을 하려고 할 것이다.

하지만 오늘날과 같이 시스템이 정비되어 있다면 그룹으로 정리하지 않아도 대량의 자산을 개별적으로 관리할 수 있기 때문에 종합상각을 개별상각으로 바꿔 애드온을 하지 않을 수 있다.

④ 다른 소프트웨어와 연계

도입하는 패키지에만 기능을 찾을 것이 아니라 다른 소프트웨어와 연계하여 기능을 실현하는 것도 하나의 방법이다. 법인세신고서를 위한 장표 인쇄 소프트웨어나 데이터 입력을 위한 도구, 판매 및 구매처럼 다른 업무 시스템과 연계된 소프트웨어나 경비경산 등에 특화된 시스템 구축 등을 예로 들 수 있다.

⑤ 수작업으로 대응한다

패키지에 기능이 없는 업무의 내용을 살펴보면 채권관리의 선수금 취급처럼 예외적인 일이거나 처리해야 할 건수가 적은 업무일 가능성이 높다. 그러한 업무는 수작업으로 대응한다.

여기까지 서술한 ①~⑤의 방법으로 대처를 했는데도 잘 되지 않는다면 애드온을 한다. 애드온을 절대 해서는 안 된다는 뜻이 아니다. 애드온 자체를 부정하는 것은 패키지 버전 업을 부정하는 것과 같으며 동시에 기술변화와 환경변화를 부정하는 것이라고 할 수 있다.

시도할 수 있는 방법을 모두 시도해본 뒤 애드온을 하는 것은 문제 없다.

6-5 회계 시스템 관련 담당자와 역할

프로젝트 체제의 포인트를 인식한다

▌성공의 비결은 첫째도 사람, 둘째도 사람, 셋째도 사람

회계 시스템을 구축할 때 일정 기간 프로젝트 체제를 유지하는 것이 관례이다. 그리고 프로젝트 성공의 비결은 **첫째도 사람, 둘째도 사람 셋째도 사람**이라고 해도 과언이 아니다.

이때 누가 어떻게 어떤 업무에 관련되어 있는지 역할을 명확하게 정할 필요가 있다. 여기서 회계 시스템을 구축하는 경우의 일반적인 프로젝트 체제를 소개한다.

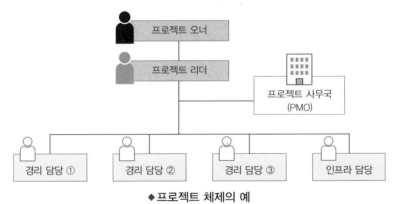

◆프로젝트 체제의 예

●프로젝트 오너

프로젝트의 최고 책임자이다. 경비부문 담당 임원이 취임한다.

●프로젝트 리더

경비부문 실무 책임자, 일반적으로는 경리 부장(회사에 따라서 매니저나 과장인 경

207

우도 있다)이 취임한다. 프로젝트의 전임자라기보다는 주 단위의 진행 상황이나 과제 관리 회의에 출석하고 여러 과제를 결정할 수 있는 사람이어야 한다.

● 프로젝트 사무국(PMO)

프로젝트 리더를 보좌하여 사무 업무까지 모든 역할을 맡는다. 이 사무국을 PMO(Project Management Office)라고도 부른다. 이 역할은 회사가 아니라 컨설턴트가 담당하는 경우도 있다.

● 인프라 담당(기술자)

회계 시스템을 구축할 때 보통 경리부문이 주체가 되어야 하나 하드웨어나 네트워크처럼 기술적인 인프라 관련 영역은 담당하기에 어려움이 따른다.

인프라가 걸림돌이 될 수도 있으므로 초기 단계부터 인프라 담당을 따로 두어야 한다.

▌결정할 수 있는 사람이 꼭 참여해야 한다

프로젝트 운영 중 A안, B안, C안 등 선택지가 않은 경우, 너무 신중한 나머지 결정이 늦어지면 업무를 진행시키기 어렵다.

회계 시스템 구축은 회계기준에 대한 준거성이나 감사법인, 세무조사에 대한 대응 등 전문적인 것이 요구되는 경우가 많기 때문에 경리부문 리더가 적합한 사람이 아니면 결정의 순간에 어려움이 생긴다.

프로젝트의 의사결정이 늦어지면 그 영향은 생각 이상으로 커진다. 결정할 것은 신속하게 결정한다는 마음가짐, 즉 결단력이 뛰어난 사람이 리더가 되어야 한다.

▌회계 시스템 영역별 책임자

회계 시스템에는 총계정원장(일반 회계), 채권관리, 채무관리, 고정자산관리, 자금 관리, 원가관리 등 영역이 다양하다. 각 경리부문에서 책임자를 배정해야 한다. 업무를 담당하는 사람은 프로젝트 리더와 마찬가지로 회계 시스템 영역별로 판단과 결정이 가능한 사람이어야 한다.

▌엔지니어의 회계 시스템 관련 방법

회계 시스템의 구축은 엔지니어와 실무 부서인 경리부문의 담당자가 중심이 된다. 그러나 경리부문 업무는 알아도 시스템에 관해서 알기란 쉽지 않다. 시스템과 관련된 내용은 다양하다. 기본적인 내용에는 마스터 설정 및 갱신, 판매 및 관리 시스템과의 연계, 대량 데이터 처리, 백업 등이 있다. 또한 최근에는 회계 업무가 디지털화되면서 전자장부 보존법 대응, 스마트폰 입력, 회계 업무 전산화 등의 업무가 더해져 엔지니어의 역할이 늘어나고 있다. 시스템에 관련된 것은 회계 시스템 구축에서 고려해야 하지만, 실무부서의 담당자만으로 대처할 수 있는 것이 아니다. 예를 들어 스캐너 보존에는 타임스탬프(어느 시각에 그 전자 데이터가 확실히 존재하고 있었는지, 또 그 시각 이후에 부정한 방법으로 바뀌지 않았는지를 증명하기 위한 것) 기술을 도입하는 것이 요건인데, 엔지니어가 타임스탬프 이용 방법을 알고 있어야 한다.

시스템 구축에 따른 리스크 처리

프로젝트 성공률이 50%라는 것을 인식한다

시스템 구축의 성공은 QCD가 목표한 대로 충족되는 것

일반적으로 시스템 구축의 성공이라는 것은 QCD(품질, 비용, 납기) 3요소가 목표 대로 충족되었는지 아닌지에 따라 판단할 수 있지만 보통 시스템 구축 프로젝트의 성공률은 50% 정도라고 한다(스케줄 코스트 만족도의 3요소를 모두 충족한 성공 프로젝트는 52.8%,「IT프로젝트 실태조사 2018」닛케이 컴퓨터 2018년 3월 1일 호에서).

프로젝트 성공률이 높지 않은 이유는 프로젝트는 정상 업무와 달리 지금까지 경험해보지 못한 일을 실행하기 때문에 성공하기 위한 계획을 만드는 것 자체가 힘들다. 그리고 비록 계획을 세우더라도 그 계획대로 일이 진행되지 않는다.

회계 시스템 도입에서 일어날 수 있는 리스크

회계 시스템 도입에서 일어날 수 있는 리스크와 그에 대한 대책의 예로 아래 표와 같은 것을 들 수 있다.

◆회계 시스템 도입에서 일어날 수 있는 리스크와 대책

리스크 내용	대책
현행 시스템의 문서가 없어 현황을 알 수 없다	현장부문의 의견을 수시로 참조한다
업무가 바빠서 현장부문을 끌어들일 수 없다	현장부문의 상층부에 프로젝트 리더를 배치한다
프로젝트 멤버의 모티베이션(motivation)이 오르지 않는다	프로젝트의 중요성이나 활동내용을 회사 전체에 주지시킨다
멤버 간의 커뮤니케이션이 원활하지 않다	정기적으로 친목회 등을 한다
IT 담당자가 회계의 전문성을 이해하지 못한다	IT 담당자가 회계지식을 배운다
테스트 기간이 타이트해서 기간 내에 종료할 수 없을 가능성이 있다	테스트 인력을 위탁 의뢰한다

프로젝트에서 가장 큰 리스크는 **그런 일은 일어나지 않는다고 단정해버리는 것**, 그리고 그 리스크를 있을 수 없다고 간주해서 **배제해버리는 것**이다.

재해가 일어나면 제대로 예상하지 못하고 대책을 세우지 않은 인재(人災)라며 책임을 묻기도 한다. 하지만, 리스크를 '예상하지 못했다는 것'과 '예상하였으나 일어나지 않을 것이라 판단하는'것은 본질적으로 다르다.

▌리스크 관리의 중요성을 다시 인식해야 한다.

리스크 관리를 핵심 인물의 감각, 경험, 담력에 맡겨서 리스크가 발생함에도 불구하고 제대로 대책을 세우지 않으면 프로젝트는 결국 실패할 것이다. 프로젝트는 처음부터 마지막까지 리스크와의 싸움임을 각오해야 한다. 사소한 일이라도 리스크를 느꼈을 때는 어쨌든 검토해야 한다. 관심을 갖고 리스크를 관리하는 감성이 요구된다.

리스크 관리의 경우 프로젝트 시작 시에 리스크를 파악하여 대응하는 사례는 많이 있다. 하지만 시간이 지나면서 프로젝트 상황이 변화하기 때문에 초기에 거론했던 리스크나 대응 방법을 재검토했는지가 중요하다.

▌프로젝트가 진행되면 과제 관리가 중요해진다

사람이든 자동차든 상처를 방치하면 상처가 더 심해지고 경우에 따라서는 큰일로 확대된다. 프로젝트도 상처, 즉 어떠한 문제(과제)가 있으면 방치는 금물이다. 빠르게 문제를 해결해야 한다.

과제 관리는 리스크 관리 중에서도 실제로 발생하여 표면화된 것을 해소하기 위함이다. 그러기 위해서는 다음의 프로세스가 요구된다.

① 과제를 발견한다

다양한 상황 속에서 문제점, 즉 과제를 찾아낸다.

② 과제를 공유한다

과제 중에는 혼자서는 결정할 수 없는 것도 있을 수 있으므로 관계자들끼리 '이 사항이 문제'라는 공감대를 가져야 한다. 즉, 과제가 눈에 잘 띄도록 한다. 과제를 한눈에 모두 함께 볼 수 있도록 이미지를 만들어보라는 뜻이다.

③ 과제를 합의하고 우선순위를 인식한다

과제의 내용과 우선순위에 대하여 협의하고 바로 조치를 취해야 하는지 결정한다. 프로젝트가 순조롭게 진행되면 많은 과제가 발생한다. 과제가 많아지면 모든 과제를 바로 해결할 수 없다.

④ 과제 해결 담당자와 기한을 정한다

과제를 해결하기 위해 담당자와 기한을 정한다. 모두와 공유한 과제 목록에 '해결책', '담당', '기한'란을 추가하는 방식으로 진행한다.

⑤ 과제 상태를 파악한다

과제가 완료될 때까지 경과와 결과를 기록한다. 기한이 지나도 완료되지 않은 과제가 있으면 담당자와 회의를 진행해서 왜 해결하지 못하는지를 파악한다. 기한이 지나도 과제가 해결되지 않은 것은 그만한 이유가 있을 것이다. 담당자에게 보다 빠른 해결을 요구하며 해결 방법을 논의한다.

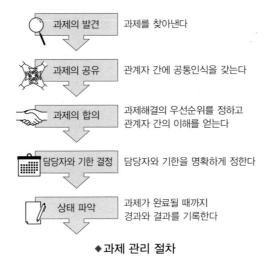

◆ 과제 관리 절차

▌과제 관리용 규칙을 활용한다

과제 관리는 엑셀로 진행하는 경우가 많은데, 프로젝트의 규모가 커져 관계자나 과제가 늘어나면 **과제 관리용 도구를 활용하는 것**도 좋다.

도구를 활용하면 과제 대응이 기한 내 만료되지 않도록 리마인드 메일을 자동 전송하거나 과제 상태(발생, 대응 중, 해결완료) 관리 등을 관계자와 공유하기 쉬운 장점이 있다.

회계 시스템 구축에 있어서, 특히 실제 가동 직전의 테스트 단계에서는 관계자가 많아져서 과제의 원인 분석과 시기적절한 과제 해결이 중요해진다.

업체 선정 절차와 계약상의 유의점

회계 시스템 구축 시 업체 선정 포인트를 파악한다

회계 시스템 업체 선정 절차

회계 시스템을 구축할 때는 패키지를 이용하는 것이 대부분이므로 어느 제품을 선택하고 도입할지, 어떤 업체를 선정할지가 가장 중요하다.

여기서는 회계 시스템 구축 업체를 선정하기 위해 **RFP**(Request For Proposal：**제안의뢰서**)를 이용하여 업체 선정 절차를 설명한다.

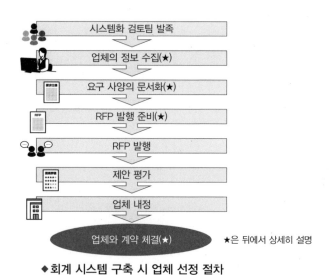

◆회계 시스템 구축 시 업체 선정 절차

시스템화 검토팀 구성

RFP를 발행하고 업체를 선정하는 경우, RFP 작성자를 정할 필요가 있다. 더불어 업체를 정하기 위해 작업을 정리할 사람도 필요하다.

구성원은 RFP를 작성하는 주관부문 및 관계부문에서 선출하여 팀을 구성한다.

팀 구성은 조달 조건의 종류나 규모에 따라 다르지만 IT분야뿐만 아니라 이용부문, 구매부문 등 여러 부문이 협력하여 실시한다.

업체의 정보 수집(★)

시스템화 기획이 결정되면 그 시스템을 실현하기 위해 어떤 업체가 있는지, 업체는 어떤 솔루션과 제품을 가지고 있는지 등의 정보를 수집한다. 기존 업체나 시스템화 검토팀 멤버의 고정관념을 없애고 정보를 폭넓게 수집하는 것이 중요하다. 이를 위한 방법에 **RFI**(Request For Information : **정보제공의뢰**)가 있다. RFP는 제안을 의뢰하는 문서이지만, RFI를 통해 업체에 정보 제공을 의뢰하는 방법을 의미하기도 한다.

◆RFI에 기재하는 항목

① 회사 상황
- 회사명 (부문명, 거점명)
- 시스템화하고 싶은 영역
- 시스템화의 배경, 목적

② 파악하고 싶은 정보
- 업체 기본정보 (회사명, 주소, 자본금, 종업원 수 등)
- 시스템화하고 싶은 기능의 충족도
- 업체가 생각하는 경쟁사와 비교하는 우위성, 특징
- 도입실적
- 비용과 도입 기간의 기준

③ 시스템 도입 목표 시기, 스케줄
- 본가동 목표 시기
- 예상하는 도입 스케줄

④ 사무사항
- 담당자가 속한 부문, 담당자명, 연락처
- 회답기한

요구 사양의 문서화(★)

회계 시스템의 형태에 대해 기술하는 문서이다. 시스템으로 실현하고 싶은 내용을 구체적으로 전달하는 문서를 만든다.

요구 사양은 RFP의 근간을 이루고 일반적으로 업무 요구, 기술 요구, 운용 요구 등으로 나누어 기술한다.

RFP 발행 준비(★)

시스템 구축 의뢰 업체를 3~5개사 정도 추린 뒤 그 업체에 대해 RFP를 발행한다. 어느 범위까지를 어느 업체에게 의뢰할 것인지, 예산은 알릴 것인지, 평가 기준은 어떻게 할지 등을 정한다.

RFP 발행

RFP를 발행한 뒤 개별 면담이나 제안의뢰 설명회를 통해 업체와 소통한다. 제안의뢰 후 업체로부터 질문이 들어올 수도 있으므로 대응 창구를 정해둔다.

제안 평가

각 업체로부터 제안을 수령한 후, 사내에서 신속하게 평가를 실시하여 업체를 최종적으로 한 곳으로 좁힌다. 제안을 검토할 때는 여러 사람이 담당자가 되어 평가 포인트 점수를 매기는 등의 방식을 활용해 객관성을 유지해야 한다.

업체 내정

제안을 평가한 후에는 업체를 결정한다. 간혹 정해진 후에도 목소리 큰 사람의 의견이 반영되거나 문제가 있을 때 '누가 결정한 거야'라는 불만이 나올 수 있다. 그래서 꼭 결정될 때까지의 경위를 기록해두어야 한다.

또한 정식으로 업체를 결정한 것은 계약을 체결한 것이나 다름없으므로 업체에는 내정되었다고 연락을 한다.

업체와 계약 체결(★)

업체가 내정되면 계약서를 교환하고 정식으로 다음 단계의 프로젝트를 진행한다. 계약서를 주고받기 전에는 담당 예정인 프로젝트 매니저와 면담을 하거나 혹시 모를 분쟁을 방지하기 위해 서면으로 약정해두는 것이 좋다.

계약할 때는 국면 구분, 계약 형태(도급계약, 위임계약), 성과물과 사양, 금액, 스케줄, 납기, 책임 및 담보 등을 고려한다. 모든 일이 그렇듯 처음이 중요하기 때문에 관계자와 커뮤니케이션을 원활하게 할 수 있도록 주의한다.

▌업체의 정보 수집

제품과 업체에 관한 폭넓은 정보를 원한다고 해서 무턱대고 여러 업체에 문의를 하면 각 업체의 영업 담당자에게 시달릴 수 있다. 개인적으로 세미나에 참석하거나 인터넷에서 정보를 얻을 수도 있지만, 업체로부터 얻는 수준의 정확한 정보를 얻는 것은 간단한 업무는 아니다.

업체로부터 효과적으로 정보를 얻는 방법 중 하나가 바로 RFI에 의한 정보 수집방법이다. RFI는 제안을 의뢰하는 RFP와 비교하면 아래 표와 같은 차이가 있다.

◆RFP와 RFI의 차이

비교 항목	RFP	RFI
목적	시스템 구축을 발주하는 IT벤더를 선정하기 위해	RFP를 작성하기 위한 정보 수집이나 RFP를 발행하는 IT벤더의 조사
체제, 규모, 스케줄	상대방이 제안서를 만들 때 참고하는 전제 사항이므로 기재해야 한다	이쪽에서 원하는 정보를 의뢰하므로 써도 좋지만 반드시 기재할 필요는 없다
시스템 구축 예산	기재할 필요는 없다	예산을 명시할지 안 할지는 경우에 따라 다르다
기재 레벨	상대방이 제안서를 쓰는 데 필요한 내용을 기재해야 한다	내용에 제약은 없고 알고 싶은 것을 솔직하게 쓰면 된다
발행 대상	원칙적으로 IT벤더	IT벤더뿐만 아니라 업계 단체, 컨설턴트라도 좋다
발행처의 수	3개사에서 5개사 정도까지	수를 가리지 않으며 많을수록 좋다
평가방법	객관적이고 공정하게 평가하기 위해 사전에 설정해두는 것이 바람직하다	사전에 설정하지 않아도 좋다

많은 업체로부터 제안을 받아보고 싶겠지만 현실은 그만큼 시간적 여유가 없다. 그렇기 때문에 제안을 의뢰하는 것과 정보를 수집하는 것을 나누어 생각하고 업체를 좁혀나가야 한다.

예를 들어 주택을 지으려고 할 때 주택전시장을 둘러보며 다양한 업체를 비교해 보고 공법, 특징, 사례, 가격 기준 등의 정보를 얻은 뒤 제안서를 받아보고 싶은 업체를 줄여나간다.

RFI는 제안을 의뢰하기 위한 것이 아니라 업체를 알기 위해 발행하는 것이므로 사내에서 많은 것을 기재할 필요는 없으며 시스템화 기획의 개요 등 업체로부터 얻고 싶은 내용(회사 개요, 제품의 특징, 실적, 강점, 가격 기준, 기타)을 기술하면 된다.

▎요구 사양의 문서화

회계 시스템을 구축해 나갈 때 가장 중요한 것은 **시스템으로 무엇을 실현하고 싶은지** 요구를 명확하게 정하는 것이다. 그리고 그 목적이 사람마다 다르면 혼란스럽기 때문에 요구 사항을 문서화해야 한다.

요구를 문서화할 때에는 다음과 같은 점에 주의할 필요가 있다.

● 우선 현행업무를 정리하여 문서화한다

무엇을 (실현)하고 싶은지 정리하기 위해서는 **현재 되어 있는 것이 무엇인지(또는 되어 있지 않은 것)를 제대로 파악하는 것**이 필요하다.

사업의 과제와 목적을 정확히 파악하고 그것을 실현하기 위한 업무 및 시스템상의 과제를 명확히 구분해야 목적에 따라 빠짐없이 현황을 정리할 수 있다.

● 회계업무 목록표를 작성한다

다음으로 회계업무의 목적과 과제를 정리한다. 이 작업을 정확히 하기 위해서는 앞서 소개한 현행업무 목록을 작성하는 것이 좋다. 업무가 목록으로 정리되면 누락을 방지할 수 있을 뿐만 아니라 공통 과제도 쉽게 찾아볼 수 있다.

◆회계업무의 목록표 예

일반회계	워크플로 (작업흐름)에 따른 승인 대체전표 정형분개, 분개패턴 등록 외부분개 데이터 수집 다수 통화관리 외화의 평가교체 자산, 부채의 평가 시가회계 세효과 회계 가결산, 본결산 결산조정

채권관리	고객관리 (여신관리 포함) 매출계상 처리 청구서 발행 수금·회수 처리 할인, 할부 (리베이트) 잔액확인, 차익분석 미회수채권관리
경비관리	여비, 경비정산 가지급 정산 증빙관리 (스캐너 저장 포함)

업무 목록의 작성 포인트는 **세세한 시스템 기능까지는 목록을 작성하지 않는다는 점**이다. 시스템화하고 싶은 업무를 알아내는 것도 중요하지만, 요구를 정리하는 단계에서는 큰 업무부터 하나씩 세분화해 나가야 한다. 처음부터 세부적인 업무를 기술하려면 완성 전부터 실패할 수도 있다.

●성능에 관련된 요건도 정리한다

시스템 이용 인원에 따라 소프트웨어나 네트워크의 인프라 및 처리 능력(데이터 용량과 처리 속도)이 달라진다. 이러한 것을 성능 요건이라고 한다. 성능에 관한 내용은 다음 페이지의 표에 정리해두었다.

◆성능에 관한 기재 요건

요건	항목
인프라에 관한 조건	• 하드웨어 (서버, 컴퓨터, 네트워크 기기 등) • 소프트웨어 (서버 OS, 미들웨어, 클라이언트 OS 등) • 기기 구성 (본체, 개발기, 테스트기, 백업기 등) • 장애 대책 (다중화, 스탠바이, 대체기 등)
시스템 능력에 관한 조건	• 통상조작의 리스폰스(응답) 타임 • 배치(batch) 처리에 관한 처리 타임 • 최대 동시 사용자 수 • 데이터량
보안에 관한 조건	• 보안 정책 • 접근 권한 • 데이터 누출 대책 (기밀정보, 개인정보 등)
운용 조건	• 운용시간대나 백업을 위한 정지 시간 • 서버를 재가동하는 빈도, 장애 시의 데이터 복구 범위 • 복구 시 허용 시간 • 시스템 감시 방법 • 백업, 리스토어 • 상담문의 대응 시간

RFP 발행 준비

요구 사항이 문서화되면 RFP를 통한 업체로부터 제안서를 받는 작업에 착수한다. 이때 실패하지 않도록 준비해야 할 것을 소개한다.

●제안서 수령 시 평가 기준을 미리 만들어둔다

제안서를 받아본 뒤 평가 기준을 생각하면 늦는다. 기한에 쫓겨 평가가 불공정해질 수도 있고 사내에서 협의 과정을 거칠 시간이 부족하다. 가장 주목해야 할 평가 관점은 요구에 대한 충족도, 과제 해결에 관한 내용, 비용 등이다. 이밖에도 살펴봐야 할 평가 기준을 RFP 발행 전에 만들어 사내 관계자에게 승인을 받아둔다.

●RFP 발행처를 재검토한다

RFP가 완성될 무렵에는 RFP의 발행처가 거의 정해져 있다고 생각하기 쉽다.

하지만 그 생각은 그럴 것이라는 가정이고 최종 결정은 아니다. 후보 업체가 5개 정도라고 해도 3개 정도로 좁힐 것인지 사내에서 최종 확인이 필요하다.

이러한 사항을 확인하지 않으면 추후에 문제가 생겼을 때 추궁당할 수 있다. 꼭 RFP 발행처를 확인하고 진행 상황을 확인해야 한다.

● 의뢰하는 업체와는 기밀유지계약을 체결한다

RFP에는 사내 방침이나 향후의 방향성, 자사의 상황과 같은 기밀정보가 포함되어 있으므로 업체와는 미리 기밀유지계약을 체결해 둔다.

기밀유지계약에는 알게 된 정보의 목적 외 이용금지와 같은 조항이나 기간 및 반환 방법 등을 결정하므로 자사에서 어떤 범위가 기밀정보에 해당되며 이번 프로젝트에서는 어느 방면에서 기밀유지계약을 맺어야 하는지를 사내의 정보관리규정을 바탕으로 미리 정리해 둔다.

▌업체와의 계약 체결

업체가 선정되면 업체와 계약을 체결한다. 지금부터 계약의 종류와 프로젝트 시작 시 체크포인트를 설명한다.

● 계약의 종류

계약의 종류에는 크게 **도급계약**과 **위임계약**이 있다. 도급계약이란 당사자 일방(수급인)이 있는 일을 완성할 것을 약속하고 상대방(도급인)이 그 일의 완성결과(=성과)에 대하여 보수를 지급할 것을 약속하는 계약이다.

한편, 위임계약이란 당사자 일방(위임자)이 상대방(수임자)에 대해서 사무(일) 처리를 위탁하고 상대방이 그것을 승낙함으로써 성립되는 계약이다. 이 계약에서는 반드시 일의 완성이 목적은 아니다.

다음 표에 도급계약과 위임계약의 차이를 기재했다.

◆ 도급계약과 위임계약의 차이

	도급계약	위탁계약
업무	위탁받은 일이나 제품을 반드시 완성시키는 것	선관주의의무를 지킨 서비스 이행
일의 완성	일이나 제품을 완성하지 않은 경우, 대가는 받을 수 없다	미완성일지라도 서비스 제공에 맞는 대가를 받을 수 있다
하자담보책임	납입한 일이나 제품에 하자가 있으면 무과실이라도 책임을 진다	선관주의의무에 대한 과실이 있는 경우, 책임을 진다
대가	계약 시에 합의한 금액을 변경할 수 없다	성과급으로 생각한다. 추가요금의 청구가 가능
위탁자의 가동	수탁자만으로 일이나 제품을 완성	업무수행의 주체는 위탁자이며 수탁자는 그 수행을 지원
도급의 이용	가능	원칙으로 불가능

● 계약 체결 시의 유의사항

계약을 체결함에 따라 계약 형태나 계약 단위 이외에 어떤 내용에 유의해야 할까? 다음은 1993년 7월 일본의 통상산업성(현 : 경제산업성)이 고시한 커스텀 소프트웨어 개발을 위한 계약서이니, 참고하도록 하자.

주요 사항으로 다음의 7가지 항목이 있다.

- 추진 체제 강화
- 사양 확정
- 사의 변경
- 검수
- 결점담보책임
- 지적재산권
- 기밀유지의무

예를 들어 추진 체제 강화에 관해서는 (1)발주자와 수주자 쌍방이 계약을 이행하기 위해 주임담당자를 두고 창구를 일원화할 것 (2)쌍방이 참가하는 회의를 정기적으로 개최할 것 (3)쌍방의 역할분담을 계약서에 기재할 것 등을 내용으로 하고 있다.

또한 사양 확정에 대해서는 (1)사양의 작성 주체 (2)사양의 검수 (3)사양의 확정절차가 있으며, 사양 변경에 대해서는 (1)변경의 신청방법 (2)변경의 수용방법 (3)변경 사양서 작성 (4)변경된 사양의 확정절차를 명기할 것을 권하고 있다.

이 밖에도 검수기준과 검수기간, 결점담보책임(개발품에 불만이 있는 경우의 책임 관계, 손해액의 범위, 보증기간을 정함), 성과물의 권리 귀속, 기존 자료나 무형정보를 취급함에 있어 지적재산권의 취급, 기밀유지의무의 유무에 대해서도 계약서에 명시해야 한다.

제 **7** 장

회계 시스템 운용·보수

7-1 실제 가동을 앞두고

시스템의 실제 가동을 원활하게 시작한다

▌회계 시스템을 실제 가동하기까지의 주요 작업

회계 시스템을 구축하고 실제 가동까지 유의해야 할 점은 다른 시스템과도 공통된다. 다음은 회계 시스템의 실제 가동 준비에서 특히 유의해야 할 사항을 중심으로 설명한다. 회계 시스템은 회사의 중요한 업무 시스템이므로 기존 시스템에서 원활하게 이행하지 못하면 회사 업무 전반에 큰 영향을 미치게 된다. 특히 상장기업은 결산 결과를 외부에 공표하므로 상장기업(및 계열사)의 회계 시스템이 멈추면 사내뿐만 아니라 회사 외부의 이해관계자에게도 영향을 미친다.

▌실제 가동 시기

회계 시스템의 실제 가동 시기는 결산서 개시 시기에 맞춰 회계연도의 기초(3월 결산의 경우에는 4월 1일)로 하는 경우가 많다. 기초에 시작하면 1년을 단위로 하는 감가상각계산에 불필요한 조정을 하지 않아도 된다는 장점이 있다.

반면, 기초에 새로운 시스템을 시작하면 실전 개시와 전년도의 결산 업무가 겹치기 때문에 인적 자원이 부족해질 수 있다. 따라서 실제 가동 준비는 세밀하게 계획하고 주도하여 준비해야 한다. 회계 시스템 실제 가동은 테스트 환경을 위해 사용자 테스트를 종료한 후 병행 가동을 거쳐 가동 여부를 판단하고 실제 가동이 가능하다고 판단됐을 때, 그리고 실제 환경에 마스터 데이터를 연계하여 가동을 개시하고 전기 결산 수치가 확정될 때 잔액을 이월한다.

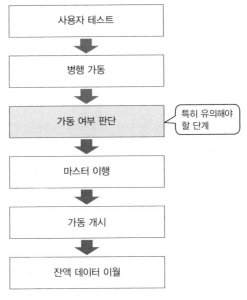

◆회계 시스템의 실제 가동 단계

사용자 테스트의 유의점

회계 시스템에서 사용자 테스트는 **사용자의 요구 사항이 새로운 시스템에서 제대로 실현되는지**를 사용자가 직접 확인하는 단계이다.

현실적으로는 사용자 테스트 단계에서 새로운 요구 사항이 발생하거나 입력 화면이 사용하기 어렵고 장부의 외관이 좋지 않은 등 가동 직전에 대응하기 어려운 요청이 발생하기도 한다. 그러한 경우에는 실제 가동을 위해 시스템에서 수정해야 할 과제, 운용에서 대응해야 할 과제, 가동 후로 미뤄야 할 과제 등으로 분리하여 **실제 가동까지 해결해야 할 과제에 우선적으로 대응**해야 한다.

병행 가동을 거쳐 가동 여부를 판단한다

사용자 테스트에서 확인된 과제를 해결했다면 계속해서 **병행 가동**한다. 병행 가동이란 테스트 환경(새로운 시스템과 같은 설정)에서 기존 시스템과 동일한 내용으로 운

227

용해 보고 그 결과와 이전 시스템의 결과를 비교해 새로운 회계 시스템 자체의 신뢰성을 확인하는 단계이다.

이때 이전 시스템으로 처리하던 업무와 병행 가동하면 업무가 가중되기 때문에 리스크가 크다고 생각되는 범위에 한정해 병행 가동을 해야 한다. 특히 주변 시스템과 회계 시스템의 연계 시에는 트러블이 발생할 가능성이 높기 때문에 반드시 병행 가동을 해야 한다.

실제 데이터를 연계해야 실전과 같은 테스트 운용을 실시할 수 있으며 테스트 환경에서는 발견되지 않았던 운용상의 문제가 발견되는 경우가 있으므로 유용한 확인 작업이라고 할 수 있다.

병행 가동 기간

병행 가동 기간은 보통 <u>2~3개월</u> 정도가 적당하다. 1개월만 하면 과제만 표면화된 채 종료되어 버리고, 또한 3개월이 넘으면 사용자에게 부담이 되어 기존 업무, 특히 월차결산업무나 분기결산업무에 지장이 생길 수 있기 때문이다.

병행 가동을 마친 시점에 가동 여부를 판단한다. 그러려면 미리 가동 여부의 판단 기준을 마련하고 병행 가동 결과를 평가하여 종합적으로 판단을 내린다.

▌마스터 이행과 실제 가동 환경 준비

가동 여부 판정을 통해 가동해도 좋다고 판단되면 **마스터를 이월**한다. 회계 시스템의 마스터에는 계정과목 마스터, 부문 마스터, 부가가치세 구분 등이 해당되지만 데이터의 양은 그렇게 많지 않다. 병행 가동 단계에서 마스터의 신뢰성은 확인되기 때문에 대부분은 병행 가동을 마친 뒤 테스트 환경의 마스터를 실전 환경으로 옮기는 절차 정도로 끝내게 된다. 마스터 이동이 완료되면 실제 가동이 가능하다.

▎가동에 맞춰 할 작업

회계 시스템의 실제 가동은 회계연도의 기초에 하는 것이 일반적이므로 우선 경리 부문에서는 **구 시스템에 의한 전년도의 결산업무**에 주력한다.

그 후 전 회계연도의 결산수치가 정해진 시점에 잔액 이월 데이터를 작성한다. 보통 가동 개시 후, 1개월 이내에 진행하게 된다.

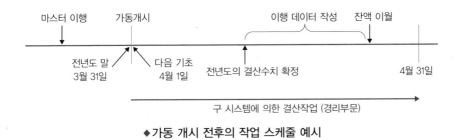

◆가동 개시 전후의 작업 스케줄 예시

▎잔액 데이터 이월

회계 시스템의 잔액 이월 데이터는 기본적으로 총계정원장의 대차대조표 과목에 관한 전년도말의 계정과목별 잔액 데이터이다. 따라서 잔액 이행 데이터는 이전 시스템의 대차대조표 과목의 결산 잔액 데이터를 추출하고 계정과목 등을 새로운 시스템으로 변환하여 작성한다. 잔액 이월 방식은 회계 시스템에 따라 다르지만 일반적으로 분개형식의 잔액 이월 데이터를 작성하는 방식을 활용한다. 분개형식의 잔액 이월은 전년도 기말일을 전표날짜로 하는 분개형식의 잔액 데이터를 작성하고 새로운 회계 시스템에 투입한 후 연도 이월을 진행해 가동 첫 연도의 개시 잔액으로 한다.

통상적으로 회사의 결산 작업은 2개월 정도 지속된다. 따라서 잔액 이월을 한 후에 전년도의 결산수치가 변경될 가능성도 있다. 이 경우는 결산이 최종 확정된 시점에 전년도 기말일을 전표날짜로 하는 수정분개를 작성하여 새로운 시스템으로 기표하고 구 시스템의 전년도 확정잔액과 일치시킨다.

7-2 회계 시스템 운용 스케줄

경리업무에 맞춰 운용 스케줄을 책정한다

▌경리업무와 회계 시스템 운용 스케줄

분기결산제도가 도입된 이래 경리부문은 1년 중결산을 진행하며 항상 스케줄에 쫓겨 업무를 수행한다. 따라서 회계 시스템에서는 경리부문의 업무 스케줄을 기반으로 하여 운용 스케줄을 세울 필요가 있다.

경리부문의 기본 업무 사이클은 **월차결산**이다. 말 그대로 월 단위로 결산을 하고 그 결과인 월차결산 서류를 이사회나 경영회의에 보고한다. 따라서 월차결산 스케줄은 회의 일정부터 역산하여 짜여졌으며 미리 전사에 공지를 한다.

월차결산은 결산의 대상이 되는 달의 다음 달 1일부터 시작한다. 우선 현장부문이 전월 거래의 월차 처리를 일제히 실시한다. 따라서 월초에는 주변 업무 시스템으로부터 회계 데이터가 일제히 회계 시스템으로 흘러간다. 경리부문은 현장부문과 연계하여 회계 시스템에 흘러가는 회계 데이터의 상황을 보고 현장의 월차 처리 진행 상황을 파악한다. 시스템의 피크가 바로 이때이다. 때로는 주변 업무 시스템, 시스템 연계, 회계 시스템에서의 처리 등의 과부하로 인해 동작이 늦어질 수 있다.

이러한 상황을 감안하여 회계 시스템 운용 담당자는 매월 초 주변 업무 시스템에서 회계 시스템으로의 데이터 연계 부하 상황을 파악하고 병목이 되는 부분을 특정하여 결산 업무가 멈추지 않도록 시스템을 정비해야 한다.

▌월차결산 업무 중 마감작업

주변 업무 시스템으로부터 회계 데이터 연계처리가 종료되는 시점에서 일단 전표 등록을 마감한다. 이것은 회계 시스템 측에 현장의 데이터가 들어오지 않도록 월차 결산대상월(전월)의 회계전표 등록을 차단하는 작업으로 **1차 마감**, **영업 마감**, **임시 마감** 등으로 불린다. 그 예정일시(다음달 2영업일 정오 등)가 전사에 고지되고 있다.

대다수의 회계 시스템에는 월 단위로 장부를 마감하고 회계전표 등록을 잠그는 기능이 있다. 모든 전표등록을 차단할 뿐만 아니라 부문별 및 이용자 그룹(영업담당 그룹, 생산담당 그룹 등)별로 차단하는 기능도 있다.

예를 들어 1차 마감에서 영업부문의 전표만 차단하고 그후 본사부문이 각종 정산처리 및 조정처리 전표등록을 한 후 2차 마감을 해서 본사부문의 전표를 차단하고 마지막으로 경리부문이 결산전표를 등록하여 월차결산의 최종 마감을 한다.

주변 업무 시스템으로부터 회계 전표 데이터 연계가 완료되어 1차 마감을 한 후, 경리부문에서는 각 주변 업무 시스템의 잔액수치, 증감수치와 거기에 대응하는 총계정원장의 월말 계정잔액이나 월차 증감액을 대조한다. 이때 금액이 일치하지 않는 문제가 발견되면 문제 내용을 시스템과 업무의 양면에서 조사하게 된다.

◆**주변 업무 시스템과 회계 시스템의 잔액대조 예시**

주변 업무 시스템		대조 대상이 되는
시스템	잔액	회계 시스템 항목
채권관리 시스템	외상매출금의 미회수잔액합계	외상매출금 계정의 과목잔액
채무관리 시스템	외상매입금의 미회수잔액합계	외상매입금 계정의 과목잔액
재고관리 시스템	원자재의 기말평가액합계	원자재 계정의 과목잔액
	제품의 기말평가액합계	제품 계정의 과목잔액
생산관리 시스템	장치의 기말재고합계	재공품 계정의 과목잔액
고정자산 시스템	취득가액의 기말합계	건물, 기계장치 등 계정의 과목잔액
	감가상각누계액합계	감가상각누계액 계정의 과목잔액

회계 시스템이나 주변 업무 시스템에서는 이렇게 상호 대조 가능한 장표를 준비하는 것이 필요하다.

▎경영관리자료의 작성

경영부문에서는 결산전표를 등록하고 월차결산이 결정된 후에 이사회나 경영회의 등의 회의에서 보고하는 경영층 전용의 **경영관리자료**를 작성할 필요가 있다. 이 작업은 회계 시스템이나 기타 업무 시스템, 담당자가 개별적으로 작성한 관리자료에서 정보를 수집하여 엑셀을 구사한 뒤 수작업으로 자료를 작성하고 있다.

기일이 정해져 있는 매우 타이트한 작업이며 실수가 허용되지 않는다. 그러므로 회계 시스템에 경영관리자료를 정확하고 신속하게 작성할 수 있는 장표를 구비해둘 필요가 있다.

▎분기결산과 연도결산

상장회사는 **분기결산**에 따라 4분기마다 결산서류를 공개하는 것이 의무화되어 있다. 또한 상장회사의 자회사 등 연결결산의 대상이 되는 회사에서는 모회사의 분기결산에 대응해야 한다. 이에 대해 **연도결산**은 중소기업을 포함하여 모든 회사에 필요한 업무이다.

상장기업은 결산이 끝나면 결산발표를 위해 자료(**결산공고문**)를 작성해야 한다. 결산발표 스케줄은 증권거래소를 통해 외부에 공표되고 있다. 그렇기 때문에 회계 시스템의 장애로 결산발표가 늦어지는 일이 없도록 주의해야 한다.

특히 연도결산을 할 때는 세무신고서나 주주총회용 각종 자료, 유가증권보고서 등 작성해야 할 서류가 다양하기 때문에 회계 시스템 운용에 유의해야 한다.

주주총회가 종료되고 결산수치가 확정되면 전년도 회계연도를 마감한다. 구체적으로는 총계정원장에서 대차대조표 잔액을 다음 연도로 이월하고 그 연도의 장부는 변경할 수 없는 상태로 고정한다. 이렇게 1회계연도의 경리업무와 회계 시스템 운용 사이클이 종료된다.

7-3 회계 시스템 서비스 데스크

사용자 문의 대응 및 과제에 대처

▌시스템 운용에는 문의사항이 있기 마련

시스템이 실제 가동에 들어가면 그것으로 끝나는 것이 아니라 사용자로부터 문의가 끊이지 않기 때문에 그에 대응해야 한다. 문의 업무에는 다음과 같은 것이 있다.

① 장애 대응

시스템을 운용하면 무조건 문제가 발생한다. 구체적으로는 야간 배치 처리가 종료되지 않는다거나 처리 효율이 나쁘다거나 입출력이 되지 않는다는 내용이다. 그러한 문제가 발생하면 원인을 파악하고 재발 방지에 노력해야 한다.

② 질문 대응

회계 시스템 이용자로부터 '시스템 사용법을 모른다', '마스터를 등록 및 변경하고 싶다', '장표 출력이 되지 않는다' 등의 문의가 오면 이에 대응해야 한다.

또한 어떤 기능을 원하는지 사용하기에 불편한 점은 무엇인지 등 추후 원하는 기능 확장 제안도 접수한다.

③ 신청 관리

사용자의 출퇴근에 관해 사용자 ID 관리나 조직 변경에 따른 접근 권한 변경과 같은 신청에 대응하는 업무이다.

▌문의를 일원화하는 서비스 데스크

시스템을 운용하는 노하우를 체계화한 것이 바로 **ITIL**(Information Technology Infrastructure Library)이다. 이것은 영국 정부가 IT서비스 매니지먼트의 성공 사례를 체계화한 것이다.

ITIL은 시스템을 운용하는 데 있어서 교과서적인 가이드라인이라고 할 수 있다. 해당 ITIL에서는 사용자의 문의를 일원화(SPOC : Single Point Of Contact)할 것을 권장하며 이를 **서비스 데스크**라고 칭한다. 일원화해야 하는 이유는 사용자의 입장에서 보면 장애나 질문이라는 내용을 어디에 문의해야 할지를 알 수 없기 때문이다.

그리고 일시적으로 받은 문의에 대해 내용에 따라 전문적인 대응이 필요하면 에스컬레이션(escalation)을 실시하고 문제관리나 변경관리 등 2차 대응에 적합한 부서로 의뢰하게 된다.

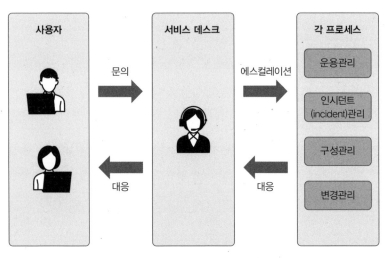

◆서비스 데스크에 의한 대응

▌서비스 데스크에서 중요한 것은 인시던트 관리

회계 시스템의 서비스 데스크에서 중요한 프로세스는 인시던트 관리이다. 인시던트 관리란, 시스템 운용에서 발생한 사고나 트러블 등에 대한 대책을 강구하고 해결까지의 기간을 관리하는 것이다. 인시던트 관리는 사고나 트러블로 인해 단절된 서비스를 신속하게 복구하고 서비스 품질을 유지하는 것을 목적으로 한다. 회계 시스템에서는 다음과 같은 사고가 일어날 수 있다.

- 멈춰서는 안 되는 시스템인데 멈춰버렸다
- 로그인 시 에러가 표시되거나 로그인이 안 된다
- 등록된 마스터가 최신 상태가 아니다
- 결산 시 액세스가 몰려서 동작이 불안정하다
- 사용자의 접근 권한이 규정과 다르다

▌인시던트 관리의 프로세스

인시던트 관리는 시스템을 인시던트로부터 복귀시켜 사용자가 문제없이 이용할 수 있도록 하는 운용 프로세스이다. 인시던트 관리는 원인이 되는 인시던트를 기준으로 다음과 같이 나눌 수 있다.

● 장애복구 요구
예: 데이터를 열람할 수 없다, 로그인 시 에러가 표시된다.

● 서비스 요구
예: 시스템 이용에 필요한 정보를 알 수 없다, 등록된 정보를 변경하고 싶다, 패스워드를 재설정하고 싶다.

인시던트 관리에서 다음과 같은 프로세스가 요구된다.

① 문제 발생을 인식하고 기록한다

② 문제의 상황을 적절히 파악한다

③ 문제의 원인을 분석한다

④ 해결책을 입안한다

⑤ 해결책을 실시한다

⑥ 재발방지책을 강구한다

단순하게 해결할 수 없는 인시던트는 중요한 과제일 수 있으므로 필요에 따라 에스컬레이션을 실시하고 전문가에게 조사와 판단을 의뢰한다. 그리고 경우에 따라서는 시스템 유지 및 보수가 필요한 사태까지 발전할 가능성도 있다.

어떠한 시스템이라도 완벽할 수는 없다. 하물며 회계 시스템의 경우 회계기준이나 세제변경, 사내 조직 변경과 같은 환경 변화에 대응해야 할 때가 있다. 인시던트 관리와 더불어 시스템 유지 및 보수 요청에 대한 대응 프로세스도 확립해 둘 필요가 있다.

7-4 비즈니스 프로세스 변경 대응

비즈니스 프로세스 변경에 회계 시스템이 대응한다

▎비즈니스 프로세스와 회계 시스템의 관계

비즈니스 프로세스에는 다양한 정의가 있지만, 여기에서는 비즈니스를 실행하기 위한 조직과 업무 절차를 중심으로 한다.

예를 들어 제조업이라면 고객이 원하는 제품을 전달하기 위해 업무를 수행하는 영업 부문과 제조부문이라는 조직이 있다. 그중 제조부문의 공장에는 고객에게 견적을 제출하여 수주를 받고, 공장에 제조 지시를 내리며 제품을 제조 및 완성한 뒤 완성 처리를 한다. 그 다음 제조된 물품을 제품으로 대체하고 그 완성한 제품을 출고하여 매출을 계상하는 일련의 프로세스가 있다.

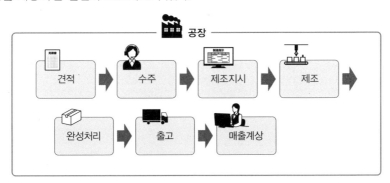

◆제조업의 비즈니스 프로세스

회계 시스템은 이러한 비즈니스 프로세스 안에서 발생하는 회계 거래를 회계전표 형태로 변환하고 총계정원장에 반영하는 기본적인 기능을 가지고 있다. 위 그림의 예

237

시에서는 제조, 완성처리, 출고, 매출계상의 각 프로세스에서 회계 거래가 발생한다. 그러므로 회계 시스템에서 마스터나 시스템 설정은 회사의 비즈니스 프로세스를 전제로 구성되어 있으며, 변경 사항이 생기면 거기에 대응하기 위해 회계 시스템에도 여러 가지 변경이 발생하게 된다. 따라서 비즈니스 프로세스의 변경에 어떻게 대응할지에 대한 과제를 항상 유념하고 회계 시스템을 운용하게 된다.

▌회계 시스템에 영향을 주는 비즈니스 프로세스의 변경

비즈니스 프로세스 자체는 회사 전체의 전략이나 각 사업부문의 전략에 따라 설계되어 있으므로 그것들이 변경되면 비즈니스 프로세스도 변경된다.

구체적으로는 신규 사업으로 새롭게 회사가 설립되어 새로운 업무가 발생하는 전사 전략의 변경이나, 견적에서 수주까지의 절차가 크게 변경되는 판매 전략의 변경과 같은 경우가 있다.

| 전략의 변경 | 비즈니스 프로세스의 변경 | 시스템의 변경 |

◆전략 변경과 비즈니스 프로세스, 시스템 변경의 관계

이러한 비즈니스 프로세스의 변경이 회계 시스템에 미치는 영향을 구분하면 다음과 같다.

① M&A(회사의 인수, 합병) 등으로 회계의 기본 단위인 회사의 신설 및 폐지로 이어지는 변경

② 계정과목 등 마스터 변경으로 이어지는 변경

③ 주변 업무 시스템과의 연계에 영향을 미치는 변경

각각에 대해서 구체적으로 살펴보자.

① 회사의 신설, 폐지로 이어지는 비즈니스 프로세스의 변경

회계 시스템에서 회계처리의 기본 단위는 회사이다. 그룹사가 하나의 회계 시스템을 이용하는 경우에는 아래 그림과 같이 회계 시스템 안에 다수의 회사를 설정하고 이를 기본 단위로 해서 설정 및 마스터를 유지하여 회계처리를 실행한다.

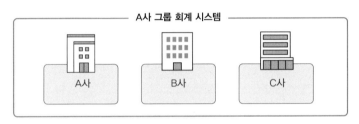

◆ 회계 시스템 안의 회사

자회사를 신설·폐지·통합하면 회계 시스템에서는 회사를 신규로 작성하거나 삭제하는 등의 처리가 필요하다. 지금부터 몇 가지 예를 들어 설명한다.

예 1 : 제조 자회사의 신설

사례 A사 그룹의 서플라이 체인 재구축을 위해 해외에 제조 자회사 D사를 설립했다.

이 경우 회계 시스템에서 D사라는 회사를 신규 작성한다. 보통은 업종, 업태가 비슷한 '회사'를 복사하여 D사라는 회사를 작성한다.

그 후에 '회사'에서 각종 설정 등을 인계하고 필요한 설정이나 마스터 등을 추가하여 D사의 설정을 완료한 뒤 가동 개시 준비를 한다.

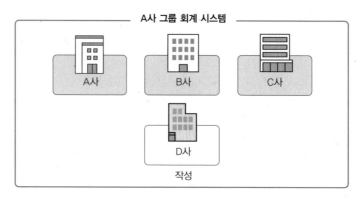

◆ D사라는 회사를 작성한다

예 2 : 병합 1

사례 판매전략 변경에 따른 모회사 A사가 판매 자회사인 B회사를 인수합병했다.

이 경우 회계 시스템에서 B사를 삭제한다. 그 후 합병일 전날 B사 총계정원장의 계정과목별 잔액 데이터를 A사의 총계정원장으로 이행한다.

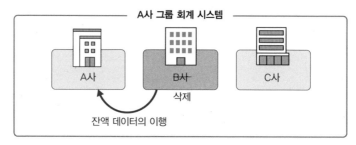

◆ A사가 판매 자회사 B를 인수합병

또한 합병에 의한 법률적인 관점에서의 회사의 설립·폐지와 회계 시스템에서의 회사의 작성·삭제는 반드시 같지는 않다.

예 3 : 병합 2

사례 업무 비용의 삭감을 목적으로 지주회사 A사가 제조 자회사 C사를 인수합병했
다. 법률적으로 존속회사는 A사이지만, 경제적으로는 합병 후에 새로운 A사의
업무, 인원, 자산에서 차지하는 C사의 비중이 압도적으로 크다.

이 경우 회계 시스템에서는 A사를 삭제하고 C사의 명칭을 A사로 바꾼다. 그 후에
합병일 전날 A사 총계정원장의 계정과목별 잔액 데이터를 새로운 A사의 총계정원장
으로 이행한다.

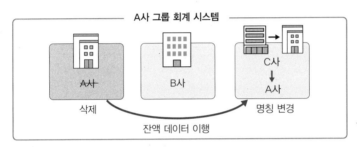

◆A사가 판매 자회사 B를 흡수합병

② 계정과목 등 마스터 변경으로 이어지는 비즈니스 프로세스 변경

회사를 변경하는 것은 아니나, 비즈니스 프로세스 변경으로 인해 계정과목 등 마스
터 변경을 해야 하는 경우가 있다. 몇 가지 예를 들어본다.

예 1 : 사업양도의 예

사례 판매전략의 재검토에 따라 판매 자회사인 B사의 고급품 사업부문을 A사에 양
도하여 A사에서 고급품 사업을 계속하게 되었다.

이 경우 회사 변동은 없이, A사의 부문설정에 고급품 사업부를 추가하고 고급품 사
업에 관련된 계정과목 등을 추가 설정한 후에 사업 양도 전날 B사 총계정원장의 고급

품 사업부 계정과목별 잔액 데이터를 A사의 총계정원장으로 이행한다.

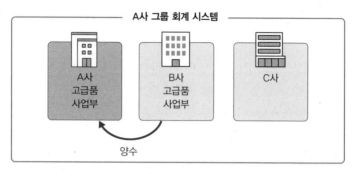

◆A사가 B사의 사업을 양수

예 2 : 해외시장 진출 1

사례 지금까지 국내용으로만 판매하던 B사가 판매전략을 재검토하면서 새롭게 미국 시장에 진출하게 되어 현지의 판매 대리점에 달러로 수출을 개시하게 되었다.

이 경우 회계 시스템에서 통화 설정에 미국 달러를 신설하고 세금 구분에 수출면세를 추가하여 수출매출이라는 계정과목을 추가하는 등 새롭게 시작하는 수출업무를 위한 마스터 설정을 한다.

비즈니스 프로세스 변경에 의한 마스터 변경은 회사의 신규 작성 및 삭제 정도의 리스크는 없지만 신중하게 계획하고 이행하지 않으면 회계 업무에 지장이 생길 수 있으므로 운용을 시작하기 전 충분히 테스트해야 한다.

③ 주변 업무 시스템과의 연계에 영향을 미치는 비즈니스 프로세스 변경

비즈니스 프로세스 변경에 의해 업무 시스템이 변경되는 경우가 많다. 결과적으로 업무 시스템과 연계하고 있는 회계 시스템에 마스터 등의 변경이 필요한 경우가 매우 많다고 할 수 있다.

그와 동시에 주변 업무 시스템과 회계 시스템의 연계에 변경 사항이 생기는 경우는 특히 주의가 필요하다. 다음의 예를 살펴보자.

예 : 해외시장 진출 2

사례 지금까지 국내 판매만 했던 B사가 판매전략을 수정하여 새롭게 미국 시장에 진 출하게 되었고 현지 판매 대리점에 달러화 수출을 개시하게 되었다. 그것과 관 련하여 지금까지 판매 시스템에서 연계되던 매출거래 데이터 중에서 수출매출 만 수출관리 시스템에서 연계하게 됐다.

이 경우 회계 시스템은 새로운 데이터 연계를 위한 설계 및 개발을 변경하게 된다. 비즈니스 프로세스 변경을 회계 시스템에 반영시키는 작업의 포인트는 예상 조직, 업 무, 거래, 주변 시스템 등의 변경이 회계 시스템의 어느 부분에 영향을 줄지 초기에 예 상하고 가능한 빨리 대응하는 것에 있다.

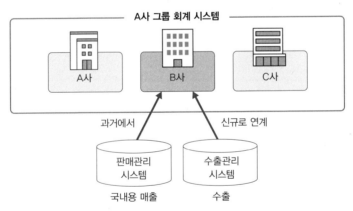

◆**B사의 판매전략 재검토로 인한 수출 개시**

243

7-5 새로운 회계기준의 적용 및 세제 개정

회계·세무 규칙 변경에 회계 시스템으로 대응한다

새로운 회계기준의 적용, 개정의 배경

최근 일본에서는 새로운 회계기준의 도입 및 개정이 잇따르고 있다. EU가 EU 지역 내에 있는 상장기업의 연결 재무제표에 **국제 재무보고기준**(IFRS:International Financial Reporting Standards)의 적용을 의무화한 것이 배경이다.

한편 일본에서는 자국의 기준을 존속시키면서 일본의 기준과 IFRS의 차이를 좁혀 IFRS와 같은 회계기준을 채용하고 **컨버전스**라는 어프로치에 의해 일본 기준의 재정비가 기업회계기준위원회(ASBJ:Accounting Standards Board of Japan)의 주도로 진행되고 있다(회계기준은, ASBJ 홈페이지(http://www.asb.or.jp/jp/)을 참조).

매년 실시되는 세제 개정 스케줄 개요

일본은 매년 세제 개정을 하고 있다. 1년의 스케줄 개요는 이러하다. 여름에 각 부처가 다음 해의 세제에 관해서 재무성에 요망(세제개정요망)을 제출하고 이에 따라 세제조사회에서 심의가 이루어지면 12월 중순에 여당으로부터 세제개정대강(원안)이 발표된다.

이 대강을 토대로 재무성이 국세의 개정 법안을 작성하며 지방세에 대해서는 총무성이 개정 법안을 작성한다. 이렇게 해서 작성된 세제개편법안이 2월에 국회로 제출되어 심의를 거친 후 3월 말까지 성립·공포되고 통상적으로 4월 1일부터 개정 법안이 시행된다.

세제 개정의 흐름은 위에서 설명한 바와 같다. 여기서 특히 주목해야 할 것은 12월의 **세제개정대강**이다.

대강을 시기적절하게 확인하며 시스템에 미치는 영향의 유무를 적절히 검토하고 대응이 필요한 경우 시간을 확보한다.

▌시스템 대응의 관점에서 회계기준 세제 개정 시 유의해야 할 점

회계기준이 새롭게 적용되거나 세법이 개정될 경우 유의할 점은 **기준의 변경 내용을 정확하게 파악하는 것**이다.

예를 들어 회사가 채용하는 회계기준을 일본 기준에서 IFRS로 변경하기로 결정한 경우, 수익의 인식 기준이 바뀌기 때문에 현행 시스템으로는 대응할 수 없으며 반드시 시스템을 쇄신해야 한다는 말을 듣게 될 것이다. 이때 당황하지 말고 기준의 변경에 따라 무엇이 어떻게 변하는지를 이해하고 냉정하게 대응해야 한다. 기준 변경에 대한 시스템 대응은 다음과 같은 단계로 검토한다.

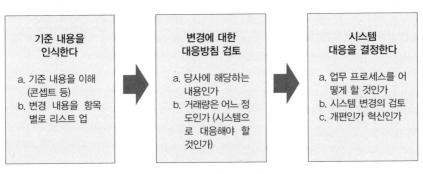

◆기준 변경에 대한 시스템 대응

7-6 내부통제 정비와 평가

내부통제 정비와 운용은 모든 회사에서 필요하다

▌재무보고에 관한 내부통제

내부통제라는 말에 대해 알고 있는가? 경비 정산 시 영수증을 첨부하여 상사로부터 승인받는 것도 내부통제 중 하나이다. 이를 통해 경비의 가공 청구나 회사 경비로 개인 지출을 하는 것을 견제하고 부정한 지출을 방지하거나 발견한다.

금융청의 기업회계심의회는 재무보고에 관한 내부통제 평가 및 감사 기준(2007년 2월)을 공표하였다. 여기서는 내부통제를 '업무의 유효성 및 효율성, 재무보고의 신뢰성, 사업활동에 관한 법령 등의 준수 및 자산 보전 등 4가지 목적이 달성되고 있다는 합리적인 보증을 얻기 위해 업무에 편입되어 조직 내의 모든 사람에 의해 수행되는 프로세스를 말하며, 통제 환경, 리스크 평가와 대응, 통제 활동, 정보 전달, 모니터링(감시 활동) 및 IT(정보기술) 대응으로 구성된다'고 정의하고 있다.

▌내부통제의 주요 목적

내부통제의 목적은 다음 4가지이다

① 업무의 유효성 및 효율성
② 재무보고의 신뢰성
③ 사업 활동에 관한 법령 등의 준수
④ 자산 보전

이러한 목적을 달성하기 위해서는 내부통제의 기본적 요소가 포함된 프로세스를 정비하고 적절하게 운용할 필요가 있다.

▌내부통제의 구성 요소

내부통제의 구성 요소는 재무보고에 관한 내부통제의 평가 및 감사 기준에 준거한 경우, 다음의 6가지이다.

① **통제 환경**
② **리스크 평가와 대응**
③ **통제 활동**
④ **정보 전달**
⑤ **모니터링(감시 활동)**
⑥ **IT(정보기술) 대응**

각각에 대해 자세히 살펴보자.

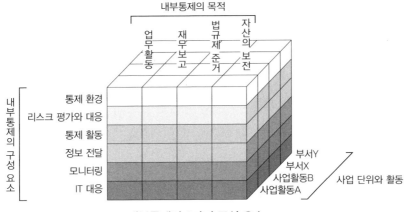

◆**내부통제의 6가지 구성 요소**

▌내부통제의 구성 요소 내용

①의 통제 환경은 조직의 문화를 결정하고 조직 내 모든 사람의 통제에 대한 인식에 영향을 미친다. 구체적인 예로는 성실성·윤리관, 경영자의 가치관·태도, 이사회 및 감사회 등이 가진 기능, 조직 구조·관행, 권한·직책 등을 들 수 있다. 통제 환경은 다른 기본적 요소의 기초를 이루고 있는 구성 요소라고 할 수 있다.

②의 리스크 평가와 대응은 리스크를 식별, 분석, 평가하여 적절한 대응을 하기까지의 프로세스이다. 구체적인 예로는 리스크 관리 규정과 리스크관리위원회 등의 리스크 평가 구조를 들 수 있다.

③의 통제 활동은 경영자의 명령 지시가 적절하게 실행되기 위한 방침 절차이다. 구체적인 예로는 직무 규정, 업무절차 매뉴얼 등을 들 수 있다. 일반적으로 내부통제라고 하면 통제 활동을 떠올리는 사람이 많을 것이다.

④의 정보 전달은 필요한 정보가 적절하게 식별 및 처리되어 조직 내외의 관계자에게 올바르게 전달되는 것이다. 구체적인 예로는 사내회의체, 내부통제제도와 같은 정보 전달 체계를 들 수 있다.

⑤의 모니터링은 내부통제가 효율적으로 기능하고 있음을 지속적으로 평가하는 시스템이다. 구체적인 예로 내부감사를 들 수 있다.

⑥의 IT 대응은 조직 내외의 IT에 대해 적절히 대응하는 것을 의미한다. 구체적인 예로 IT전략, IT계획 등을 들 수 있다.

▌내부통제 대응은 의무화되고 있다

내부통제는 일반적으로 회사의 리스크 관리 시스템이라고 할 수 있지만, 그 내용은 법령상으로도 '주식회사의 업무 적정을 확보하기 위한 필요한 체제'(회사법 362조 4항 6호 등), '해당 회사가 속한 기업집단 및 해당 회사와 관련된 재무계산에 관한 서류 및 기타 정보의 적정성을 확보하기 위해 필요한 체제'(금융상품거래법 24조 4의 4 제1항)로 규정되어 있는 기업의 의무라고 할 수 있다(일본).

내부통제 정비는 어떤 면에서는 기업지배구조(Corporate Governance)의 일환으로 자리매김하고 다른 한편으로는 회사에 불상사 등이 발생할 경우 임원의 책임에 관계되는 것, 즉 **준법훼손위험**(compliance risk)에 관한 것일 수도 있다.

내부통제 정비와 운용 효과

내부통제는 기업 가치를 높이기 위해 기업이 설정한 목표에 맞게 경영 활동에 종사하는 기업 구성원(기업 내에서 일하는 사람들)의 행동 방향을 정하고 추진하는 장치라고 할 수 있다.

이는 재무활동보고를 적정하게 하기 위한 것이 아니라 채산성을 감안한 사업에 대한 투자 및 철수 판단, 자산 보전, 기업 구성원의 횡령이나 불법행위 방지, 기업 내외부로부터의 정보 적시 수집 및 개시 등의 기업 목적을 달성하기 위한 업무 방침의 결정, 업무 프로세스와 절차, 각각의 활동과 같은 요소로 구성되어 있고 거기에 효율적으로 실행하기 위한 도구와 인원을 조합해 구축하는 시스템이라고 할 수 있다.

내부통제의 한계

내부통제에는 다음과 같은 한계가 있다.

① 내부통제는 판단의 오류, 부주의, 다수의 담당자에 의한 공모에 의해 유효하게 기능하지 않게 된다.
② 내부통제는 당초 예상하지 않았던 조직 내외의 환경 변화와 비정형적인 거래 등에는 대응하지 않기도 한다.
③ 경영자가 내부통제를 무시하거나 무효화할 수 있다.

이러한 한계가 있기 때문에 내부통제를 정비해도 부정을 막을 수 있는 절대적인 것이 아님을 인식하고 과도하게 대응하지 않도록 한다.

또한 회계 시스템에서 구체적으로 어떤 대응이 필요한지에 대해서는 다음 장에서 설명한다.

회계감사에 대한 대응

회계감사에서 IT 리스크가 평가된다

감사의 종류 3가지(일본)

기업의 감사를 실시하는 주체는 **감사회 감사**, **회계감사인 감사**, **내부감사인에 의한 내부감사** 3개로 나뉘어 있으며 이것을 **필수3감사**라고 한다. 같은 감사여도 각각 요구되는 역할이 다르다.

감사회는 이사의 집행을 감시하는 기능을 한다. 상법에서 대회사(자본금액이 5억 엔 이상 또는 부채 총액이 200억 엔 이상인 주식회사)는 감사회의 설치가 의무화되어 있다. 이것이 감사회 감사이다.

회계감사인 감사는 공인회계사가 독립된 제 3자로서 기업의 재무정보에 대해 감사를 실시한다. 이해관계자에 대한 재무정보의 적정성을 보증하는 것이 그 목적이다. 회계감사인 감사는 상법, 외감법 등의 법령에 따라 의무화되어 있다. 이러한 법령에 따라 의무화되어 있는 감사를 **법정감사**라고 한다.

내부감사는 경영자의 지시하에 내부통제 등을 감사하는 내부 감사부문이다. 내부 감사부문은 회사가 임의로 설치하는 부문으로 의무는 아니다(따라서 설치하지 않은 회사도 있다). 현실적으로는 상장회사가 거버넌스 강화의 관점에서 설치하고 있는 경우가 많다.

법령으로 의무화하고 있는 법정감사

법령으로 의무화하고 있는 법정감사는 다음과 같다.

① 금융상품거래법에 따른 감사

주로 상장회사가 작성하는 유가증권보고서에 포함되는 재무제표에 대한 감사이다. 재무제표에는 공인회계사 또는 감사법인의 감사증명을 받도록 되어 있다.

② 외감법에 의거한 감사

외감법상 대기업은 회계감사인을 두는 것이 의무화되어 있다. 회계감사인을 할 수 있는 것도 공인회계사 또는 감사법인에게 한정된다.

요즘은 기업이 재무제표를 작성할 때 대부분 회계 시스템을 이용하므로 회계감사에서 회계 시스템이 어떻게 운용되고 있는지 확인하고 재무정보가 적정하게 작성되지 않아 발생하는 리스크를 잘 파악해야 한다.

▌상장기업에 의무화된 내부통제보고제도

상장회사에서는 회계감사뿐만 아니라 재무보고와 관련된 내부통제의 경영자 평가와 회계감사인 내부통제감사(통칭 : J-SOX 감사)가 의무화되어 있다.

J-SOX 감사는 기본적으로 재무보고의 신뢰성이 충족되어 있는지 확인한다. 재무제표는 시스템에 의해 작성되기 때문에 시스템에 의한 통제가 효율적으로 기능하고 있는지에 대해 확인하기도 한다.

내부통제 중에서도 시스템과 관련된 통제를 **IT통제**라고 한다.

▌IT통제의 종류와 내용

IT통제는 다음의 3가지로 분류된다.

① IT전사통제 (ITCLC)

전사적 내부통제란 앞에서 설명한 바와 같이 기업 전체에 영향을 미치며 기업 전체를 대상으로 하는 내부통제를 뜻한다. IT전사통제는 이 중 IT와 관련된 전사적인 내부통제로 IT전반통제에서 실시하는 통제 활동에 영향을 미친다. 실무상은 전사통제 질문서의 일부로 평가하는 경우가 많다.

② IT전반통제 (ITGC)

IT전반통제는 IT업무처리통제가 효율적으로 기능하게 하는 통제 활동이다. 업무 프로세스에서 재무보고의 신뢰성을 직접적으로 담보하는 IT업무처리통제의 신뢰성을 지원하기 위한 기반이라고는 해도 재무보고의 신뢰성은 간접적인 통제라고 할 수 있다.

IT전반통제의 평가는 IT전반통제의 체크리스트에 의해 평가 테스트를 하는 경우가 많다.

③ IT업무처리통제 (ITAC)

IT업무처리통제는 업무를 관리하는 시스템에서 승인된 업무가 모두 정확하게 처리 및 기록되었다는 것을 보증하기 위해 업무 프로세스에 포함된 IT 관련 사항을 내부통제하는 것을 의미한다.

업무에서 분리하여 순수하게 IT만 평가하는 것이 아니라 업무의 흐름 속에서 재무보고의 허위기재 리스크를 충분히 낮추었는지를 평가한다.

◆**IT통제의 3가지 종류**

IT통제의 영역	통제 개요	주요 담당
IT전사통제 (ITCLC)	• 연결 자회사를 포함하는 기업그룹 전체의 적절한 IT이용 (IT전략) • 관리를 위한 전사적 방침이나 체제	경영 레벨
IT전반통제 (ITGC)	• 업무처리통제가 효율적으로 기능하는 환경을 보증하기 위한 통제활동 • 시스템 자체가 건전하게 기능하는지를 감사하는 것이 아니라 적정하게 기능하기 위한 관리, 체제의 기본방향이라는 관점에서 통제	시스템 부문
IT업무처리통제 (ITAC)	• 승인된 업무를 모두 정확하게 처리, 기록하기 위해 업무 프로세스에 포함된 통제 • 시스템을 이용한 처리가 정확하고 안전하게 이루어지고 있는지를 확인하는 것	각 업무 부문

제 **8** 장

회계 시스템 관련
기술 트렌드

8-1 회계 시스템에서의 신기술 활용

발전하는 기술이 회계 시스템에 변화를 초래한다

▌ 회계 시스템에 적용되는 신기술

근로 방식 개혁을 통한 노동 시간 단축과 노동 인구 감소로 어느 기업에서나 일손 부족의 심각성이 큰 과제가 되고 있다.

회계업무에는 입력이나 출력에 많은 정형업무가 존재하고 이 정형업무를 어떻게 효율화하느냐가 요구되는데, IT기업도 이 과제를 해결하는 솔루션을 개발하고 있다. 그런 가운데 컴퓨터 처리속도의 향상이나 새로운 기술의 개발로 새로운 IT 솔루션이 생겨나고 있다. 회계업무가 거래 정보를 기록하고 재무제표를 작성하는 업무라고 했을 때, 새로운 IT 솔루션은 다음의 3가지 업무에 활용된다.

① **기록 (입력)**：청구서·견적서 등에 근거한 거래 정보 기록

② **분개**：거래 내용에 근거한 분개 작성

③ **출력**：재무제표 및 각종 보고서 작성

		① 기록 (입력) (청구서·견적서 등에 근거해 거래정보를 기록)	② 분개 (거래 내용에 근거해 분개 작성)	③ 출력 (재무제표 및 각종 보고서 작성)
RPA	정형적인 수작업을 소프트웨어형 로봇이 대체·자동화하는 개념	○	–	–
AI	미지의 내용에 대해 학습, 추측, 응용하고 처리를 한다	○	○	–
오픈 API	사내 프로그램과 사외 프로그램을 접속하기 위해 기술사양을 공개한다	○	–	○

◆신기술과 회계업무의 관계

▌신기술을 적용하는 회계업무의 변화

다음과 같은 회계업무에 신기술이 적용되고 있다.

① 청구서 발행

기존의 청구서 발행은 청구서 인쇄, 봉투 봉입, 우편물 발송 등의 절차를 거쳤다. 이 것들을 수작업으로 하면 인력도 낭비되고 실수가 일어나거나 우편 비용이 많이 든다는 단점이 있다. 하지만 청구서를 반드시 종이로 인쇄 및 발행할 필요는 없으며 전자화한 데이터를 청구서로 활용할 수도 있다. 최근 청구명세를 전자화해서 이러한 절차를 생략하는 추세이다.

② 입력 정리

입력 정리란 영업채권 청구액과 실제의 입금액을 대조하여 지급기한까지 청구서대로 입금되었는지 조회하고 예정대로 입금되었으면 명세를 지우는 작업을 말한다.

거래처 수가 많고 입금 건수도 많은 경우 작업량이 방대해져 수작업하기 힘들기 때문에 효율화가 요구되고 있다.

③ 경비 정산

출장비나 대체경비 정산은 거래량이 많고 영수증 등 증빙서류 보관이 번거롭기 때문에 시스템화 요구가 높다. 또한 종업원이 정산에 대한 회계 지식이 충분하지 않은 경우도 많아 거래를 분개로 인식하는 계정과목을 선정할 때 실수가 없도록 장치를 강구하는 것이 필요하다.

최근 회계 시스템에서는 앞서 언급한 업무의 효율화를 위해 도구 및 시스템을 갖추고 있으며 단독으로 솔루션을 제공하고 있는 애플리케이션도 있다. 이는 뒤에서 설명할 오픈API로 데이터를 연계하면 더욱 편리해진다.

회계 시스템에서의 RPA 활용

정형적인 경리사무를 자동화한다

RPA란?

RPA(Robotic Process Automation)를 이용하는 기업이 증가하고 있다. RPA란 평소 PC로 하고 있는 사무업무 중 정형적인 작업을 소프트웨어형 로봇으로 대체하는 소프트웨어이다. 노동 인구 감소나 근로 방식 개혁 등 사회적 요구로 인해 업무 효율화나 오류 방지를 목적으로 하는 기업이 많아지면서 RPA의 도입이 증가하고 있다.

도입이 진행되고 있는 이유 중 하나로 도입의 용이성을 들 수 있다. 일반적으로 소프트웨어를 도입할 때 요건 정의, 기본설계, 상세설계, 프로그램 개발, 테스트 등 일련의 시스템 개발 공정을 거치지만 RPA에서는 자동화하고 싶은 조작을 RPA에 기록하면 로봇(자동화 프로그램)이 작성할 수 있게 된다.

◆RPA에서 로봇의 작성 순서

회계업무에 대한 RPA 도입 예시

RPA는 회계업무 중에서 특히 **입력 업무**에 유용하다. 예를 들어 지금까지 배부 계산은 엑셀로 작업하고 CSV 파일로 변환하여 다운로드받아 회계 시스템을 구축하고 CSV 인포트 처리를 하는 일련의 작업을 해왔지만, 이 업무를 RPA에 대행시킬 수 있다. 이로 인해 정형업무는 효율이 높아진다.

지금부터 몇 가지 대표적인 RPA의 활용 예시를 살펴보자.

환율정보의 등록 업무 예시

환율정보의 등록 업무를 바탕으로 RPA 기능을 설명한다.

우선 환율정보 등록 업무이다. 먼저 웹브라우저를 열어 환율정보가 게재되어 있는 사이트에 접속한다. 로그인이 필요한 경우에는 RPA에 저장했던 ID와 패스워드로 로그인한다. 그리고 브라우저에 표시되어 있는 환율정보를 복사한다.

그런 다음 엑셀을 작동하고 브라우저에서 복사한 환율정보를 붙여넣기한다. 엑셀은 환율정보를 붙여 넣으면 그대로 회계 시스템에 등록할 수 있도록 레이아웃이 구성되어 있다. 회계 시스템을 작동하여 환율 일괄 업로드 메뉴를 불러낸 후 엑셀에서 작성한 파일을 업로드한다.

◆환율정보 등록 흐름

이 일련의 업무를 **환율정보 등록 기능**으로 RPA에 기록시킨다. 기록 방법은 소프트웨어에 따라 다르지만 일반적인 순서는 다음과 같다.

① 기록 시작 버튼을 누른다

② 일련의 업무를 PC상에서 조작한다

③ 기록 종료 버튼을 누른다

④ 업무 흐름(로봇)이 생기므로 이름을 붙여 저장한다

⑤ 필요에 따라 각 업무에 기록된 값을 수정한다

수정 작업에는 날짜나 파일명 등을 고정 값에서 변수로 변환하는 작업이나 처리에 조건 분기를 추가하는 등의 작업이 있다.

◆RPA에 의한 환율정보 등록

월차관리장표를 관계자에게 전달하는 업무의 RPA화

월차관리장표를 관계자에게 주지하는 업무의 RPA화에 대해 설명한다.

우선 회계 시스템에서 시산표나 추이표 등의 장표를 출력하고 해당 장표 데이터를 다운로드한다. 그 다음 엑셀에서 함수를 이용한 분석이나 그래프를 작성하는 등 관리장표를 가공한다. 완성한 관리장표는 RPA를 이용해 관계자에게 배포한다.

◆RPA를 이용한 월차관리장표의 작성과 배포

신용카드 명세에서 분개를 생성하는 업무의 RPA화

이외에도 신용카드 명세에서 분개를 생성하고 회계 시스템에 업로드하는 예에 대하여 설명한다.

우선 신용카드 이용명세서를 신용카드 회사 사이트에서 다운로드한다. 그런 다음 엑셀에 이용명세정보를 붙여 카드 이용자의 소속부문에 부문과 이용명세의 지급처에서 계정과목을 특정하여 분개 형식으로 변환한다. 그 후 카드 이용자에게 파일을 메일로 송신한다.

카드 이용자는 파일 내용을 확인하고 필요에 따라 수정한다. 수정한 파일은 첨부하여 로봇에게 회신한다. 마지막으로 로봇이 받은 파일의 변경 내용을 확인하고 회계 시스템에 업로드한다. 여기에서는 카드 이용자에 의한 내용 확인 전후로 로봇이 나뉘므로 로봇이 2개 필요하다.

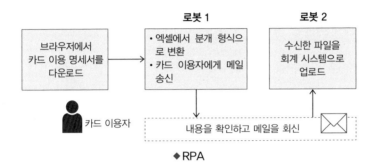

◆RPA

▌RPA 실행 방법

RPA 실행 방법에는 크게 2가지가 있다.

하나는 **PC상에서 실행하는 방법**이다. PC에 설치된 RPA 소프트웨어를 켜고 실행하고 싶은 로봇을 선택한 후 즉시 실행하거나 스케줄 실행을 하는 방법이다.

또 하나는 **서버상에서 실행하는 방법**이다. 로봇은 서버에 저장되어 있으며 각 로봇은 일정에 따라 실행된다.

각 로봇을 어느 방법으로 실행시킬지는 경우에 따라 다르다. 환율정보 등록을 예로 들면 담당자가 PC로 RPA를 실행하는 경우, 야간에 정기적으로 실행할 수도 있다. 단, PC 실행 시 로봇이 처리하는 동안 PC를 켜두어야 하므로 야간에 실행하려면 PC를 켜둔 채 귀가하고 서버를 실행해두어야 한다.

회계 시스템에서의 AI 활용

정형화가 쉬운 회계업무에 AI의 활용이 확산되고 있다

▌AI는 오래되고도 새로운 기술이다

AI(Artificial Intelligence, 인공지능)은 오래되고도 새로운 기술이다. 대량의 지식 데이터에 대해서 고도의 추론을 정확하게 실행한다는 개념은 30~40년 전부터 연구가 진행되어 왔고 최근 들어서는 AI를 구현하는 데 필요한 처리 속도나 용량에 대응하는 IT인프라가 등장하고 실용화되고 있다.

우선 대표적인 AI 기술인 **딥러닝**(심층학습)에 대하여 설명한다. 딥러닝이란 인간이 자연스럽게 하는 일을 컴퓨터에 학습시키는 기계학습 방법 중 하나이다. AI의 급속한 발전을 뒷받침하는 기술이며, 그 기술 발달로 다양한 분야에서 실용화되고 있다. 딥러닝에는 학습처리와 추론처리의 2가지 처리가 있다.

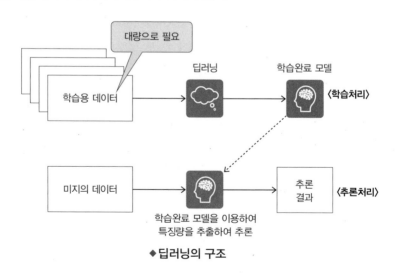

◆딥러닝의 구조

학습처리의 목적은 추론처리를 위한 전제인 **학습완료 모델**을 작성하는 것으로, 이를 위해 대량의 데이터(학습용 데이터)가 필요하다. 추론처리에서는 이 학습완료 모델을 이용하여 미지의 정보에 대해 추론(의사결정)한다.

▌AI의 회계업무 도입 예

AI는 분개 생성부터 감사까지 경리업무의 각 부분에서 활용되고 있다. 경리업무에서는 익숙한 계산과목이 등장하여 전문지식이 필요한 것도 많지만 영수증 체크, 전표 입력 같은 정형적인 업무가 많다.

전문지식, 정형업무 부문을 AI화하고 시스템에 내장함으로써 다양한 업무를 자동화할 수 있다. 즉, 회계업무는 AI가 활용되는 범위가 넓고 AI화하기 쉬운 분야라고 할 수 있다. 몇 가지 예를 들어 설명한다.

▌AI를 이용한 영수증 판독 자동화

거래 입력 시 종이 전표를 불러와 자동으로 분개에 필요한 데이터를 추출하는 솔루션인 **AI-OCR**을 소개한다.

이것은 기존의 OCR(Optical Character Recognition/Reader, 화상 문자인식)에 AI 기능을 추가한 것으로 AI에 의해 비정형 장표에서도 필요한 데이터를 추출하거나 손으로 쓴 장표의 글자를 인식하고 데이터를 추출할 수 있다. 특히 거래처마다 양식이 다른 청구서나 견적서에 자동으로 데이터를 표시할 때 유효하다.

이를 통해 입력이 편해져 업무 효율화를 도모할 수 있고 육안이나 손으로 입력할 때 발생하는 인적 실수를 줄일 수 있다.

AI-OCR은 일반적인 OCR과 달리 이름 그대로 AI를 탑재한 OCR이다. 일반적인 OCR은 정형 양식에 인쇄된 문자 판독은 가능했지만 비정형 레이아웃이나 정형이어도 손으로 쓴 수기(영수증 수신인란 등)는 정확하게 읽을 수 없어 실용할 수준은 아니였다. 그러나 AI-OCR은 비정형 레이아웃이나 수기를 판독할 수 있다.

AI-OCR의 구체적인 사용 방법을 들자면, 영수증의 내용을 읽고 데이터화하여 전표 입력을 자동화할 수 있다.

AI에 의한 자동분개

신용카드의 명세 데이터를 연계할 때 데이터를 가져올 뿐만 아니라 내용을 판별하고 계정과목을 제안하여 자동분개를 실시하는 기능도 있다. 이 기능은 명세 데이터를 연계할 뿐만 아니라 AI를 사용해 불러온 데이터의 내용을 판별한다. AI는 분개작성 작업에도 활용되고 있다. 경우에 따라서는 과거에 처리한 적 없는 미지의 거래라도 유사한 분개 데이터를 바탕으로 추측하여 분개 생성을 제안하는 회계 시스템도 있다.

AI에 의한 체크의 효율화·정확성

결산 시 체크나 감사를 AI에 의해 자동화하면 시간을 단축할 수 있을 뿐만 아니라 정확성이 향상되고 동시에 부정이나 미스를 방지할 수 있다. 바로 '체크하기'라는 기능에 AI가 사용된다.

구체적인 예로 결산 시 과거와 비교해 변동률이 큰 이변을 발견하고 수정이 필요하다고 판단한 분개를 자동으로 찾아서 경고를 표시하거나 에러를 체크하는 기능이 있다. 이외에도 청구서 데이터를 자동으로 판독하고 기계학습을 통해 그 중에서 부정이나 불량 가능성이 있는 데이터를 추출하여, 이를 사람이 확인하도록 알려주는 기능도 있다.

분개 데이터를 대상으로 기계학습이 일정한 법칙성을 읽고 개개의 분개가 합치하는지 여부를 평가하여 오류가 될 만한 분개를 추측한다.

▌AI를 이용한 회계 시스템 활용 확산

지금까지 소개한 AI의 이용 방법이 아닌 회계 데이터를 응용하는 AI의 활용 예시도 있다. 자사의 경영 데이터와 수만 개의 경영 데이터를 비교분석하여 경영과제를 추출하는 경영 특화형 AI나, 금융기관이 대출업무를 진행할 때 과거에 축적된 기업 데이터와 회계 시스템의 데이터를 조합하여 대출 여부를 자동 판단하는 AI이다.

자사의 데이터를 자사를 위해서만 축적하는 것이 아니라 뒤에서 설명할 클라우드 등을 통해 빅데이터로 축적하여 분석에 도움을 주고, 또 다른 용도로 활용하는 움직임도 있다. 영수증의 판독이나 분개 업무는 특히 정형화하기 쉬운 업무라는 점에서 AI에 의한 자동화가 이미 진행되고 있으며 향후에도 가장 먼저 확산될 것으로 전망된다.

감사나 결산 체크에서는 결산처리를 진행하면서 분개 실수 방지에 AI가 활용될 것이다. 감사 점검의 AI 자동화는 감사법인에서 이미 대응하기 시작했다.

▌AI와 RPA의 관계

마지막으로 AI와 RPA의 관계에 대하여 설명한다.

지금까지의 설명에서도 알 수 있듯이 로봇이 할 수 있는 것은 아직 기계적인 반복작업 위주이다. 한편 AI라는 기술이 진화되어 왔다. AI는 지능이라는 것으로 여러 가지 일을 할 수 있을 것 같지만 인공지능에 대한 세부적인 내용은 깊이 들어가지는 않는다. AI 또는 그것과 유사한 기술을 이용해서 RPA라는 로봇이 단순 작업뿐만 아니라 더 유연성을 가질 수 있다면 경리업무의 자동화는 한층 더 진화할 것이다. 각 거래처에서 보내오는 청구서는 업체마다 제각각이지만 이 다양한 포맷을 로봇이 적절하게 읽고 분개에 필요한 정보를 취사할 수 있으면 청구서를 스캔하는 것만으로 분개 계상까지 자동화할 수 있다.

지금도 상당한 정확도로 실현할 수 있는 기능이지만, 심층학습에 의한 계정과목 판정으로 정확도가 더욱 더 높아질 것이라고 기대되고 있다.

263

회계 시스템에서의 오픈API 활용

회계 시스템 발전에는 API를 통한 데이터 연계가 필수적

▌API가 오픈API로 발전한다

API(Application Programming Interface)란 어떤 애플리케이션의 기능이나 관리 데이터를 다른 애플리케이션에서 불러와 이용하기 위한 접속사양을 말한다.

또한 외부 기업으로부터 접근 가능한 상태로 된 API를 **오픈API**라고 부른다. 오픈 API를 통해 타사의 애플리케이션과 자사의 애플리케이션을 접속하는 것이 가능해 져 업무를 효율화하고 고객에게 새로운 서비스를 제공하는 기술로 주목을 끌고 있다.

▌오픈API의 활용 예

여행 예약 사이트를 생각해보자. 최근에는 세계 각국의 다양한 호텔을 하나의 포털 사이트에서 예약할 수 있다. 그리고 그 사이트에서는 호텔뿐만 아니라 항공권, 렌터카, 옵션 투어 등 부가적인 서비스도 제공하고 있다.

이는 서드파티가 제공하는 애플리케이션을 시스템 전체에서 순조롭게 기능하게 하는, 이른바 만능 어댑터라고 할 수 있는 오픈API가 있기 때문에 가능하다고 할 수 있다.

숙박시설 예약정보관리라는 것은 원래 독자적으로 방이나 방 타입, 요금 등을 관리 하는 것이 일반적이었다. 반면 이용자들은 다양한 숙박시설을 비교해 보기를 원했다. 따라서 각기 다른 정보를 어떤 형태로든 표준화할 필요가 있었다.

▌핀테크 기업이 금융기관과 연계하여 서비스를 제공하는 구조

오픈API는 금융기관에서 선행적으로 발전해오고 있다. 거기서 **핀테크**(Finance (금융)와 Technology(기술)를 조합한 단어) 기업이 오픈API를 이용해 금융기관과 제휴하여 고객에게 서비스를 제공하는 구조를 소개한다.

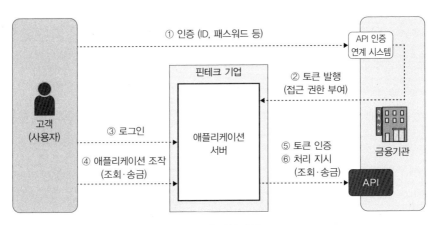

◆오픈API의 기본적인 구조

금융기관에 의한 오픈 API는 금융기관과 외부 사업자(FinTech 기업)와의 안전한 데이터 연계를 가능하게 하는 방식이다. 금융기관이 시스템 접속 사양을 외부 사업자에게 공개하고 사전에 계약을 체결한 외부 사업자의 접근을 인정함으로써 금융기관 이외의 사업자가 금융기관과 연계하여 논의하고 편리성이 높은 고도의 금융 서비스를 전개한다. 지금까지 가계부 서비스와 같은 개인자산관리 서비스가 금융기관의 데이터와 연계하는 구조도 있었지만 기존 구조에서는 서비스 제공 사업자에게 은행의 인터넷뱅킹 로그인 ID과 패스워드를 제공해야 했다. 때문에 서비스 제공 사업자는 이용자 동의를 얻은 후 이용자를 대신하여 은행 시스템에 직접 로그인한 뒤 데이터를 얻어야 했고 이 과정에서 보안 및 정보의 정확성에 과제가 있었다.

그러나 오픈API를 통한 데이터 연계에서는 로그인 ID와 패스워드를 서비스 제공

265

사업자에게 제공하지 않아도 이용자 자신이 은행 시스템을 통해 이용하고 싶은 서비스의 데이터 연계를 위해 안전하고 정확하게 데이터를 연계할 수 있는 구조를 만들어나가고 있다.

▍금융기관과 시스템의 오픈API

금융기관의 오픈API를 활용하고 있는 회계 시스템이 있다. 예를 들어 금융기관 계좌의 이용명세를 참조하고 그것을 회계 시스템에 입력하여 자동분개하는 것이다.

회계 시스템에서 중요한 것은 돈의 출납을 정확하게 파악하는 것이다. 은행과의 입출금 현황이 가시화되고 분개가 자동화되면 기업의 경리담당자가 은행에 가서 통장에 기장하고 회계 소프트웨어에 전기하는 일련의 절차가 필요 없어지며 회계 데이터는 실시간으로 확인할 수 있게 된다.

▍회계 시스템에 의한 오픈API 도입 예시

경비정산 애플리케이션에서는, 교통 IC 카드나 현금 없는 결제 사업자 애플리케이션과 API로 연계함으로써 경비정산과 경리관리 업무의 효율을 높이고 있다.

앞서 신용카드 명세를 회계 시스템에 대응하는 것에 대해 RPA를 이용한 효율 상승 사례를 소개했다. 오픈API에 의해 신용카드 회사와 회계 시스템이 연계되면 명세를 입력하는 작업 자체가 필요 없고 신용카드 이용명세서를 그대로 회계 시스템에 입력할 수 있다.

▍오픈API의 유의사항

오픈API를 사용한 기업 간의 연계는 업무 효율화를 비롯해 다양한 효과를 가져올 것으로 기대하는 한편, 고객정보를 주고받는 것이므로 **보안에 세심한 주의를 기울여야** 한다. 또 연계는 일대일이 아닌 다대다의 관계가 되기 때문에 **공통언어를 이용해**

보안 수준을 정의할 필요가 있다.

그리고 금융청은 오픈API에 관한 관계자 검토회에서 워킹 그룹을 발족시키고 API 접속 시 금융기관과 접속처가 준수해야 할 체크리스트를 작성하였다. 금융기관과 API에 접속하는 회사는 이에 기재된 보안사항을 준수해야 한다.

◆API 접속 체크리스트 항목

카테고리	체크 항목
정보·보안 관리 태세	API 접속 대상의 정보·보안 관리 태세에 대해 확인한다.
외부위탁관리	API 접속 대상이 외부위탁을 하는 경우, 외부위탁 관리 태세에 대해 확인한다.
금융기관·API 접속 대상의 협력체제	이용자 보호 관점에서, 금융기관 및 API 접속 대상의 책임 분계점이나 역할분담에 대해 확인한다.
컴퓨터 설비관리	API 접속 대상이 서비스를 제공하는 시스템이 설치되어 있는 컴퓨터 설비의 보안에 대해 확인한다.
오피스 설비관리	API 접속 대상이 서비스를 제공하는 시스템에 접속하는 기기가 설치되어 있는 오피스 보안에 대해 확인한다.
시스템 관리·운용관리	API 접속 대상의 기본적인 개발 및 운용의 관리 태세에 대해 확인한다.
서비스 시스템 보안기능	API 접속 대상이 제공하는 서비스 시스템의 보안 설치요건에 대해 확인한다.
API 보안기능	이용자 보호 관점에서, API 접속을 관리하는 시스템에 대해 확인한다.
API 이용 보안	이용자에 대한 설명 의무에 대해 확인한다.

XBRL에 의한 개시 분석

재무제표와 같은 비즈니스 보고서를 전자문서화한다

| XBRL이란?

XBRL이란 eXtensible Business Reporting Language의 약자이다. 직역하면 확장가능한 사업보고용 언어이다. 즉, XBRL은 언어이며 XML(eXtensible Markup Language)이라는 언어를 기반으로 한다.

XBRL의 목적은 기업이 공개하는 재무제표를 중심으로 각종 재무 데이터를 각 기업이 공통 언어로 작성함으로써 집계나 가공을 용이하게 하려는 데 있다. XBRL에 의한 공통화가 이루어지기 이전에는 각 기업이 공개한 재무정보를 사용하여 분석작업을 할 때 종이 매체나 PDF 등으로 작성된 각사의 재무제표에서 계정과목별 잔액을 1건씩 수작업으로 엑셀에 옮겨 적었다.

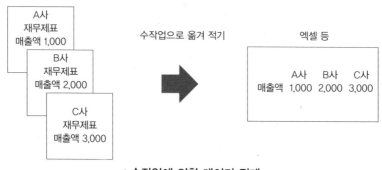

◆수작업에 의한 데이터 집계

이 작업은 매우 비효율적이며 재무제표의 2차 가동 및 재이용에 큰 걸림돌이 되었으나 XBRL을 채택함으로써 기업별 계정과목 정보 데이터를 매우 쉽게 추출할 수 있게 되었다.

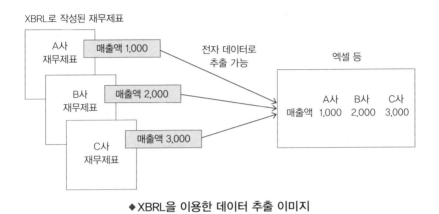

◆XBRL을 이용한 데이터 추출 이미지

▌XBRL과 택소노미(Taxonomy)

앞에서 설명한 것처럼 데이터를 추출하기 위해서는 한 가지 큰 결정이 필요하다. 각 기업의 정보가 공통 언어인 XBRL로 작성되었다고 해도 각 기업의 재무제표 양식이나 계정과목의 사용법이 제각각이어서 정보를 비교 검증하기 어려웠다. 그래서 재무제표의 모형을 정하게 되었는데, 이것을 **택소노미**라고 부른다. 택소노미라는 단어 자체는 원래 생물학에서 분류법, 분류학을 의미하지만 XBRL에서의 택소노미는 재무제표상의 계정과목 분류를 정의한 것이라고 할 수 있다.

예를 들어 많은 회사가 재무제표를 엑셀로 관리하고 있다고 해도 과목이나 금액을 보존하는 셀이 제각각이면 각사의 재무제표를 비교하거나 합계값, 평균값을 계산하는 것이 귀찮아지는데, 이때 셀 위치를 통일해두면 전체 계산이나 비교가 쉬워진다. 택소노미는 그런 규칙이라고 이해하면 쉽다.

269

▎유가증권보고서는 XBRL을 이용해서 작성되고 있다

상장기업은 법에 따라 유가증권보고서 작성 및 공표가 의무화되어 있다. 유가증권보고서는 기업 내용의 외부 공개 자료를 말한다.

유가증권보고서는 <u>EDINET</u>(Electronic Disclosure for Investor's NETwork : 에디넷)이라는 전자정보공개 시스템에서 공개되어 있으며 인터넷을 통해 열람할 수 있다. 이 유가증권보고서는 금융청이 공표하는 EDINET 택소노미에 의거해 XBRL을 이용해 작성되었다.

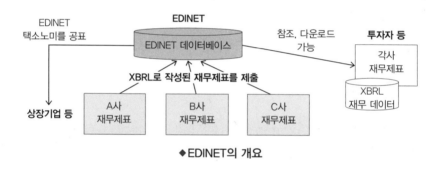

◆EDINET의 개요

▎XBRL을 이용하는 이점

재무보고에 XBRL을 이용하는 이점을 투자자 등 재무정보 이용자, 재무정보 작성자, 재무정보 제출기관으로 나누어 설명한다.

●재무정보 이용자 (투자자, 애널리스트, 정보벤더 등)

기존에는 PDF, HTML 등으로 제공된 정보를 재차 입력해 그것을 확인하는 작업이 필요했다. 하지만 XBRL에 의해 제공된 재무정보는 재무정보를 구성하는 수치정보에 시스템이 자동적으로 인식할 수 있는 태그가 설정되어 있기 때문에 정보를 다시 입력하는 작업이 불필요하다. 또한 이용자는 XBRL로 제공된 재무정보를 그대로 입력하여 신속하게 분석 및 가공할 수 있게 되었다.

● 재무정보 작성자 (상장기업)

재무정보 작성자인 상장기업은 제출처에 제시된 양식과 이용자 상황에 따라 재무제표를 편집 및 작성해야 하지만 제출처나 이용자의 시스템이 XBRL화되어 있고 추후 사내 시스템도 XBRL로 대응시킨다면 재무제표 작성에 필요한 상장기업의 사무부담이 경감될 것이다.

● 재무정보 제출기관 (증권거래소, 감독기관 등)

XBRL로 제출되는 재무정보는 제출기관의 시스템에 자동으로 도입되어 각 계정과목의 정합성 체크를 비롯한 재무정보의 확인 작업을 시스템이 자동으로 실시할 수 있다.

그 결과 기존보다 정밀도와 신뢰성이 더 높은 재무정보를 얻을 수 있으며 그 외의 시스템에 입력된 데이터에 대해서는 기존보다 더 심도 있는 기업분석 등이 가능해져 감독업무의 고도화에도 기여할 것으로 기대되고 있다.

클라우드의 등장

시스템은 온프레미스에서 클라우드로 바뀌고 있다

이전의 정보 시스템 형태

이전의 정보 시스템은 자사에서 서버를 조달하여 직접 개발하거나 혹은 ERP 패키지를 이용해 시스템을 구축하는 것이 일반적인 형태였다. 이것을 On-premise(정보 시스템의 설비(**하드웨어**)를 자사에서 보유하고 운용하는 것, 줄여서 온프레라고도 한다)라고 한다.

보유하는 것에서 이용하는 것으로 바뀌는 시스템

최근 네트워크 기술의 발달과 컴퓨터 처리능력의 향상으로 기존과는 다른 시스템 이용 형태가 생겨나고 있다. 새로운 형태에서는 시스템을 자사에 설치하여 자사 단말기로 접속한 뒤 사용하는 것이 아니라 IT업체가 보유한 데이터 센터에서 공동으로 이용할 수 있는 시스템에 인터넷 경유로 접속하여 처리하는 것이 가능해졌다. 이처럼 컴퓨터의 기능과 성능을 공동으로 이용하는 구조를 **클라우드 컴퓨팅** 또는 **클라우드**라고 부른다.

클라우드 컴퓨팅의 정의

미국 국립표준기술연구소(NIST)에서는 2011년 'NIST Special Publication 800-145'(NIST의 클라우드 컴퓨팅 정의)를 발표하고, 클라우팅 컴퓨팅에 대해 다음 페이지와 같이 정의하였다.

> 네트워크를 통해 공용의 구성이 가능한 컴퓨팅 리소스(네트워크, 서버, 스토리지, 애플
> 리케이션, 서비스)에 어디에서나 간단하게 필요에 따라 접속할 수 있는 모델로, 최소한
> 의 이용 절차나 서비스 프로바이더와의 거래로 신속하게 할당되어 제공되는 것

▍클라우드의 특징

NIST는 클라우드의 특징을 다음의 5가지로 설명하고 있다.

① 온디맨드 셀프서비스

이용자는 서비스 제공자와 직접 대화하지 않으며 필요에 따라 자동적이고 일방적
으로 서버나 스토리지 등의 기능 및 리소스를 설정하는 것이 가능하다. 이것은 온프
레미스와 같은 시스템 도입 시 미리 서버의 스펙이나 스토리지의 영역을 결정하는 것
이 아니라 원할 때 원하는 만큼 변경하는 것이 가능하다는 의미이다.

② 폭넓은 네트워크 액세스

기능 및 리소스는 네트워크를 통해 이용 가능하므로 그로 인해 다양한 클라이언트
(랩톱 PC에 한정되지 않고 스마트폰 및 태블릿 등도 포함)가 이용할 수 있다.

③ 리소스(자원)를 공용

리소스는 직역하면 자원이라는 의미이다. 시스템 분야에서 리소스라는 단어는 사
용되는 장면이나 상황에 따라 의미가 다르지만 여기에서는 소프트웨어 또는 하드웨
어를 작동시키기 위해 필요한 메모리 용량, 하드웨어 용량 또는 CPU 처리속도라고 이
해하기 바란다. 서비스 제공자의 리소스(자원)는 집중 관리되고, 리소스는 복수의 이
용자에게 제공된다.

리소스는 이용자의 수요에 따라 동적으로 할당된다. 따라서 약간의 예외를 제외하고는 대부분 24시간 365일 동안 서비스를 사용할 수 있다. 또한 이용자는 서비스를 이용하기 위해 리소스 소재를 의식할 필요는 없다. 즉, 어느 나라나 지역의 자원인지를 의식하지 않고 사용 가능하다.

④ 빠른 확장성

리소스는 신축성이 뛰어나 경우에 따라서는 자동으로 할당이 가능하고 수요에 따라 즉석으로 스케일 아웃과 스케일 인을 가능케 하는 클라우드가 있다.

이로 인해 스토리지 등의 릴리스를 즉시, 필요한 양·크기, 필요한 만큼 확보할 수 있다. 또한 온프레미스 시스템에서 번거로웠던 OS 업데이트나 보안 패치 프로그램 적용 등 유지보수 작업도 클라우드 제공업체가 담당하기 때문에 이용자는 의식하지 않고 매끄럽게 서비스를 이용할 수 있다.

⑤ 서비스를 계측 가능

클라우드 서비스는 리소스 이용을 적절하게 계측한 뒤에 관리를 이행하고 최적화해 나간다. 그리고, 그 계측 결과(리소스 이용시간과 이용량)에 근거하여 사용료를 받기도 한다. 즉, 제공하는 서비스가 계측 가능하다는 특징이 있다.

▌클라우드 서비스의 제공 형태

클라우드 서비스는 제공 형태에 따라서 IaaS형(Infrastructure as a Service), Paas형(Platform as a Service), SaaS형(Software as a Service)의 3가지로 구분되며, 이를 서비스 모델이라고 한다. 각각에 대해 자세하게 살펴본다.

IaaS형

OS나 애플리케이션을 포함하고, 이용자가 임의의 소프트웨어를 디플로이(이용 가능하게)하여 실행 가능하게 하는 모델이다. 처리 능력이나 스토리지, 네트워크, 기타 기본적인 컴퓨팅 리소스가 이용자에게 제공된다.

이용자는 클라우드 인프라의 기본적인 부분을 관리 및 컨트롤할 수 없지만 OS나 스토리지, 디플로이한 애플리케이션, 또한 경우에 따라서는 몇 가지의 네트워크 구성이 한정된 설정 및 제어를 실시할 수 있다.

PaaS형

서비스 프로바이더에 의해 지원되는 프로그래밍 언어와 도구를 이용하여 이용자가 준비한 애플리케이션 프로그램을 클라우드 플랫폼에 디플로이하여 사용하는 모델이다.

이용자는 클라우드 플랫폼의 네트워크, 서버, OS, 스토리지를 관리하거나 제어할 수 없지만, 경우에 따라서는 애플리케이션 컨트롤과 애플리케이션 호스트 환경설정을 컨트롤할 수 있다.

SaaS형

웹 브라우저를 통해 클라우드에서 가동하는 애플리케이션 프로그램에 접속하여 이용하는 모델이다. 메일이나 스토리지(데이터 공유)에 자주 사용되고 있다.

이용자는 클라우드 플랫폼에 있는 네트워크나 서버, OS, 스토리지의 관리 및 제어를 할 수 없으며 특정 애플리케이션만 이용할 수 있다.

실제로 제공되는 클라우드 서비스는 다음 페이지의 표와 같다.

◆ 실제로 제공되는 클라우드 서비스

제공 형태	솔루션 예	설명
SaaS 사스	• Office365(Microsoft) • Sales Cloud(Salesform.com) • Slack	애플리케이션 프로그램이 가진 기능을 클라우드로 제공하는 서비스. 업무 애플리케이션부터 OA도구, 그룹웨어 등 다방면에 걸친다.
PaaS 파스	• Microsoft AZURE • Google APPS Engine • Amazon EC2	애플리케이션을 개발, 실현하기 위한 환경을 제공하는 서비스. 프로그래밍 환경이나 데이터베이스를 사용할 수 있는 환경을 들 수 있다.
IaaS 이아스 (아이아스)	• Google Cloud • Amazon S3	가상화 기술을 활용하여 서버 및 스토리지, 네트워크 기능을 제공하는 서비스

클라우드 이용의 장점

클라우드의 장점은 일본의 총무성 정보통신백서에 다음과 같이 정리되어 있다. 열거된 상위의 이유에 대해 살펴보자.

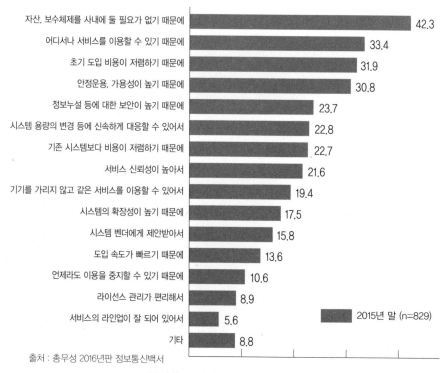

출처 : 총무성 2016년판 정보통신백서

◆ 클라우드 서비스를 이용하는 이유

① 자산, 보수체제를 사내에 둘 필요가 없다

클라우드 서비스가 없던 시대에는 시스템을 도입하려면 자사 내에 둔 서버에 소프트웨어를 설치 및 운용하는 형태(온프레미스형)가 일반적이었다.

단, 사내에 서버를 두면 서버 자체를 구입 및 유지하는 것이 부담되고 시스템 내용을 갱신하는 유지보수가 필수여서 기술 담당자가 꼭 필요했다.

하지만 클라우드 서비스를 이용함으로써 서버를 자사에 둘 필요가 없어졌고 관리 부하를 낮출 수 있게 되었다.

② 어디서나 서비스를 이용할 수 있다

클라우드 서비스의 대부분(모든 것이라고 해도 과언이 아니다)은 인터넷에 접속하는 것을 전제로 하고 있다. 따라서 인터넷에 접속할 수 있는 환경이라면 어디서나 서비스를 이용할 수 있다.

③ 초기 도입 비용이 저렴하다

클라우드 서비스는 초기에 도입할 때 자사에서 서버를 구입하거나 시스템 개발 및 소프트웨어 구입이 필요하지 않기 때문에 초기 도입 비용을 줄일 수 있다. 또한 운용 비용도 사내에 서버를 갖고 자사에서 운용하는 것에 비해 유지보수에 드는 인건비를 억제할 수 있다.

④ 안정운용과 가용성이 높아진다

가용성이란 Availability라고도 하며 시스템의 장애로 인해 정지되는 일 없이 계속 가동하는 것 또는 그 지표를 말한다.

일반적으로 가용성은 '일정 시간 중 시스템 가동이 가능한 시간의 비율(%)'을 의미하는 가동률로 표현된다. 특히 클라우드 서비스나 네트워크 서비스, 렌탈 서버 등에서는 서비스 품질을 판단하기 위해 이 수치를 발표하는 경우도 있다.

가용성이 낮은 클라우드 서비스도 있기 때문에 가용성이 높다고 하면 의심하는 사람들도 있지만 온프레미스 시스템의 가용성을 높이려면 상당한 노력과 리소스가 필요하므로 가용성이 높다는 것이 클라우드의 특징이라 해도 좋을 것이다.

⑤ 보안이 높아진다

클라우드 서비스를 이용하고 싶어도 보안을 걱정하는 사람이 있을 것이다. 하지만 온프레미스에서 최신 보안 환경을 유지하기 위해서는 상당한 자원과 비용이 필요하며 가용성과 같은 논리가 작용한다.

클라우드 서비스를 운용하는 기업은 고객의 신뢰를 유지하기 위해 그에 상응하는 대책을 세우고 있으므로 결과적으로 효율성이 좋은 최신의 보안 환경을 구축하고 있다고 할 수 있다.

⑥ 도입 속도가 빠르고 언제든 이용을 중지할 수 있다

조사에서는 순위가 높지 않았지만 도입 속도가 빠르고 언제든지 이용을 중지할 수 있다는 것도 큰 장점으로 나타났다.

온프레미스처럼 기획부터 실전 가동까지 수 개월, 수 년이 걸리지 않으며 빠르면 당일부터 사용할 수도 있다.

또한 이용을 중지하고 싶을 때(계약상 제약은 있지만) 이용을 취소하는 것이 용이한 것도 클라우드의 특징이다. 또한 보다 좋은 서비스가 나오면 갈아탈 수 있다고 생각해도 좋다.

시스템을 검토할 때 기능적인 부분을 가장 중요하게 생각하는 사람이 많을 것이다. 기능의 연장선에서 온프레미스인지 클라우드인지를 비교 검토하겠지만, 노동력이 부족한 요즘에는 '사내에서 시스템을 관리할 필요가 없다'. '최신 기술을 서비스로 누릴 수 있다'와 같이 리소스 측면의 비교 검토가 중요해지고 있다.

8-7 회계 시스템과 클라우드

클라우드를 이용한 회계 시스템의 특징

▍클라우드 회계 시스템의 개요

회계 시스템에는 총계정원장관리, 청구관리, 지급관리, 고정자산관리, 경비관리 등의 기능이 있다. 최근 이러한 기능을 SaaS의 형태로 제공하는 벤더가 증가하고 있다. 머니 포워드(money forward)사나 프리(freee)사 등은 SaaS형으로 특화된 클라우드 회계 시스템을 제공하고 있다.

또한 온프레미스형 회계 패키지 소프트웨어를 판매하던 IT 벤더가 기존에 취급하던 소프트웨어를 아마존 웹서비스(AWS)나 구글 클라우드 플랫폼(GCP : Google Cloud Platform) 등 클라우드 환경에서 가동되도록 대응하는 경우도 볼 수 있다.

▍SaaS형으로 제공되는 것과 IaaS/PaaS상에서 가동하는 것

마찬가지로 ERP 시스템도 SaaS형에서 제공되는 것과 IaaS/PaaS상에서 가동하는 것이 나오고 있다.

◆ 주요 클라우드 서비스

	회계 시스템의 예	ERP 시스템의 예
SaaS로 제공된다	• MF 클라우드 회계 (머니 포워드) • 프리 • 계정봉행 클라우드 (OBC) • 야요이회계 온라인 (야요이)	• SAP S/4 HANA Cloud • NetSuite (Oracle) • Oracle ERP Cloud • Dynamics365 (Microsoft)
IaaS/PaaS상에서 가동된다	• 계정봉행 • 야요이 회계	• SAP S/4 HANA • 봉행 V 시리즈 (OBC)

예를 들어, SAP사의 S/4 HANA는 원래 온프레미스용으로 개발된 시스템이지만 클라우드 환경에서도 도입 및 이용할 수 있게 되어 **S/4 HANA Cloud**가 SaaS에서 제공되고 있다.

▌회계 시스템을 클라우드에서 이용하는 장점

회계 시스템을 클라우드에서 이용하면 다음과 같은 장점이 있다.

① 다양한 연계가 가능하다

회계 시스템에는 은행 계좌를 비롯해 다양한 외부 입력이 필요하다. 클라우드 회계 시스템에서 외부 데이터를 자동으로 연계하는 기능을 제공하면 손이 많이 가는 업무를 줄일 수 있다.

② 법 규제 대응

클라우드 회계 시스템을 이용하면 서비스 제공 회사가 회계기준 변경이나 세금 제도의 변경에 대응해주기 때문에 직접 대응할 필요가 없다. 자사에서 개발하는 시스템은 때가 되면 기능을 보수해야 하고, 여기에 드는 비용도 상대적으로 커진다. 또한 온프레미스 회계 패키지는 서비스 제공회사가 이에 대응하고 있다고 해도 버전 작업이 필요하며 이를 위한 비용과 수고를 덜 수 있다.

③ 전문가로부터 조언을 받을 수 있다

클라우드 회계 시스템을 채택한 기업 중에는 스타트업 기업과 중소 영세업도 포함되어 있다. 그러한 기업에서는 회계기준이나 세무 대응에 필요한 기술을 가진 사원이 없다. 이처럼 전문 영역을 자사에서 대응하는 것이 힘들기 때문에 전문가에 대한 문의 서비스를 라인업에 추가한 클라우드 회계 시스템 벤더를 활용하면 좋다.

▌SaaS형일까? IaaS/PaaS형일까?

클라우드 회계 시스템(ERP 시스템 포함)을 검토할 때 SaaS로 제공되는지 IaaS/PaaS상에서 가동되는지, 어느 쪽을 선정할 것인가 생각해야 한다.

SaaS형 회계 시스템

우선 SaaS형은 그 자체가 완성된 서비스이므로 빠르게 이용할 수 있다. 따라서 스타트업처럼 **당장 업무를 시작하고 싶은 조직**에 적합하다.

또한 비용도 이용료뿐이므로 저렴하게 이용할 수 있다. 그렇지만 기존 기능 이외의 추가 기능(애드온 개발)은 원칙적으로 허용되지 않는다. 그러한 의미에서는 표준 기능을 이용해도 충분히 업무가 가능한 기업에 적합하다.

IaaS/PaaS상에서 가동되는 회계 시스템

한편 IaaS/PaaS상에서 가동되는 온프레미스 패키지가 클라우드 기반이다. 따라서 전자와 비교하면 자사용으로 애드온 개발을 할 수 있는 유연성이 있다. 그렇지만 이용 개시까지 다소 시간이 필요하며 비용도 많이 든다. 이미 회계/ERP 패키지를 사용하고 있고 게다가 애드온 개발이 이루어지고 있는 경우에는 이쪽을 선정하는 것이 단기적으로는 현실적일 것이다.

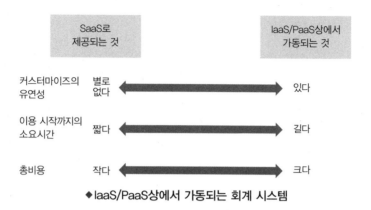

	SaaS로 제공되는 것		IaaS/PaaS상에서 가동되는 것
커스터마이즈의 유연성	별로 없다	◀━━━━━━━▶	있다
이용 시작까지의 소요시간	짧다	◀━━━━━━━▶	길다
총비용	작다	◀━━━━━━━▶	크다

◆IaaS/PaaS상에서 가동되는 회계 시스템

▌패키지 vs 클라우드

회계 시스템은 패키지화하기 쉽다 보니 오래전부터 많은 시스템 패키지가 존재했다. 그것이 최근에는 클라우드화되고 있다는 것은 지금까지 설명한 바와 같다.

그러면 온프레미스형 패키지와 클라우드형에 어떤 차이가 있는지 의문이 생길 것이다.

이에 관해서는 지금까지 설명한 클라우드의 특징을 통해 판단하기 바란다. 클라우드의 가장 큰 특징은 도입까지의 시간이 짧고 서버 설치 등의 번거로움이 없다는 것이다. 이 말은 바꿔 말하면 다른 좋은 클라우드 제품이 있으면 갈아타는 것도 용이하다는 뜻이다.

패키지의 경우 한 번 도입하면 5년, 10년까지 계속 사용하자고 생각하겠지만 클라우드의 경우 독자적인 사용 방식을 고수하지 않고 좋은 제품이 나오면 언제라도 갈아탈 수 있도록 도입하는 것이 바람직하다.

8-8 클라우드의 리스크 관리

클라우드 이용에 따른 리스크를 파악한다

클라우드 이용의 리스크

지금까지 설명한 바와 같이 클라우드에는 많은 장점이 있지만 자사의 환경에 설비가 설치되지 않은 데에서 기인하는 리스크가 있다는 점에 유의해야 한다. 클라우드와 관련된 리스크는 크게 **보안**, **서비스 수준**, **법제도**의 3가지로 분류할 수 있다.

◆클라우드 이용에 따른 3가지 리스크

클라우드 리스크의 종류	클라우드 리스크의 내용
보안에 관한 리스크	클라우드는 열린 네트워크상에서 전개되는 서비스이기 때문에, 그로 인해 데이터가 유출되는 리스크 (예) • 전송 데이터의 유출 • 잔존 데이터의 유출
서비스 수준에 관한 리스크	클라우드 서비스 업체가 원인이 되어 서비스의 유지 및 지속이 곤란한 리스크 (예) • 서비스 중지 • 퍼포먼스의 저하
법제도에 관한 리스크	클라우드 서비스 영역이 자국 내에 한정되지 않은 경우, 각 국가 간 법규제의 차이로 인해 일어나는 리스크

이들 리스크에 관한 구체적인 예시 및 대책 마련에 대해 설명한다.

보안 관련 리스크의 예 : 전송 데이터의 유출

클라우드 벤더와 이용자 사이의 **데이터 전송 중 데이터가 유출**되는 리스크가 있다. 클라우드 서비스는 네트워크에서의 데이터 전송을 기반으로 한 구조이기 때문에 클라우드 벤더와 이용자 사이에 전송된 데이터가 유출될 수도 있다.

283

이 리스크에 관해 클라우드 서비스 제공회사는 전송 데이터에 대한 **암호화 대책**을 강구하고 있다.

대책의 예로는 **SSL/TLS**(Secure Socket Layer/Transport Layer Security)를 들 수 있다. 또한 표준 암호화로 불충분한 경우에는 채택한 서비스에 따라 추가 암호화 대책을 강구하는 것도 가능하다.

자사의 보안 정책에 비교하여 클라우드 서비스 제공회사가 전송 데이터 유출 리스크에 대책을 강구하고 있는지 확인해야 한다.

▍보안 관련 리스크의 예 : 잔존 데이터의 유출

클라우드 서비스 이용 종료 후 **클라우드 환경에 남아 있는 데이터가 유출**될 수 있다. 클라우드 서비스는 복수의 기업이 공유 인프라와 애플리케이션을 사용하는 구조(멀티 테넌트)이므로 자사가 서비스 이용을 종료했다고 해도 기존에 사용하던 데이터가 클라우드 DB환경에서 삭제된다는 보장은 없다. 비록 삭제된다고 해도 하드웨어의 물리적인 파괴나 데이터의 자기적인 소거에 의해 데이터를 완전히 삭제하는 것이 어렵기 때문에 잔존 데이터가 유출될 위험이 있다. 그러므로 멀티 세입자가 클라우드 서비스를 이용한 이상 상기 리스크에 관해서는 일정 정도 남아 있는 것을 감수할 수밖에 없다.

단, 일반적으로 클라우드 이용 종료 후 일정 기간(예를 들어 90일 등)이 지나면 데이터는 물리적으로 삭제되어 액세스할 수 없기 때문에 리스크가 그다지 높지 않다. 또한 최근에는 기기 교환이나 폐기 시에 적절한 절차를 밟겠다고 표명하는 벤더가 많아지고 있다.

서비스 수준 관련 리스크의 예 : 서비스의 정지

클라우드 서비스 제공회사의 서버 다운에 의해 **서비스를 이용할 수 없게 될** 위험이 있다. 클라우드 서비스 이용은 서비스 제공회사가 보유한 설비에 의존한다. 따라서 회사 측 설비의 고장이나 유지보수 시 인위적인 조작 실수(operation mistake) 등으로 인해 기기가 정상 가동되지 않고 서비스가 정지될 수도 있다.

이 리스크를 방지하기 위해서는 우선 클라우드 서비스 이용을 개시하기 전에 자사가 이용하는 해당 서비스 관련 설비 및 시스템 구성을 확인해두어야 한다. 특히 글로벌하게 서비스를 전개하고 있을 때에는 해외에 서비스 제공 환경을 둔 경우도 있기 때문에 서비스 수준뿐만 아니라 데이터 보호 목적으로도 소재국 지역을 특정해두는 것이 좋다.

서비스 수준 관련 리스크의 예 : 퍼포먼스의 저하

리소스 부족이나 트래픽 증가로 인해 **처리가 지연**될 위험이 있다. 퍼포먼스가 저하하는 데는 크게 2가지 이유가 있다. 그것은 클라우드 서비스 측의 리소스(서버의 CPU 처리 능력 등)에 기인하는 것과 네트워크 구성에 기인하는 것이다.

예를 들어 클라우드 메일 서비스를 이용하는 경우 사용자는 인터넷의 출입구인 프록시 서버를 통해 메일 서비스에 접속하게 된다. 이때 많은 사람들이 집중적으로 메일을 이용하면 출입구가 혼잡하여 통신이 지연되거나 또는 통신할 수 없는 상황이 발생한다. 또 네트워크의 대역 자체가 작은 것도 원인이 될 수 있다.

이러한 경우에는 네트워크의 출입구를 여러 군데 설치하거나 신뢰할 수 있는 클라우드 서비스를 이용할 때는 우회경로를 마련하는 등의 대응이 필요하다.

▌법제도 관련 리스크의 예: 각국 법제도의 차이

해외 클라우드를 이용하는 경우 **데이터를 보관하는 국가의 법규제에 의해 부당한 취급을 받을** 위험이 있다. 해외 클라우드는 자국의 법제도와 달라서 클라우드상의 자사 데이터가 부당하게 취급될 가능성이 있다. 각국의 법규제를 잘 모르고 데이터를 보관해 버리면 법령을 위반할 가능성이 있다.

미국은 2001년에 애국자법(Patriot Act)이 생겨 정부나 FBI가 국내에 존재하는 서버의 데이터를 조사하는 것이 가능했던 시절이 있었다(해당 법은 2015년 6월 실효되었다). 또한 2018년에는 CLOUD법이 통과되어 미국 당국이 미국 외의 서버에 보존된 데이터로 액세스할 수 있게 되었다.

그 밖에도 개인정보보호라는 관점에서 2018년 5월 EU에서 일반 데이터 보호규칙(GDPR : General Date Protection Rule)이 적용되었다. 이 법은 우리의 개인정보보호법과는 다른 점이 많기 때문에 해외에 정보를 보관하는 경우 또는 그 반대의 경우에 주의가 필요하다.

각국의 법령을 조사하다 보면 고려해야 할 사항은 끝이 없지만, 최소한 검토해야 할 것은 클라우드 이용 시 정보 보관 장소를 밝힌 후에 최대한 가까운 장소에 둬야 한다는 점이다. 최근에는 외국계 클라우드 벤더도 우리나라에 데이터 센터를 두고 있는 경우가 꽤 많다.

또한 외국 정부나 당국의 개입에 의해 예기치 않게 서비스 이용이 정지되는 것을 방지하기 위해서는 클라우드 벤더와의 서비스 이용약관 준거법이나 관할 법원을 국내로 지정하는 대책도 효과적이다.

8-9 클라우드 이용 관리 프로세스

현명한 클라우드 이용을 위한 관리 프로세스 확립

▌클라우드 관리 프로세스

클라우드를 관리하는 데 있어 서비스 이용 사이클에 따라 각 단계에서 적절하게 관리하는 것이 중요하다. 각 단계는 아래 그림을 통해 **이용 검토 시**, **계약 체결 시**, **운용 시**, **계약 종료 시**를 나타내고 있다.

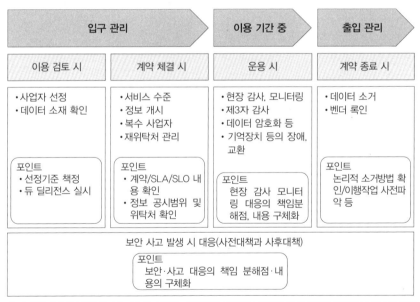

출처: 공익재단법인 금융정보시스템 센터 「금융기관에서의 클라우드 이용에 관한 전문가 검토회 보고서」를 바탕으로 가필 수정

◆ 클라우드 관리 프로세스

● 이용 검토 시

서비스를 선정할 때 제품 평가는 물론 **서비스 제공 업체의 성격** 또한 검토해야 한다. 불안 요소가 있다면 서비스를 지속적으로 제공받지 못할 수도 있기 때문에 재무는 안정적인지 실적은 어떤지 검토하는 것이 중요하다. 또한 규제 업종에서는 데이터를 어디에 보관하는지 확인해야 한다.

● 계약 체결 시

이 단계에서는 **클라우드 서비스 수준을 향상시킬 수 있을지**가 중요한 포인트이다.

퍼블릭 클라우드에서는 많은 이용자에게 환경을 공유시키기 위해 이용자마다 서비스 레벨을 설정하지 않는다. 하지만 감사권의 설정이라고 하는 교섭의 여지가 남겨진 곳도 간혹 있다. 따라서 이용자에게 자사의 보안정책을 바탕으로 요청에 최대한 응할 것이라고 어필하는 것이 바람직하다.

● 운용 시

클라우드 서비스 이용 중에는 **당초에 체결한 서비스 수준에 맞게 서비스가 적절히 제공되고 있는지 검토**해야 한다. 예를 들어 클라우드 서비스 담당자와 직접 미팅을 한다거나 사이트를 방문해 서비스 프로세스를 체크해보면 좋다.

또한 벤더를 통해 다른 제3자가 해당 벤더에 대해 실시한 제3자 평가보고서를 보유하고 있을 수도 있기 때문에 그것을 확인함으로써 벤더의 품질을 확인할 수도 있다.

어쨌든 클라우드를 이용하는 사이클에서 이 단계가 가장 길기 때문에 지속적으로 관리·감독하는 것이 좋다.

● **계약 종료 시**

계약 종료 시 주의해야 할 것은 <u>**데이터를 철저히 삭제**</u>해야 한다는 점이다. 퍼블릭 클라우드에서는 데이터 삭제 후 저장 공간 자체를 물리적으로 파괴할 수 없기 때문에 삭제 작업을 실시했다는 기록을 확실하게 취득해두는 것이 필요하다. 가능하다면 계약 종료 후 데이터 사용을 금지한다는 각서를 교환하는 것도 좋다. 이를 정리하면 아래 표와 같다.

◆ **클라우드 이용의 각 단계별 주의사항**

단계	설명	유의사항
이용 검토 시	사업자 선정	• 직접적인 제품평가 (제품의 기능, 가격) • 리스크 관리 측면에서 평가 (보안, 감사권의 유무, 준거법 등) • 개별 서비스 수준 체결 여부 • 벤더 자신의 경영, 재무 상태 파악
	데이터 소재 확인	데이터 보관 대상국 및 그 나라 특유의 규제 등을 조사
계약 체결 시	서비스 레벨	• 기본적인 항목 (가동률, 이용시간) • 서비스 수준의 커스터마이즈 (가능한 경우)
운용 시	현장 감사, 모니터링	• 정기적으로 클라우드 벤더에 대한 감사 실시 • 클라우드 벤더가 심사한 제3자 평가결과 열람
계약 종료 시	데이터 삭제	• 데이터 삭제 정책의 재확인 • 삭제 전 데이터 추출작업 • 데이터 삭제 의뢰 실시와 삭제 실시 완료 확인

찾아보기

저자소개

히로카와 케이스케(広川敬祐)

공인회계사. 일본 공인회계사협회 IT위원회 위원, 일본 공인회계사협회 도쿄회 간사 역임.
약 10년간의 외국계 회계사무실 근무를 거쳐 1994년부터 SAP재팬(주)에 근무하며 회계 관련 시스템 도입 업무를 했다. 이후 히로비즈니스(주)를 설립해 컨설팅, 연수, 출판 등에 몸담았다. 주요 저서로 『SE가 처음 배우는 회계』(일본실업출판사), 『RFP로 시스템 구축을 성공으로 이끄는 책』(기술출판사), 『매니지먼트를 심플하게 바꾼다』(퍼레이드사), 『시스템 도입에 실패하지 않는 프로머니의 심.기.체』(퍼레이드사)가 있다.

고시마 신지(五島伸二)

공인회계사. IT 스트래터지스트(정보처리기술자 시험). 공인정보시스템 감사인(CISA).
감사법인 토마쓰(현, 유한책임감사법인 토마)에서 회계감사, IPO 지원, 기간시스템 구축, 시스템 감사를 역임했다. 감사법인 퇴임 후 SE·프로그래머로 다수의 개발 프로젝트에 참가, 소프트웨어 개발 현장에 종사했다. 이후 시스템 컨설팅 회사에 입사하여 SAP 도입 컨설턴트로서 업무 설계, 파라미터 설정 등 ERP 도입 상류 공정에서 하류 공정까지를 담당했다. 상장회사 경리부장을 거쳐 2010년 3월 어드바컨설팅(주)를 설립, 회계와 IT에 특화된 컨설턴트로 활동 중이다.

오다 야스히코(小田恭彦)

공인회계사. 세무사. 일본공인회계사협회 도쿄회 IT위원회 전 위원장.
유한책임감사법인-마츠 나고야사무소에서 회계감사 및 상장준비기업의 원가계산제도를 정비하는 업무를 진행했다. 이후 SAF 도입 벤더에 근무하며 애플리케이션 컨설턴트로 회계 모듈 전반에 참여했다. 2003년 독립하여 각종 ERF 안건에 공급자 측, 사용자 측 각각의 입장에서 참여하는 동시에 IT 통제 관련 컨설팅 업무와 중견 감사법인의 IT 감사업무에 종사했다.

오츠카 아키라(大塚晃)

공인회계사. 중소기업진단사. 공인내부감사인(CIA). 일본공인회계사협회 도쿄회 연수위원회 전 위원장.

게이오기주쿠대학 경제학부 졸업. 게이오기주쿠대학 대학원 상학연구과 석사 과정 수료. 2001년에 대기업 감사법인에 입사하여 상장기업 및 상장준비기업에서 회계감사로 일했다. 이후 2007년에 컨설턴트로 전환하여 경영전략, 사업계획책정, 관리회계구축 개선지원, 내부통제구축 개선지원, IPO 지원, 사업효율화지원, 부정조사 등 폭넓은 업무에 종사했다. 현재는 경영자와 함께하는 기업 참모로 활동하고 있다.

카와카츠 켄지(川勝健司)

공인정보 시스템 감사 (CISA).

대기업 제조업의 사내 시스템 엔지니어, 감사법인계 컨설팅 펌을 거쳐 딜로이트 토마츠 리스크 서비스(주)에 입사했다. 주로 보험회사 및 논뱅크 고객을 대상으로 기술 및 디지털 관련 자문 업무에 프로젝트 책임자로서 참여했다. IT계획 책정 지원, 클라우드 보안 평가, IT 거버넌스 구축지원, 디지털 인재육성계획책정지원, 애자일 개발관리태세의 정비 및 각종 PoC 실사 등의 프로젝트에서도 활약했다.

엔지니어가 알아야 할
회계시스템의 '지식'과 '기술'

2021. 8. 19. 초 판 1쇄 인쇄
2021. 8. 26. 초 판 1쇄 발행

지은이 | 히로카와 케이스케, 고시마 신지, 오다 야스히코, 오츠카 아키라, 카와카츠 켄지
감 역 | 이종락
옮긴이 | 황명희
펴낸이 | 이종춘
펴낸곳 | **BM** ㈜도서출판 **성안당**
주소 | 04032 서울시 마포구 양화로 127 첨단빌딩 3층(출판기획 R&D 센터)
     | 10881 경기도 파주시 문발로 112 파주 출판 문화도시(제작 및 물류)
전화 | 02) 3142-0036
     | 031) 950-6300
팩스 | 031) 955-0510
등록 | 1973. 2. 1. 제406-2005-000046호
출판사 홈페이지 | **www.cyber.co.kr**
ISBN | 978-89-315-5750-3 (13320)
정가 | 19,000원

이 책을 만든 사람들
책임 | 최옥현
진행 | 김혜숙
본문 디자인 | 김인환
표지 디자인 | 디엔터
원서 본문 디자인 | FANTAGRAPH
원서 표지 디자인 | 오카무라 신이치로
홍보 | 김계향, 유미나, 서세원
국제부 | 이선민, 조혜란, 권수경
마케팅 | 구본철, 차정욱, 나진호, 이동후, 강호묵
마케팅 지원 | 장상범, 박지연
제작 | 김유석

■ **도서 A/S 안내**

성안당에서 발행하는 모든 도서는 저자와 출판사, 그리고 독자가 함께 만들어 나갑니다.
좋은 책을 펴내기 위해 많은 노력을 기울이고 있습니다. 혹시라도 내용상의 오류나 오탈자 등이 발견되면 **"좋은 책은 나라의 보배"**로서 우리 모두가 함께 만들어 간다는 마음으로 연락주시기 바랍니다. 수정 보완하여 더 나은 책이 되도록 최선을 다하겠습니다.
성안당은 늘 독자 여러분들의 소중한 의견을 기다리고 있습니다. 좋은 의견을 보내주시는 분께는 성안당 쇼핑몰의 포인트(3,000포인트)를 적립해 드립니다.
잘못 만들어진 책이나 부록 등이 파손된 경우에는 교환해 드립니다.